KB160828

실학자들의 한국 고대사 인식

景仁文化社

간행사

실학박물관은 개관 이래 실학사상에 관한 자료의 수집·연구·교육 및 전시를 통해 조선후기 실사구시實事求是의 신 학풍 출현 배경과 그 내용을 이해하는 데 이바지하고, 나아가 실학이 추구한 개혁과 문명지향의 정신을 오늘과 새로운 시대를 위한 가치 모색의 동력으로 삼고자 힘써 왔습니다. 이러한 방향에 맞추어 상설 전시실에서는 실학의 형성과 전개, 실학과 과학 등 사상 전반을 체계 있게 보여주고 있으며, 해마다 두 차례의 특별기획 전시회를 개최하고 있습니다.

아울러 전시회 주제를 널리 알리고 학술적인 성과를 축적하여 향후 박물관의 전시 교육에 활용하기 위해 해마다 실학 관련 주제를 선정하여 학술회의를 진행해 왔습니다. 2009년 10월 개관기념 국제학술회의를 시작으로 매년 특별 기획전시 개최에 즈음하여 관련 학회와 협력하여 학술회의를 기획하였습니다. 관련 연구자들의 새로운 논문과 토론은 실학 연구의 자산임과 동시에 '신실학新實學 운동'을 모색하고자 하는 박물관의 운영 방향에 충실한 사업이었습니다.

이제 그간 진행되어 온 학술회의의 성과들을 주제별로 모아 단행본으로 묶어 내려 합니다. 앞으로 이 사업을 계속함으로써 조선후기 실학사상에 대한 이해와 해석, 그리고 새로운 생활적 사유와 문화 창조에 작으나마 보탬이 되기를 기대합니다.

『실학자들의 한국 고대사 인식』은 2010년 11월 한국고대사학회와 공동으로 기획한 학술회의 논문들을 수록하였습니다.

당시 학술회의는 실학자들과 고대사 서술과 근현대 고대사 연구를 비교해서 사학사史學史적으로 어떠한 의미를 지니는 것인지 검토하기 위해 기획하였습니다. 이러한 시도는 실학자들의 연구 성과 중 현재에도 유효한 것들이 적지 않음에도 불구하고 그동안 선행 연구 업적으로 인정하는 데 인색했던 학계의 연구 풍토에 대한 반성의 의미를 담고 있었고, 또한 신채호申采浩를 넘어 한백겸韓百謙, 안정복安鼎福 등 실학자들에게서 한국 고대사 연구의 시발점을 찾아보려는 의도에서 출발하였습니다.

실학자들의 학문적 성과는, 역사를 경학經學에 종속된 것으로 보았던 성리학자들과는 달리 역사학의 독립성에 대해 인식하기 시작하였고, 전통적인 화이관華夷觀에서 벗어나 자국사를 중시했으며 특히 자료의 수집과 사실의 고증, 역사지리의 고증 등의 측면에서 성과가 컸다고 평가받고 있습니다.

　이 책은 이러한 실학자들의 고대사 인식을 주제로 한 6편의 글을 수록하고 있습니다. 김정희의 진흥왕 순수비에 대한 연구와 인식, 고조선·한사군, 고구려·백제, 삼한·가야, 신라, 발해를 주제로 한 글들이 그것입니다.

　연구총서의 발간을 계기로 관련 주제에 대한 학계와 일반인의 관심이 제고되기를 기대하며, 좋은 논문을 집필해 주신 필자 여러분과 토론자 여러분들께 깊은 감사의 말씀을 드립니다.

2012년 11월
경기문화재단 실학박물관장 김 시 업

▌ 차 례 ▌

실학자들의 한국 고대사 연구의 의의

-김정희의 진흥왕 순수비 연구를 중심으로-

조인성 | 경희대학교 교수

1. 머리말

실학자들의 역사 연구는 인식과 방법의 측면에서 이전과는 달랐다. 우선 그들은 역사를 경학經學에 종속된 것으로 보았던 이전의 역사학자들과는 달리 역사학의 독립성에 대해 인식하기 시작하였다. 그리고 그들은 전통적인 화이관華夷觀에서 벗어나 자국사를 중시하였고, 또 그것을 체계화하였다. 특히 자료의 수집과 역사지리를 비롯한 사실의 고증의 측면에서 성과가 컸다.[1]

신채호申采浩는 한백겸韓百謙이 마한馬韓은 충청도, 전라도 지역에 위치하였고, 진한辰韓은 경상도 동부, 변한弁韓은 경상도 서부에 위치하였으며, 각각 백제, 신라, 가야로 연결된다고 한 주장[2]에 대해 "기왕에 사史의 기록만 있고 사史의 연구가 없었다고 할 만한 조선사계朝鮮史界에서 선생이 처음 사학史學의 실마리를 열었다"고 평가하였다.[3] 물론 신채호가 한백겸의 주장에 전적으로 동의한 것은 아니었지만 적어도 그의 삼한설을 역사 연구로 인정하였음을 주목하고자 한다. 이병도李丙燾는 1934년부터 1937년까지 총 7회에 걸쳐 삼한에 대한 장편의 논문을 연재하였는데,[4] 한백겸의 삼한설에 대한 비판에서부터 비롯된 것이었다.[5] 이 점

---

1) 이상 실학자들의 역사인식과 역사서술에 대한 정리는 趙珖(1985), 「鮮後期의 歷史認識」『韓國史學史의 研究』韓國史研究會 編, 을유문화사 참고.
2) 『東國地理志』後漢書 三韓傳 愚按.
3) 申采浩, 「朝鮮史(1) 제1편 總論3 舊史의 種類와 그 得失의 略評」『朝鮮日報』, 1931년 6월 13일; 단재신채호전집편찬위원회(2007)『단재 신채호전집 제1권 역사 朝鮮上古史』, 독립기념관 한국독립운동사연구소, 11면.
4) 李丙燾(1934~1937), 「三韓問題의 新考察」(1)~(7)『震檀學報』1~7.
5) 이병도, 「三韓問題의 新考察(1) - 辰國及三韓考」『震檀學報』1, 2면. 이와 관련하여서 조인성(2009), 「李丙燾의 韓國古代史研究 - 漢四郡・三韓의 歷史地理 연구를 중심으로」『韓國古代史研究』55, 8~13면.

역시 그것이 연구로서 갖는 의의를 알려준다.6)

　현대의 한국 고대사 연구가 실학자들의 연구 성과에서 취할 것은 물
론 더 있다. 두 가지 예를 들기로 한다. 천관우千寬宇는 「기전고箕子攷」7)를
집필할 때의 사정과 관련하여 부득이한 신변의 사정으로 여러 해 동안
칩거하던 중이어서 관계 논저를 폭넓게 섭렵할 처지가 되지 못하여 "주
로 한치윤韓致奫의 『해동역사海東繹史』를 비롯하여 조선후기 실학파 제유
(諸儒)의 기자 연구에서 거론된 중국 고문헌을 출발점으로 삼는 것이 고
작일 수밖에 없었다"고 회고하였다.8) 이에 논문에 인용된 중국 사료의
다수는 『해동역사』에서 '재인용'되었을 것임을 알 수 있다. 뿐만 아니라
논문에는 『해동역사』를 비롯하여 『오주연문장전산고五洲衍文長箋散稿』, 『성호
사설星湖僿說』, 『지봉유설芝峯類說』, 『동국문헌비고東國文獻備考』 여지고輿地
考, 『강역고疆域考』, 『해동역사海東繹史』(속), 『사군지四郡志』 등 실학자들의
저술이 자주 인용되고 있다.9) 비록 현실적인 제약 때문이기는 하였지만
이는 기자와 기자조선 연구에 있어 실학자들의 사료 정리와 해석이 유
효한 점이 적지 않다는 점을 보여준다.10)

　이기백은 자신의 연구와 관련된 안정복安鼎福의 사실 고증의 예를 몇
가지 들면서 자신을 포함한 현대의 역사학자들도 대체로 그와 같은 결
론을 내리고 있음에도 불구하고, 이미 안정복이 그와 같이 주장하였음

---

6) 이상에 대해서는 鄭求福(1979), 「韓百謙의 『東國地理志』에 대한 一考 - 歷
　史地理學派의 成立을 中心으로」 『全北史學』 2, 40면과 76~77면 참고.
7) 千寬宇(1974), 「箕子攷」 『東方學志』 15; (1989), 『古朝鮮史 · 三韓史研究』.
8) 천관우(1989), 「凡例를 겸한 自序」 앞의 책. 이때의 사정과 관련하여서는 文
　昌魯(2009), 「千寬宇(1925~1991)의 史學과 古代史研究」 『韓國古代史研究』 53,
　15~17면 및 27~30면.
9) 初出 순서임. 『해동역사』와 함께 『오주연문장전산고』로부터 인용 혹은 재
　인용한 것이 많다.
10) 李基東(1991)은 "저자의 연구는 원래 조선후기 실학자들의 역사지리에 대한
　견해를 두루 섭렵하면서 한국과 중국의 여러 원전 기록을 검색하는 작업이
　주를 이루고 있다"고 하였다. 「書評: 『古朝鮮史 · 三韓史研究』(千寬宇 著,
　1989, 一潮閣)」 『韓國古代史論叢』 1, 246~247면.

을 모르는 경우가 많음을 지적하였다. 가령 『삼국사기』에는 고구려가 기원전 37년에 건국하였다고 전하지만 사실은 그 이전에 건국하였으리라는 것, 마한의 백제국伯濟國이 발전하여 백제가 되었으리라는 것, 원성왕元聖王의 즉위가 비상한 방법을 동원하여 이루어졌으리라는 것 등이 그러하다는 것이다. 그리고 안정복이 비록 사상적으로 유교적 이념을 토대로 하고 있었지만, 합리주의적 사실 고증을 매우 중시하였으며, 이 점 역시 자신을 포함한 현대 역사학자들의 태도와 크게 다를 바가 없다고 지적하였다.[11]

이기백은 자신의 주장들 중에 "이미 오래 전에 안정복에 의해 고증된 것들이 있음을 드러내서, 미처 이를 깨닫지 못했던 부끄러운 실수를 사과하는 기분으로 이 글을 초하게 되었다는 것을 고백"하였거니와,[12] 실학자들의 연구 성과를 참고하지 않는 경우는 지금도 찾아볼 수 있다. 이렇게 된 까닭은 실학자들의 저술을 단순한 자료의 집성 내지는 개설서 정도로 취급하였기 때문이라고 보이는데, 이것이 바람직하지 못한 태도임은 물론이다.[13]

실학자들의 한국 고대사 연구 성과를 정리하고, 근현대 한국 고대사 연구의 성과와 비교한다면 그것들이 학설사적으로, 사학사적으로 어떠한 의의를 지니는 것인지 살펴 볼 수 있을 것이다. 그를 통해 현대 한국 고대사연구의 시작의 일단을 실학자들의 연구에서 찾을 수 있을 것으로 기대한다. 단 실학자들의 고대사 인식과 연구를 종횡으로 섭렵, 정리하고 그 의의를 평가할 능력이 부족한 필자로서는 진흥왕 순수비眞興王 巡狩碑에 대한 김정희金正喜의 연구를 중심으로 범위를 좁혀서 논의를 진행하려고 한다. 말송보화末松保和는 신라사 연구를 회고하면서 청대 고증학을 받아들인 김정희가 진흥왕 순수비에 대한 연구를 크게 진전시켰으며,

11) 李基白(1999), 「順庵 安鼎福의 合理主義的 史實 考證」 『韓國實學研究』 1.
12) 이기백(1999), 위의 글, 71면.
13) 이기백(1999), 위의 글, 56면.

그 성과를 담은 『예당금석과안록禮堂金石過眼錄』은 "근대에 있어 신라사 연구의 발족을 알리는 것이었고, 신라사 연구는 진흥왕비로부터, 김정희로부터 시작"되었다고 높이 평가한 바 있는 것이다.[14]

2. 사료로서의 순수비

한백겸은 동옥저東沃沮에 대해 논하면서 황초령과 단천에 진흥왕 순수비가 있으며 이를 근거로 동옥저 지역이 한때 신라의 영역이었을 것으로 생각하였다.[15] 신경준申景濬도 두 비를 통해 단천 이남이 일찍이 신라의 영토가 되었음을 알 수 있다고 하였으며, 이러한 사실은 『삼국사기』 등 역사서에 전하지 않는 것인데 먼 곳의 편석片石이 옛 일을 알려준다고 감탄하였다.[16]

한편 이에 대해 조심스러운(유보적인) 태도를 취하는 경우도 있었다. 가령 안정복은 두 비에 대해 언급하면서도 "정사正史에 보이지 않으므로 취하지 않고 이에 나타내어 이문異聞을 넓힌다"라고만 하였고,[17] 본편의 신라사[18]나 「신라강역고」[19]에서 이를 반영하지 않았다. 정약용丁若鏞은 황초령비를 언급하였지만 정사正史에 글이 없으므로 상세히 할 수 없다고 하였다.[20] 하지만 김정희는 신경준과 마찬가지로 금석문의 사료적 가치를 높이 평가하였다.

---

14) 末松保和(1954),「自序에 대신하여」,(日)『新羅史의 諸問題』, 東洋文庫, 3면.
15) 『東國地理志』三國 高句麗 封疆 東沃沮.
16) 「疆界考」3 『旅菴全書』6 草芳院. 신경준이 금석문을 중요시하였고, 진흥왕 순수비를 자료로 이용하였음은 이미 지적된 바이다. 朴仁鎬(1984),「신경준」『한국의 역사가와 역사학(상)』, 253면 및 (1996),『조선후기 역사지리학 연구』, 이회문화사, 125~126면.
17) 『東史綱目』 부록 상권 상 「考異」 新羅 眞興王定界碑.
18) 『동사강목』 제3 상 신라 진흥왕 29년.
19) 「地理考」『동사강목』부록 하권.
20) 『我邦疆域考』4 沃沮考.

A. 대개 이 비(황초령비)는 비단 우리나라 금석(金石)의 시조가 될 뿐만이
   아닙니다. 신라의 영역(封疆)은 국사(國史)로써 상고해보면 겨우 비열홀
   (比列忽)-즉 안변-에 미치고 있습니다. 이 비를 통하지 않으면 어떻게
   다시 그 멀리 황초령에까지 미쳤던 것을 다시 알 수 있겠습니까. 금석
   이 국사보다 나은 점이 이와 같으니, 옛 사람들이 금석을 귀중하게 여긴
   까닭이 어찌 하나의 고물(古物)이라는 것에만 그칠 뿐이겠습니까(「여권
   이재돈인(與權彝齋敦仁), 32」『완당전서(阮堂全集)』3).

황초령비를 통해『삼국사기』등에서는 알 수 없었던 신라의 동북경東
北境을 확인할 수 있었으며, 이 점에서 황초령비가 '국사'보다 나은 점이
있다고 하였던 것이다.

B. 지금 이미 비를 얻었는데, 또 그것을 우거진 잡초 사이에 버려둔다면,
   대감(권돈인)께서 돌아오신 뒤에는 반드시 다시 매몰되고 말 것입니다.
   (중략) 그러니 지금 영하營下로 가져오는 것은 매우 좋은 일이기는 하
   나, (중략) 또 이 비가 원래 있던 곳이 바로 봉강封疆을 척정拓定한 실적
   이고 보면, 다른 곳으로 이동시키는 것은 또한 어떨까 싶기도 하니, 만
   일 그 비가 원래 있던 곳에 그대로 두고 영원히 보존할 계책을 마련한
   다면 참으로 더욱 좋겠습니다(위와 같음).

김정희는 비를 그 자리에 보존하는 것이 최상의 방책이라고 권돈인
에게 권하였는데, 이는 그것이 갖는 사료로서의 성격을 고려한 것이었
다. 여기에서도 그가 황초령비를 사료로서 중시하였음을 알 수 있다.

C. 또 하나의 신기한 것이 있습니다. 이 비는 중국으로 보자면 진(陳) 나라
   광대(光大, 567~568) 연간에 세워진 것인데, 육조(六朝)의 금석들이 지금
   약간 남아 있는바, 이 비의 서체와 서로 흡사하니, 그 한 때 중국과 외국

의 풍기(風氣)가 서로 멀지 않았음을 알 수 있고, 그 때 신라가 중국의 서체를 마음으로 본뜨고 손으로 따르고 했던 것을 또 알 수 있습니다. 또 그 서체는 예서(隸書)와도 비슷하고 해서(楷書)와도 비슷한데, 이는 육조의 서법이 오히려 옛 법규를 거슬러 따라서 파체(破體)로 쓰지 않는 것을 정묘하게 여겼던 것이니, 이것이 또 증빙의 자료가 될 만합니다(위와 같음).

김정희는 황초령비의 서체를 통해 당시 신라가 중국의 문화를 적극적으로 받아들였음을 유추하였다. 서예의 대가였던 그가 그 예술성보다도 당시 신라와 중국의 문물 교류의 증거로 서체를 주목하였음이 눈길을 끈다.

D. 금석학이란 나름대로 일문호(一門戶)를 형성하였는데 우리나라 사람들 [東人]은 모두 이것이 있음을 알지 못한다. (그래서) 요즈음 전·예(篆·隸)를 한다는 여러 대가들도 다만 원본을 보고 한 벌을 베껴올 뿐이니 어찌 일찍이 경사를 우익(羽翼)함이나 분예(分隸)의 같고 다름이나 편방(偏旁)의 변함이 있는 것에 대해 고구(考究)함이 있겠는가? (「여신척당(與申戚堂)」(3), 『완당전집』 2)

김정희는 금석학의 여러 기능 중 하나로 역사의 보완을 들었다. 널리 알려진 바와 같이 김정희는 청의 금석학자 옹방강翁方綱(1773~1818), 완원阮元(1764~1849) 등으로부터 적지 않은 영향을 받았다.[21] 그들은 "종래의 금석

---

21) 후지츠카 치카시(藤塚鄰)(1935), 후지츠카 아키나오(藤塚明直)엮음, 윤철규·이충구·김규선 옮김(2009), 『秋史 金正喜 硏究(「淸朝文化 東傳의 硏究」한글완역본)』, 과천문화원; 全海宗(1963), 「淸代學術과 阮堂-阮堂의 經學에 대한 試論的 檢討」 『大東文化硏究』 1; (1970), 『韓中關係史硏究』, 일조각 등.

학이 주안점으로 삼던 〈고증경문考證經文〉이나 〈보궐사학補闕史學〉보다는 감식鑑識"을 위주로 서도적인 예술성, 서도 및 문자에 대한 연구를 이끌었다고 한다. 따라서 김정희에게서도 이러한 영향을 찾아 볼 수 있는데,[22] 진흥왕 순수비에 한하여 본다면 그것은, 위에서 본 바와 같이 그 서체를 포함하여, 『삼국사기』에 나오지 않는 사실을 전하는 사료로서 중시되었다. 금석학을 '서도금석학書道金石學'과 '경사금석학經史金石學'으로 나누어 볼 수 있다면, 후자의 면에서 김정희의 금석학이 옹翁·완阮의 그것과 구별되는 점이 있었다고 할 수 있지 않을까 한다.[23]

3. 연구의 과정과 내용

일반적으로 진흥왕 순수비 중 북한산비는 김정희에 의해 발견되었다고 알려져 있다. 그런데 그 이전에 이미 북한산비의 존재가 알려져 있었으며,[24] 김정희도 그것을 알고 과연 그러한 지를 확인하기 위하여 비를 조사하게 되었으리라는 추측이 있다.[25] 그것은 어쨌든 여기에서 중시하려는 것은 김정희가 두 차례(혹은 세 차례) 현장에 가서 비를 조사하였을 뿐만 아니라 그에 대한 연구를 진행하였다는 점이다.

김정희는 1816년 가을에 김경연金敬淵과 함께 비의 글자를 확인하고 탁본하였으며, 그 결과 이를 진흥왕의 고비古碑로 단정하였다. 그 다음해 (1817) 여름에는 조인영趙寅永과 함께 가서 68자를 살펴 정하였고, 그 후에

---

22) 이상 崔完秀(1972), 「金秋史의 金石學」 『澗松文華』 3, 4면(논문에 쪽수가 표시되어 있지 않으므로 순서에 따라 임의로 매긴 것임. 이하 같음).

23) 최완수(1972), 위의 글, 6~8면. 최완수는 김정희가 서체를 사료로 이용한 것에 대해 '경사금석학'에 '서도금석학'의 방법이 병용되어 연구가 더욱 완벽을 기하게 되었다고 평하였다(10면).

24) 崔南善(1930), 「新羅眞興王의 在來三碑와 新出現의 磨雲嶺碑」(日) 『青丘學叢』 2; (동 번역)(1973), 『六堂崔南善全集』, 玄岩社, 534면.

25) 崔英成(2007), 「秋史 金石學의 再照明 - 史的 '考證'을 主眼目으로」 『東洋古典研究』 29, 240~242면.

또 두 자를 더 얻어 도합 70자를 확인하였다.[26] 김정희는 조인영에게 편지를 보내 북한산비의 탁본을 검토한 결과를 설명하였다. 즉 제1행 진흥태왕眞興太王 아래 네 글자를 '순수관경巡狩管境'으로 새롭게 판독하였으며, 건립연대에 대해서는 제8행 '남천南川'에 주목하여 남천주南川州 치폐에 대한 『삼국사기』 기사를 기준으로 진흥왕 29년에서 진평왕 26년 이전에 세워진 것으로 보았다. 황초령비에 거칠부居柒夫가 상대등上大等으로 되어 있다고 보고, 거칠부가 상대등이었던 진지왕眞智王 때에 황초령비가 만들어졌을 것이며, 여러 점에서 황초령비와 유사한 북한산비도 역시 그러하였을 것으로 추정하였다.[27] 이상과 같은 판독과 해석은 후에 크게 달라지지만, 현장 답사, 탁본, 탁본의 검토 등으로 이어지는 일련의 과정은 새롭게 발견된 금석문을 이용하는 현대의 한국 고대사 연구자들의 연구 과정과 마찬가지이다.

김정희는 황초령비의 탁본을 통해 북한산비보다 훨씬 많은 272자(빈칸 포함)를 판독하였다. 따라서 연구도 주로 후자에 집중되었는데, 그 과정의 특징을 알아보면 다음과 같다.[28]

전체적으로 본다면 판독 부분과 고찰 부분으로 나눌 수 있다. 우선 비의 글자 전체를 판독하여 그것을 그대로 옮겨 적었다. 최대한 비문의 상황을 그대로 전달하려고 하였는데, 각 행의 시작과 끝을 비문 그대로 옮겼고, 글자가 없는 경우에는 빈칸으로 두었으며, 일부 획만 보이는 경우에는 그것을 표시하였다. 이제까지 금석 자료들을 정리한 서첩들이 목록과 비의 내용을 요약해 기록한 것과 비교하면 전체 명문을 현상 그대로 제시한 것은 획기적인 일이었다.

고찰 부분은 다시 외형적 고찰과 역사적 고찰로 나눌 수 있다. 먼저

---

26) 「眞興二碑攷」, 『완당전집』 1.
27) 「與趙雲石寅永」, 『완당전집』 2.
28) 널리 알려진 것처럼 진흥왕 순수비에 대한 김정희의 연구는 『禮堂金石過眼錄』으로 집대성되었다. 그런데 그 내용은 「眞興二碑攷」(『완당전집』 1)와 거의 같으므로 이 글에서는 후자를 이용한다.

비의 위치와 현 상태, 크기, 비문의 행行과 글자의 수, 글자에 대한 고증, 비 머리의 형식 등을 다루었다. 글자의 상태에 따라 온전한 글자[쇠], 불완전하게 남은 글자[不쇠], 깎여 나간 혹은 마모된 글자[刓], 본래 글자가 없는 빈칸[空格]으로 구별하였는데, 이를 판독문에 그대로 옮겼다는 점은 이미 말한 바와 같다. 이상에서 본 판독과 외형적 고찰은 오늘날의 연구자들이 금석문을 정리하는 것과 크게 다르지 않다.[29]

역사적 고찰은 다시 내용의 고증과 이설에 대한 고찰[拗]로 나뉜다. 20여 항목에 이르는 전부를 지금 살펴 볼 여유는 없다. 아울러 그 모두가 정확한 고증이었다고 할 수 없음은 물론이다. 여기에서는 그 가운데 몇 가지 예들을 보기로 한다.

E. 신라왕의 시호는 중엽부터 시작되었고, 처음에는 모두 방언(方言)으로 호칭하였다. 그러므로 거서간(居西干)이라고 칭한 것이 하나이고, 차차웅(次次雄)이라 칭한 것이 하나이고, 니사금(尼師今)이라 칭한 것이 열여섯이고, 마립간(麻立干)이라 칭한 것이 넷이다. 『삼국사』에 의거하면 지증마립간(智證麻立干) 15년 조에 "왕이 훙하였다. 시호를 지증이라 하였다. 신라의 시법이 여기에서 시작되었다"고 하였다. 이로부터는 왕이 훙한 뒤에는 반드시 그 시호를 썼다. 그러므로 진흥왕 본기에도 37년 조에 "왕이 훙하였다. 시호를 진흥이라고 하였다"고 했다. 그러나 이 비석은 진흥왕이 스스로 만들어 세운 것인데도 엄연히 진흥대왕이라 칭하였

---

29) 이상에 대해서는 최완수(1990), 앞의 글, 8면에서 선구적으로 정리한 바 있으며, 金南斗(1990), 「『禮堂金石過眼錄』의 分析的 硏究」 『史學志』 23, 46~58면에 자세하다. 이 글에서는 주로 임세권(2002), 「조선시대 금석학 연구의 실태」 『국학연구』 1, 34~35면의 간략한 정리를 참고하였다. 김정희의 자료 조사가 갖는 의미에 대해서는 최완수가 앞의 논문, 13면에서 "금석문의 자료 조사에 있어 치밀하고 과학적인 기록을 남기어 독자로 하여금 碑의 현상태를 충분히 복원할 수 있게 하였고, (중략) 비문의 전문을 맨 앞에 게재하여 攷證과 이해의 편의를 도모하였다"고 한 것이 크게 참고 된다.

고, 북한산의 비문에도 진흥이란 두 글자가 있다. 이것으로 본다면 법흥
이니 진흥이니 하는 칭호는 장사지낸 뒤에 칭한 시호가 아니요, 바로 생
존 시에 부른 칭호였던 것이다. 그러므로 『북제서(北齊書)』 무성제(武成
帝) 하청(河淸) 4년의 조서에는 "신라국왕 김진흥(金眞興)을 사지절(使持
節) 동이교위(東夷校尉)로 삼는다"고 하였고, 『수서(隋書)』 개황(開皇) 14
년 조에는 "신라왕 김진평(金眞平)이 사신을 보내와서 하례하였다"고 하
였으며, 『당서(唐書)』 정관(貞觀) 6년 조에는 "진평이 졸하고 그의 딸 선
덕(善德)을 왕으로 삼았다"고 하였다. 이상의 사실에 의거해 보면 진흥
이니 진평이니 하는 등의 칭호는 분명히 시호가 아니다. 태종무열왕(太
宗武烈王)으로부터 이후로 비로소 시법이 있었다. 그러므로 『당서』의
기록에서 김무열(金武烈)이라고 칭하지 않고 김춘추(金春秋)라고 칭하
였으니, 여기에서 알 수가 있다. 그렇다면 이 비석에서 진흥이라 칭한
것도 역시 생존 시에 호칭한 것이다.(「진흥이비고(眞興二碑攷)」, 『완당전
집』) 1)

김정희가 지적하였듯이 『삼국사기』에는 지증왕부터 시호를 사용하
였던 것으로 명시되어 있고, 따라서 이에 대해 의심을 가졌던 예는 찾기
어렵다. 하지만 그는 진흥왕이 만든 비에 진흥왕이라고 쓰여 있다는 점,
신라의 왕을 김진흥, 김진평 등으로 불렀던 중국 사서의 예를 들어 그것
이 생시의 칭호였음을 주장하였다. 금서룡今西龍은 이러한 김정희의 견
해에 동의하였으며,[30] 최완수도 역시 그러하였다.[31]

---

30) 今西龍(1921~1922), 「新羅眞興王巡狩管境碑考」, 『考古學雜誌』 12-1 · 12-2 ·
    12-11; (1933), 『新羅史研究』, 近澤書店; 이부오 · 하시모토 시게루(橋本繁) 옮
    김(2008), 『신라사 연구』, 서경문화사, 352면 및 377면. 한편 이미 유득공이 이
    점을 밝혔으며, 김정희는 이를 비롯하여 진흥왕 순수비 연구의 여러 면에서
    유득공으로부터 영향을 받았다고 보는 견해가 있다. 박철상(2007), 「조선 金
    石學史에서 柳得恭의 위상」, 『大東漢文學』 27, 68~71면. 유득공, 朴趾源, 李
    德懋 등 北學派의 古碑 연구가 朴齊家를 통하여 김정희에게 영향을 주었던

F. 대등(大等)이란 신라의 관명이다. 『삼국사』 법흥왕본기에 "18년에 이손
(伊飡) 철부(哲夫)를 상대등으로 삼아 국사를 총리하게 하였으니, 상대
등이란 관직이 여기서 비롯되었는데 그 지위는 지금의 재상과 같다"고
하였고, 아래로 진평왕(眞平王) 때에 이르러서는 처음에 노리부(弩里夫)
를 상대등으로 삼았고 그 다음은 수을부(首乙夫)를 상대등으로 삼았으
며, 선덕왕(善德王) 때에는 처음에 수품(水品)을 상대등으로 삼았고 그
다음은 비담(毗曇)을 상대등으로 삼았는데, 그 관직에서 죽거나 계승하
는 일을 사서에서는 반드시 기록하였다. 또 직관지(職官志)에 이르기를
"상대등은 혹은 상신(上臣)이라고도 한다. 사신(仕臣)은 혹은 사대등(仕
大等)이라고도 한다"고 하였으니, 여기에 의거하여 보면 대등(大等)이
두 가지가 있는 것이다. 또 색복지(色服志)에는 "진골(眞骨)의 대등은 복
두(幞頭)를 임의로 쓴다"고 하였다. 그런데 이 비문에도 대등이 있으니,
여기에 의거한다면 당시 상대등·사대등 두 대등 외에 또 그냥 대등이
라고만 칭한 관직도 있었던가?(위와 같음)

이기백은 대등을 연구하면서 "대등에 대하여 처음으로 우리의 주의

것으로 보이는데(조성산(2010), 「18세기 후반-19세기 전반 조선의 碑學 유
행과 그 의미」『정신문화연구』 119, 140~141면), 이미 최완수가 박지원 문하
의 북학파들에 의해서 금석학 연구가 활발하게 진행되었다고 하면서 이덕
무, 유득공, 박제가 등을 지목하였으며(앞의 글, 5면), 김정희의 금석학 연구
가 이들의 영향을 크게 받았으리라고 한 바 있다(앞의 글, 3~4면).
31) 최완수(2000)는 김정희의 견해에 동의하면서 중국에서 고구려나 백제의 왕
에 대해서는 고구려왕 高 아무개, 백제왕 餘 아무개라 하여 그 이름을 지칭
하고 하고 있는데 유독 신라왕에게만 시호를 썼을 리 없다고 하였다. 「국보
미륵반가상이 선덕왕을 닮은 사연」, 『新東亞』; 朴洪甲(2001), 「조선시대의 諡
號制度」『韓國中世社會의 諸問題-金潤坤敎授定年紀念論叢』, 韓國中世史
學會, 379면에서 재인용. 한편 박홍갑은 앞의 글 379면에서 삼국시대의 국왕
칭호가 시호였는지에 대해서는 결론을 유보하고 통일신라 이후에는 시법에
맞는 시호를 자주 썼다고 하였다.

를 환기시킨 것은 완당 김정희가 아니었나 한다."고 하면서 위의 일부를 직접 인용하였다.[32] 또 상대등을 다루면서는 "완당 김정희가 상대등에 언급하여 '그 사망과 그 계승을 사에 반드시 썼다'(「진흥이비고」)고 한 것은 상대등에 대한 그의 깊은 이해를 말하는 것이라고 해야 하겠다"고 하였다. 사실 『삼국사기』에서 상대등을 역임하였던 인물들 대부분을 찾을 수 있는 것이다.[33] 필자도 이 점에 계발되어 『삼국사기』 본기의 재상 관련 기사를 분석한 바 있다. 그 결과 상대등과 시중을 비롯하여 삼국의 재상에 해당하는 관직 임면이 매우 자세한 편이라는 것, 이것은 일종의 편찬 범례에 따른 것으로 보이며, 고려 중기 문벌귀족들의 정치적 입장이 반영되었으리라고 추정하였다.[34]

G. 『문헌비고(文獻備考)』에 이르기를 "지금 신라본기를 상고하건대, 진흥왕 16년인 무자년 겨울 10월에 북한산에 순수하여 봉강(封彊)을 개척해서 정하고, 12월에 북한산으로부터 오면서 경유하는 주군(州郡)에 모두 1년분의 조세를 면제해 주었으니, 무자년은 과연 진흥왕이 함흥에 순수한 해이다. 그리하여 8월에 봉강을 정하고 10월에 북한산을 왔다가 12월에 환도한 것인데, 8월의 일만 유독 사서에 빠진 것일 뿐이다. 삼국이 정립해 있을 때에 신라의 땅은 비열홀을 넘어가지 못했는데, 비열홀은 바로 지금의 안변부(安邊府)이다. 그리고 삼국이 통합된 이후에도 천정(泉井)을 넘어가지 못했는데, 천정은 곧 지금의 덕원부(德源府)이다. 함

---

32) 이기백(1962), 「大等考」『歷史學報』 17·18합; (1974), 『新羅政治社會史研究』, 一潮閣, 66~67면.
33) 이기백(1962), 「上大等考」『歷史學報』 19; 앞의 책, 92면. 이외에도 이기백은 갈문왕을 다루면서 그에 대한 김부식의 견해에 이어 이익, 안정복, 황윤석 등 실학자들의 견해를 소개하기도 하였다((1973), 「新羅時代의 葛文王」『歷史學報』 58; 앞의 책, 2~3면).
34) 조인성(2005), 「『三國史記』 凡例의 摸索-本紀 記事의 選定 基準을 中心으로」『韓國古代史研究』 40, 258~267·269면 및 282~283면.

흥은 안변의 북쪽으로 2백여 리쯤에 있고, 단천은 함흥의 북쪽으로 3백 60리쯤에 있는데, 이 순수비를 가지고 본다면 단천 이남이 일찍이 신라 영토로 꺾여 들어왔던 것임을 알 수 있다. 이 사실은 국사(國史)와 야승 (野乘)에 모두 나타나지 않은 것인데, 유독 먼 변방의 편석(片石) 하나가 남아서 천고의 고사가 되었다"고 하였다.

(김)정희가 생각하건대(按), 진흥왕 원년은 경신년이고, 16년은 을해년이 며, 29년이 무자년이니, 여기에서 16년을 무자년이라고 한 것은 잘못이 다. 진흥왕이 16년에 과연 북한산에 순수한 사실이 있으나 이는 함흥에 봉강을 정한 일과는 아무런 관계가 없으므로, 사서에서 빠뜨린 것이 있 는 것도 아닌데 어찌하여 이렇게 여러 말을 늘어놓았단 말인가. 이것도 잘못이다. 지금 안변에서 함흥까지가 3백 10리이고 함흥에서 단천까지 가 3백 80리이니, 도리(道里)를 논한 것도 잘못되었다. 그리고 단천에 진 흥왕비가 있다는 분명한 증거를 보지 못했으니, 단천 이남의 지역이 신 라로 꺾여 들어왔다는 것도 틀린 말이다(위와 같음).

　　김정희는 앞의 E에서 보았듯이 고증을 위한 증거 자료로서 여러 문 헌들을 제시하였던 반면 자신의 고증과 다른 설, 보충 내지는 수정이 필 요한 설이 있으면 그것을 제시하고, 비판하거나 자신의 견해를 밝혔다. 주로 『문헌비고』가 거론되었는데, 김정희는 「지리고」를 비롯하여 『문헌 비고』가 내용상 상당한 문제를 갖고 있다고 파악하였던 것이다.[35]
　　위에서 김정희가 인용한 『문헌비고』의 내용은 앞에서 잠시 살펴 본 신경준의 「강계고」 초방원 조의 일부와 거의 같은 것이다. 따라서 이 부 분은 신경준의 고증에 대한 비판이다. 우선 연도와 간지의 상이, 사실에 대한 판단 잘못을 지적하였다. 신경준도 이미 비문에 "무자년 가을 8월에 관경管境을 순수하며 민심을 살폈다"고 되어 있음을 소개하였다. 따라서 김정희는 그가 무자년을 진흥왕 16년으로 잘못 알아 북한산 순행과 함흥 순행을 혼동하였다고 비판하였던 셈이다. 다음으로 김정희는 단천비의 존재를 의심하고, 따라서 진흥왕대 단천까지 신라의 영역이었다는 점에 대해서도 잘못이라고 보았다. 신경준도 역시 단천비를 실견하지는 못하였지만, 한백겸 등의 설을 믿었던 반면 김정희는 이의 존재를 의심하였던 차이가 있었다. 그러나 마운령비가 발견되면서 단천비의 존재는 사실로 밝혀졌다.[36]

4. 맺음말

아쉽게도 이러한 김정희의 연구는 국내외적인 착잡한 정세로 인하여 우리 학계에 제대로 계승되지 못하였다. 그의 금석학이 오경석(『삼한금석록三韓金石錄』), 오세창 부자로 이어졌다고도 하지만 오경석의 연구 성과는 김정희에 미치지 못한 듯하며, 오세창은 서예와 감식에 치우친 감이 있었다.[37] 일제시기 한국사 연구는 일본인 학자들이 독점하다시피 하였고, 김정희의 연구도 주로 일본인 학자들에 의해 크게 주목을 받았다. 내등호차랑內藤虎次郎이 『예당금석과안록』을 참고하면서 진흥왕 순수비를 소개하였고,[38] 금서룡今西龍의 연구 중 황초령비와 북한사비에 대한 것은 김정희를 "소술紹述"하였다고 평가될 정도였다.[39] 다만 최남

---

36) 최남선, 앞의 글.
37) 任昌淳(1969), 「金石過眼錄」 『韓國의 古典百選』(『新東亞』 1월 별책부록), 124면; 최완수, 「김추사의 금석학」, 13면.
38) 內藤虎南(1911), 「新羅眞興王巡境碑考」 『藝文』 2~4; (1970), 『內藤虎南全集』 7, 筑摩書房.
39) 末松保和, 앞의 글, 7면. 한편으로는 황초령비의 위작설 혹은 移置說이 제기되기도 하였는데, 이와 관련하여서는 최완수, 앞의 논문, 13면. 보다 자세한 경위 및 비판으로는 김영하(2008), 「일제시기 진흥왕순수비론-'滿鮮'의 경역인식과 관련하여」 『韓國古代史研究』 52 참고.

선이 마운령비를 발견한 후 그에 대한 논고를 발표하였는데,[40] 이는 김정희의 진흥왕 순수비 연구를 바탕으로 한 것으로서 그 학적 전통을 잇는 것이었다.

　해방 이후에도 금석문은 꾸준히 발견, 발굴되어서 이제 한국 고대사 연구의 필수적 자료로 이용되고 있다. 그런데 김정희의 진흥왕 순수비 연구는 현대 한국 고대사 연구자들의 금석문 연구와 여러 가지 면에서 비슷하다. 우선 그것을 중요한 사료로 인식한다는 점에서 그러하다. 현장에 가서 직접 조사를 한다거나 탁본, 글자의 판독, 판독문 작성과 제시, 비문의 외형 설명, 내용에 대한 고증에 이르는 일련의 과정도 그러하다. 마치 현대의 역주 금석문을 보는 듯한 것이다. 뿐만 아니라 역사적 고증 중에는 아직도 학설로서 유효한 것들이 있으며, 그렇지는 않더라도 기왕의 학설로 언급하고 넘어 가야 할 것들도 적지 않다. 이 점에서 김정희의 순수비 연구가 지니는 선구적 의의를 찾을 수 있다.

---

40) 崔南善, 앞의 글.

실학자들의 역사지리관과
고조선 한사군 연구

송호정 | 한국교원대학교 교수

1. 머리말

왜란과 호란이라는 치욕적인 국난을 경험하고 난 조선조 후기의 지식인들 사이에서는 상고사에 대한 관심이 비상하게 고조되어 갔다. 그 관심은 역사지리, 즉 강역에 대한 관심으로부터 출발하여 정치사와 문화사를 심도 있게 복원하려는 노력으로 확산되었다.[1]

그 시기에 역사 지리 문제에서 일반 사람들의 가장 중요한 관심사의 하나로 되고 있던 것은, 고조선, 3국 이래 우리나라의 평범한 영역이 어떠한 경로를 밟아 확장 혹은 축소되었으며 그 복잡한 과정을 통하여 결국 조선을 통일한 최초의 국가로 어떤 왕조가 나타났는가 하는 문제였다.

원래 우리나라 역사, 특히 그 역사지리에 관한 연구는 17세기 이래 실학의 중요한 새 연구 부분의 하나로 되었고, 16세기 말~17세기 전반에 걸쳐 우리나라가 수차례 남북 외적의 침략을 받고 그 여파가 오래도록 계속하여 내려온 사정과 관련하여 국방에 관한 사상은 실학자들의 주요한 관심을 끌었다. 또 그것은 필연적으로 자기 나라의 유구한 역사, 역사 지리에 대한 절실한 연구 의욕을 자극하지 않을 수 없었다. 이리하여 16세기 말 이래 17세기, 18세기를 거치는 동안에 한백겸, 류형원, 신경준, 안정복, 정약용, 한치윤, 한진서韓鎭書 등 실학의 거장들의 빛나는 연구 업적들을 대성하고 그것을 더욱 발전시켜 뒤 사람들에게 넘겨주었다.[2]

대개 연구자들은 실학자의 범주로 실학의 비조라고 불리는 류형원, 그리고 이익, 안정복, 이긍익, 정약용, 한치윤 등을 들고 있다.[3] 여기에

1) 韓永愚(1987), 「조선시대 사서를 통해 본 상고사이해」, 『계간경향』 여름호, 51면.
2) 박시형(1989), 「다산 정약용의 력사관」, 『정다산 연구』, 과학원 철학연구소 편, 199면.
3) 황원구(1970), 「실학파의 사학이론」, 『연세논총』(한국인의 역사인식(下) 재수

북학론자로 박지원, 박제가, 홍대용 등 이용후생학파가 있다. 이들 가운데 본고에서는 역사지리적인 측면에서 한국 고대사와 관련하여 실증적인 논증을 전개한 학자로 한백겸을 먼저 검토하고, 이익, 안정복, 신경준, 정약용, 한치윤을 중심으로 그들의 고조선과 한사군 연구를 살펴보도록 하겠다.

조선후기 일련의 역사 찬술자들은 그 사관의 기초를 어디까지나 『춘추』의 대의명분론과 실증주의에 두고, 그 기준에서 객관적 방법을 구사했다. 이 기초는 근대 사학이 있기까지 역사찬술의 기본 태도가 되기도 했다.[4]

한편 조선후기에는 정통론이란 사론이 등장하는데 이는 단순히 대의명분만 강조한 것이 아니고, 한국사 특히 고대사를 일정한 역사의식 밑에서 체계화시키는 데 크게 기여했다. 사실상 고대사에 대한 체계적 인식은 정통론이라는 세례를 받아 종래와는 다른 역사인식으로 등장했다.[5]

그리고 17~18세기에 이르면 그동안 중국에서 논의되어 점차 변화되어 가던, 문화적 가치에 의한 화이론이 조선의 지식인에게 전해지면서 조선의 지식인들 사이에 종래의 소위 소출지처所出之處에 의한 화이론華夷論이 점차 지양되었다. 그리하여 다산 정약용에 이르러서는 화이의 구분은 문명의 수준에 의하여 평가되어야 한다는 새로운 사상으로 나타나게 되었다.[6]

이익에서 비롯한 정통론은 안정복에 이르러 역사파악에 있어서의 체

록, 383면); 역사학회 편(1973), 『실학연구입문』, 일조각; 유원동(1983), 『한국
실학개론』, 정음문화사, 1~20면; 최익한(1989), 『실학파와 정다산』, 청년사,
19~20면.

4) 황원구(1970), 위의 글(한국인의 역사인식(下) 재수록, 394면)

5) 이만열(1974), 「17·8세기의 사서와 고대사인식」『한국사연구』 10집(『한국인
의 역사인식』(하) 재수록, 349~350면).

6) 이우성(1966), 「이조후기 근기학파에 있어서의 정통론의 전개」『역사학보』
31집(한국인의 역사인식(하) 재인용, 178면).

계성을 낮게 하였고, 정약용에 이르러 현실론적 주장으로 중화주의의 절대성의 잔재가 일소되고 현실성에 입각한 역사의 이해를 가져오게 했다.[7] 그리고 실학자들은 역사 연구의 측면에서 우리 강역에 대한 문헌 고증을 심도 있게 전개하여 근대 역사학으로 나아가는 초석을 마련하였다. 따라서 조선후기 실학자들의 역사지리 연구 성과를 검토하는 것은 당시의 역사 인식과 연구를 이해하는 가장 중요한 작업이라 생각한다.

본고는 먼저 고조선을 둘러싼 상고사 체계에 대한 실학자들의 시대적 인식 변천과 그 의미를 짚어 보려고 한다. 그리고 그 역사지리고증 연구의 집대성을 이룬 다산 정약용의 고조선 및 한사군 문제에 대한 연구 성과를 집중적으로 조명하고, 그것이 이후 근대 역사학에 어떠한 영향을 미쳤는지를 살펴보고자 한다.

2. 조선후기 실학자들의 역사지리관과 고조선 인식

1) 왜란과 호란 직후

조선후기로 들어오면서 사실추구 성향을 띤 역사지리학이 태동하기 시작했다. 그 효시가 된 책이 바로 한백겸韓百謙의 『동국지리지東國地理志』[8] 이다. 이후 역사 지리를 전문적으로 연구하는 일군의 전문 학자와 전문 연구서가 출현하였다.[9] 그것은 근대 역사학과 지리학의 학문적 기초를

---

7) 정약용은 『여유당전서』 제1집 제12권에 실린 跋拔魏論과 東胡論에서, 정통은 疆域의 異同에서 오는 것이 아니라, 그 문화와 그 민족의 활동 여하에 따라서 될 수도 있다고 보았다(이우성(1966), 위의 글(한국인의 역사인식(하) 재인용, 362면)).

8) 『東國地理志』는 한백겸(1552~1615)이 광해군 연간(1614~1615)에 저술한 책으로, 각 국가의 종족, 국가별 강역 변동, 국도의 위치와 변동 등을 문헌을 통해 고증하는 방법으로 기술하고 있다(韓百謙 著(1987), 『久菴遺稿・東國地理志』, 一潮閣).

9) 역사학에서 '역사지리'라고 하면 과거의 지리를 복원한다는 순수한 지리적

마련한 것이기도 하다.[10]

한백겸은 주자성리학의 도덕적 편사 규범에 구애되지 않고 우리나라 고대의 강역을 문헌 고증의 방법으로 해명하는 데 주력하였다.[11] 또한 한백겸은 활동할 당시 만주 일대를 장악한 후금後金의 여진족女眞族 세력에 대처한다는 현실적 동기로 인하여 군사적 요충지인 관방의 위치 비정에 많은 노력을 기울여 저술하였다.[12]

그는 삼국 이전시대에는 한반도가 한강을 중심으로 남과 북으로 나뉘어 독자적으로 역사가 전개된 것으로 이해하였다. 고조선과 관련해서는 한나라와의 경계인 패수浿水를 청천강淸川江으로, 왕검성이 위치한 열수洌水를 한강漢江으로 비정하였다.

한백겸은 패수浿水에 대해 조선의 북계北界인데, 대동강이 아닌 것은 분명하고, 또 마자수馬訾水가 있는데 이 강은 서개마西蓋馬를 나와 서안평西安平으로 들어간 즉 압록강이라고 보았다. 따라서 청천강은 압록강과 대동강 사이에 있으니 패수는 청천강으로 비정할 수 있다고 하였다.[13]

이러한 한백겸의 입론은 패수와 관련하여 중요한 자료들을 정확하게 짚어낸 것으로 현재 학계의 수준에서 보아도 설득력이 높다. 나아가 한사군漢四郡의 위치도 낙랑군을 평양으로, 현도군을 함흥지방, 임둔군을 강릉 일대, 진번의 경우만 불명하여 조선·임둔·진국 사이에 비정하고 있는데, 이러한 연구 내용은 이후 한사군 위치에 대한 대체적인 틀을 세웠다고 할 수 있다.

『동국지리지東國地理志』의 내용과 한백겸의 사상은 후대 역사지리학

측면보다는 역대 강역과 구획의 변동과 관련된 역사적 연혁을 주로 의미한다고 본다(박인호(1996), 『朝鮮後期 歷史地理學 硏究』, 以會文化社, 13면).
10) 박인호(1996), 위의 책, 280면.
11) 尹熙勉(1982), 「韓百謙의 『東國地理志』」 『歷史學報』 93; 鄭求福(1978), 「韓百謙의 『東國地理志』에 대한 一考」, 『全北史學』 2, 61면.
12) 고영진(1994), 「한백겸」 『한국의 역사가와 역사학』, 창작과비평사, 184~185면.
13) 韓百謙 著(1987), 『久菴遺稿·東國地理志』, 一潮閣, 204~205면.

자들에게 많은 영향을 끼쳐 조선후기에는 『동국지리지』와 비슷한 체제
와 내용의 역사지리 연구와 서술이 행해졌다. 오운吳澐의 『동사찬요東史纂
要』, 홍여하洪汝河의 『동국통감제강東國通鑑提綱』, 류형원柳馨遠의 『동국여
지지東國輿地誌』 동사례東史例, 홍만종洪萬宗의 『동국역대총목東國歷代總目』
의 지지에서 한백겸의 삼한설을 취하고 있다. 이들 서술에서는 한백겸
의 연구에서 가장 미흡하게 다루었던 고조선의 문화와 강역에 대한 연
구가 발전을 보게 되었다.[14]

　18세기 영조 대에 이르면 전대 이래의 대명존화적 시각을 지니고 있
으면서도 새로이 우리의 문화에 대한 자각이 일어났다. 그리고 숙종대
의 백두산정계비사건 이후 자국 영토에 대한 의식이 강화되었으며, 청·
일과의 영토 문제에 수세적으로 대처한 것에 대한 지식인 사회의 비판
여론이 비등하였다. 또한 『요사遼史』나 『성경지盛京志』와 같이 고조선과
한사군 및 고구려의 옛 강역을 만주 일대에 비정하는 역사서가 새로이
주목되면서 이에 바탕한 여러 연구들이 이루어졌다.

　이러한 점은 동 시기에 활동한 이익李瀷이나 이종휘李種徽의 요동遼東
지역에 대한 상고사의 지리비정이 『요사』계통의 주장과 그리 차이가 나
지 않거나 『요사』를 적극적으로 인용하고 있다는 점에서도 찾아볼 수
있다.

　이익의 역사인식은 요순 3대와 한대를 이상시대로 보는 상고尙古 사
상에 토대를 두고 있으나, 청의 흥륭으로 화이 질서가 무너져 버린 국제
정세의 변동이 그의 한국사 인식에 적지 않은 영향을 주었다. 즉 한국
고대사는 요순 3대 문화의 동방적 전개로서 당연히 소중화로서의 정통
성을 갖게 되며, 그 정통의 시발은 요·순·우와 동시기로 설정하였는데,
이는 기자정통시발설箕子正統始發說을 극복했다는 점에서 중요한 의미를
가진다.

　이익은 고조선의 문화와 강역을 더욱 깊이 연구하여 소위 단군조선檀

<hr>

14) 한영우(1987), 앞의 글, 52면.

君朝鮮의 국호는 '단檀', 기자조선箕子朝鮮의 국호는 '기箕'라는 신설을 주장하고, 그 강역은 순의 12주 안에 들어있다고 하여 만주의 요심遼瀋 지방 (요하의 동서)을 단군과 기자조선의 중심지로 보았으며, 단군이 개국했다는 태백산도 묘향산이 아니라 요지遼地에 있을 것으로 추측했다.[15]

기국箕國의 강역에 관한 문제는 요심遼瀋을 중심으로 남쪽은 한강을 경계로 하고 서쪽은 만리장성 밖의 요하 동서 지방에 미쳤다고 보았다.[16] 또한 한사군의 위치도 낙랑樂浪을 요동遼東에, 진번眞番은 요하遼河 서쪽에, 현토玄菟를 요동에, 임둔臨屯은 강원도에 새롭게 비정했다. 그러나 낙랑은 요동에만 있었던 것이 아니라 뒤에는 평안도와 강원도 쪽으로 이동해간 것으로 이해했고, 현도 역시 요동에도 있고 함경도의 옥저 땅에도 있어 그 이동과정을 상정하였다.

이익이 단군과 기자조선의 강역을 요령성遼寧省 지역으로 보는 근거는 『위략魏略』의 기록 가운데 고조선이 서방 2천여 리를 빼앗기고 세력이 약해졌다는 내용에 두고 있다. 그리고 서쪽 땅을 빼앗긴 이후 한과 경계로 삼은 만반한滿潘汗이 바로 만주와 심양瀋陽(潘은 瀋의 誤字라 해석)을 가리킨다고 해석한 데 기인한다.

이익은 한과 고조선의 경계로 『위략』기록의 '만반한'을 주목했고, 그 만반한을 만주와 심양에 대한 합성어로 해석함으로써 고조선의 위치를 만주 일대로 비정하게 된 것이다. 한사군 연구 역시 고조선의 위치가 요령성 일대로 비정되면서 자연스럽게 그 지역에 비정하게 되는 결과를

---

15) 『星湖僿說』 天地門 檀箕疆域 "舜肇十有二州 封十有二牧咨命之中 幽州居其一 按漢地理志 幽州其山醫巫閭 其利魚鹽 非今遼瀋而何哉 檀君與堯竝立 至十二州時 已百年矣 雖未知疆土遠近 而箕子繼立 其後孫朝鮮侯 時與燕爭強 燕攻其西 取地二千餘里 至滿潘汗爲界 朝鮮遂弱 自燕以東 本無許多地 滿潘汗卽今鴨綠水 則滿者是滿洲 潘是瀋之誤也 鴨綠之外 距山海關 不過千有餘里 其爲燕所侵奪者 遼瀋之外 更無其地 燕則檀君亦必在虞廷文化之內 而東那之變夷爲夏 久矣"
16) 『星湖僿說』 天地門 朝鮮四郡.

얻게 되었다.

이렇게 이익이 단군조선의 중심지를 요하와 심양으로 본 것은 지금까지의 통념을 뒤엎는 매우 파격적인 주장이었다.[17] 이러한 새로운 견해들은 18세기 초·중엽의 사학 수준에서 볼 때 세련된 문헌 실증 방법론과 한중 양국의 문화교류 관계를 폭넓게 이해한 토대 위에서 도출되고 있다는 점에서 근대 사학에 일보 접근한 것이라고 말할 수 있다. 그리고 이익의 입론을 만주 지역을 우리 고대 조상들의 활동무대로 해석하는 실학자들의 입론에 많은 영향을 주면서 수용되었다.

2) 18세기 말 이후

이익의 주장은 조선후기에 들어와서는 최초의 발언이지만, 그 다음 안정복安鼎福의 『동사강목東史綱目』(1778)이나 홍봉한洪鳳漢의 『문헌비고文獻備考』(1770), 이긍익李肯翊의『연려실기술燃藜室記述』(1797), 이종휘李種徽의『동사東史』 등에서는 이익의 주장이 그대로 수용되고 있다.[18]

이익의 주장은 안정복의『동사강목』에 가장 큰 영향을 주었다. 안정복은 사가는 반드시 강역을 먼저 정해야 하는데 우리나라 사서의 지리지에는 근거할만한 것이 거의 없다고 생각하였기 때문에, 지리고地理考에 상당한 비중을 두었다.[19]

순암順菴은 서문에서 「지리고」를 특별히 싣는 경위를 "상고하건대 역사를 읽는 자는 반드시 먼저 강역을 정해놓고 읽어야 한다. 그래야 점거한 상황을 알 수 있고, 전벌戰伐에서의 득실을 살필 수 있고, 분합分合의 연혁을 상고할 수가 있다."[20]고 설명한다.

---

17) 한영우(2002), 『역사학의 역사』, 지식산업사, 186면.
18) 조동걸(1994), 『한국의 역사가와 역사학 上』, 창작과비평사, 243~244면.
19) 강세구(1989), 「동사강목의 저술배경 – 남인의 참여와 관련하여」『동아연구』 17집, 69면.

『동사강목』의 「지리고」는 강역이나 강산의 위치를 고증한 43개 항으로 이루어져 있는데 주로 한강 이북을 대상으로 하였으며, 특히 요동 지방에 깊은 관심을 나타냈다. 그것은 단군과 기자 이후로 이 지역이 우리나라 강역이었다고 보았기 때문이다. 더욱이 이 지역은 역사적으로 전략적 요충지로서 동북아 제패에 매우 중요한 지점으로 여겨졌다. 때문에 요동에 대한 실지회복의 요구도 크게 나타났다.[21]

안정복은 단군의 강역을 요동에서 한수漢水로 비정하였다. 이러한 추정은 기자의 봉지封地가 요동이었던 것, 북부여北夫餘가 단군의 후손이라는 『고기古記』의 기록, 『고려사』 지리지에 있는 단군의 기록 등을 근거로 한 것이다.[22] 안정복이 고기 기록을 자료로 인용하거나 후대의 단군에 대한 믿음이 투영된 삼랑성 유적을 단군조선 자료로 활용한 점은 당시 상고사의 무대에 대한 관심사의 반영이자 역사 연구 수준의 기본적인 한계라 할 수 있다. 즉 안정복의 연구는 근대 역사학에서 중시하는 엄격한 사료 비판과 고증이 많이 미흡함을 볼 수 있다.

기자의 강역에 대해서도 중국 측 기록들에 대한 고증과 도읍지인 평양의 위치를 고려하여 요동과 한수 이북으로 비정하였다.[23] 그러나 안

---

20) 『東史綱目』附下 地理考 "按讀史者 必先定疆域然後可以知占據之形便 審
戰伐之得失 考分合之沿革 無是昧矣"
21) 강세구(1989), 앞의 글, 70~71면.
22) 『東史綱目』附下 地理考 檀君疆域考 "檀君疆域無考 而箕子代檀氏 其提封
半是遼地則檀君之世亦當然矣 古記云北扶餘爲檀君之後 按夫餘在遼東之北
千餘里 蓋檀氏世衰 子孫北遷而舊疆因入箕封矣 麗史地志江都摩尼山塹城
壇世傳檀君祭天壇傳燈山一名三郎城世傳檀君使三子築之 然則其南亦當限
以漢水矣"
23) 『東史綱目』附下 地理考 箕子疆域考 "漢書曰玄菟樂浪本箕子所封 唐書裴
矩曰遼東本箕子國 遼史地志遼東本朝鮮 周武王釋箕子囚巨之朝鮮 遼東志遼
東本箕子所封之地 一統志遼東名宦亦載箕子 盛京志瀋陽奉天府義州廣寧之
界 皆云朝鮮界 則遼地太半爲箕子提封 而箕子又都平壤 凡都邑之地多定國
中 則吳氏澐所謂 遼河以東漢水以北皆箕氏地者然矣 至後孫當然之末 失西
界千餘里 以滿潘汗爲界 則漢志遼東郡東部屬縣潘汗也 於是而遼地入中國"

정복은 연燕 말기에 요동이 중국의 영역이 되었다고 생각하였다. 이는『한서漢書』지리지에 보인 요동군 동부 속현 반한潘汗을 만번한滿番汗이라고 생각하였기 때문이다. 그리고『위략』의 서방 2천여 리 상실 기사를 1천여 리로 해석하는 등 요즘 우리 학계에서 중심지 논의와 관련하여 고민하는 내용을 안정복도 정리하고 있었음을 확인할 수 있다.

안정복은 한사군 문제에 대해서도 낙랑군이 관서의 동북지역에서 영동에 이르는 지역을 경계로 위치하였고, 현토는 옥저성沃沮城에 위치했다고 보았다. 진번은 흥경興京의 동남방이 확실하고 임둔은 영동지방을 벗어나지 않았다는 것이 안정복의 지론이었다.[24] 대부분의 실학자들이 진번을 제외하고는 나머지 군현을 한반도에 위치하고 있었다고 보았던 것처럼 안정복 역시 비슷한 생각을 가지고 있었다.

안정복과 비슷한 관점에서 고조선의 영역을 만주 지역에 비정한 이가 신경준申景濬이다. 신경준은 1756년『강계고疆界考』를 쓰고 후일 영조 때『동국문헌비고東國文獻備考』여지고輿地考를 편찬하였는데, 고조선(기자조선)의 강역을 새롭게 고증하여 그 서쪽 경계선이 요하 서쪽의 고죽국(지금의 산해관 부근)과 북경 북쪽의 상곡 동쪽에까지 미쳤다고 주장하였다.[25] 이러한 신경준의 해석에는 안정복의『동사강목』의 내용이 주요한 근거로 인용되고 있다. 즉 신경준은 안정복이 요서 지역에 고조선의 위치를 비정할 때 중요 자료로 이용한『위략』의 만반한滿潘汗을『한서』지리지에 나오는 반한현潘汗縣으로 보아 고조선이 요서 지역에 넓은 영토를 가지고 있다가 진개秦開의 침입 이후 요동을 경계로 하였다고 보았다.

---

24) 安鼎福,『東史問答』卷10 "樂浪所治 自今關西之東北 咸鏡之南道 連延至嶺東 蓋樂浪界也 玄菟 治沃沮城 眞番 似今興京東南廢四郡西北之間也 臨屯 治東暆縣 據勝覽江陵爲東暆"

25)『東國文獻備考』卷6 輿地考1 歷代國界 上 箕子朝鮮國;『增補東國文獻備考』상 174쪽, "綱目曰燕破東胡却千里築長城自遼陽至壤平置上谷漁陽右北平遼東郡 魏略曰朝鮮侯子孫驕虐…至滿潘汗爲界 謹按 潘汗漢書遼東郡屬縣有潘汗縣云汗水出塞外西南入海蓋近遼山邊塞者也"

안정복·신경준의 생각과 비슷하게 고대 한국의 역사지리에 대해 인식한 실학자는 한치윤韓致奫과 그의 조카 한진서韓鎭書이다. 이들의 생각은 한진서의 『해동역사海東繹史』지리고에서 확인할 수 있다. 그 주장을 요약하면 고조선의 '조선'이라는 명칭은 단군으로부터 시작되며, 기자조선의 수도는 지금의 평양이라는 것이다. 또 영평부永平府가 기자의 수봉지受封地라는 『대명일통지大明一統志』의 기록은 잘못이고, 기자조선의 강역은 뒤에 요서지방을 훨씬 넘어섰다고 보았다. 패수는 대동강이며, 평양과 왕검성은 별개 지역으로서, 지금의 성천成川이 왕검성王儉城이고, 『통전通典』에서 평양을 왕검성이라 한 것은 잘못이며, 『삼국사기』에서 단군 이름을 왕검이라 한 것도 잘못이라고 보았다.26) 이러한 견해는 동시기 정약용의 고조선 지리고증과 비교하여 약간의 차이가 있다.27) 다만 기자조선의 영역이 요서지역을 넘는다는 주장은 정약용의 『강역고彊域考』 내용과 완전히 일치하고 있어 지리고가 강역고를 참조한 것으로 보인다. 그러나 패수를 대동강으로 보거나 평양과 왕검성을 구분하는 주장은 논리적이지 못하고 설득력이 떨어진다.

조선후기에 상고 시기의 역사·지리에 대한 연구는 정약용에 의해 한 단계 진전되게 된다. 정약용의 역사지리에 대한 관심은 오래전부터 있어왔던 것으로 보이는데, 1811년(순조11년)에 그 동안의 생각을 담은 『아방강역고我邦彊域考』28) 책을 찬술하게 된다.

---

26) 『海東繹史』續卷 第2 地理考2 朝鮮 "朝鮮之名肇於檀君蓋漢水以北之謂也 周初箕子因以國焉今之平壤卽其所都也 箕子當時疆域未必曠遠其後嗣君拓地恢廓西過遼河以與燕接 王險在大同江以南非箕子舊都平壤也"

27) 대표적으로 정약용은 평양을 왕검성으로 보았으나, 한진서는 이를 별개의 지역으로 보았다. 지금 연구 수준에서 보면 정약용의 입론이 매우 정확함을 알 수 있다.

28) 『我邦彊域考』의 목차는 다음과 같다. 권1 조선고 - 기자, 사군총고, 낙랑고, 현도고. 권2 임둔고, 진번고, 낙랑별고 - 춘천, 대방고. 권3 삼한총고, 마한고, 진한고, 변진고. 권4 변진별고 - 가라고, 옥저고. 권5 예맥고, 예맥별고 - 강릉, 말갈고. 권6 발해고. 권7 졸본고, 국내고, 환도고 - 안시, 위례고. 권8 한

『아방강역고』저술의 첫째 목적은 기존 역사서의 오류를 바로 잡으려는 의도가 있었다. 실제로 그의 책에서는 『삼국사기』와 『동국여지승람』의 잘못을 지적하고 있다. 그리고 당시 국내에는 고조선의 강역, 고조선의 도읍지 평양의 위치를 만주에 비정한다든가, 한사군의 위치를 만주에 둔다든가, 발해를 적극적으로 우리 역사에 넣으려는 견해가 대두되었고, 그러한 우리 영토와 역사 지리에 대한 관심이 책을 저술한 동기로 작용했다.[29]

『아방강역고』「조선고」에서 정약용은 먼저 조선에 대해 그 명칭의 기원부터 확인하여 평양의 땅 이름이 조선이었다는 사실을 밝히고 있으며, 조선은 기자가 도읍한 본거지로 비정하고 있다.[30] 이에 따라 기자 이후부터 한나라에 이르기까지 영역 변천을 시대 순으로 살피고 있다. 정약용은 고조선의 중심지가 한반도이기 때문에 한사군도 진번을 제외하고는 모두 압록강 남쪽에 있었던 것으로 보았다.

이러한 정약용의 역사인식은 유교적 명분론이나 정통론에 입각한 것이기 보다는 종족적 요소와 영토를 중시하는 현실적인 것으로, 이는 당시 정통론적 입장에 서 있던 안정복 등과 대립되는 것이기도 했다.[31]

정약용은 한백겸과 마찬가지로 한국 고대사를 이원적으로 파악하여 열수(洌水, 한강) 이북은 조선, 이남은 삼한으로 보았다. 우리 역사에 대한 이들의 인식체계는 한백겸, 정약용 자신들이 처한 조선시대의 입장에서 얻어진 영토의식을 역사 속에 투영하면서 상고 이래 한반도는 원래 우리의 영토였음을 주장하는 것이었다.[32]

성고, 팔도연혁총서 상. 권9 찰도연혁총서 하, 패수변, 백산보. 권10 발해속고, 홍석주의 발해세가. 권11 북로연혁. 권12 서북로연혁, 구련성고.

29) 조성을(1992),「『아방강역고』에 나타난 정약용의 역사의식」,『규장각』15, 67면.

30)『與猶堂全書』第六集 第一卷,『我邦疆域考』朝鮮考 "朝鮮之名起於平壤 寔本箕子之所都也" "箕子當時疆域未必曠遠其後嗣君拓地恢廓西過遼河以與燕接"

31) 조성을(1992), 앞의 글, 92면.

32) 조성을(1994),「정약용」,『한국의 역사가와 역사학』, 창작과비평사, 333면.

실학자로 포함시키기는 애매하지만, 고조선을 포함해 한국 고대사의 활동 무대를 만주 지역으로 이해한 대표적인 학자로 이종휘李種徽를 살펴볼 필요가 있다. 이종휘는 『동사東史』에서 한국 고대사의 판도는 북방의 고조선 지역과 남방의 삼한 지역으로 나누어진다고 보았다.33) 이 가운데 고조선 지역의 범위는 한반도 북부 지역과 요동과 심양 일대를 비롯한 만주 지역의 상당 부분을 포함하는데, 이종휘는 이 지역을 고조선의 옛 땅이라는 의미에서 '조선고지朝鮮故地'라고 일컬었다.34) 즉, 이종휘는 만주와 한반도를 하나의 국토 개념 속에 포괄적으로 서술하되, 북방 중심의 강역 의식을 가지고 있었다.35)

이러한 고조선 인식을 바탕으로 이종휘는 현재의 강토가 단군조선, 기자조선의 영토에 비해 5분의 2로 축소되어 애석하다고 하면서 '만주수복론滿洲收復論'을 제창한다. 만주 지방이 단군조선, 기자조선, 고구려, 발해의 영역이었다는 역사적 정당성 외에도, 이 지역은 군사전략상 청의 군량미 보급지이자 남침의 근거지로 삼는 요충지이기 때문에, 압록강, 두만강 이남에 이만한 요새지가 없는 우리로서는 반드시 수복해야 한다는 것이다.36) 이는 이종휘의 북방 중심의 고조선 인식이 현실개혁의 바탕이 되어, 국방론으로 이어진 것이라 볼 수 있다.

---

33) 『東史』에서 서술취지를 보여주는 범례나 서문이 없고, 서술체계에 일관성이 부족하며, 다루는 대상에 균형이 무너진 것에 대해 다양한 의견이 있다 (한영우(1987), 「18세기 중엽 소론학인 이종휘의 역사의식」, 『동양학』 1, 단국대학교 동양학연구소; 조동걸(1994), 『한국의 역사가와 역사학 上』, 창작과 비평사; 김철준(1974), 「수산 이종휘의 사학」, 『동방학지』 15, 연세대학교 국학연구원; 김영심·정재훈(2000), 「조선 후기 정통론의 수용과 그 변화 ─ 수산 이종휘의 동사를 중심으로」, 『한국문화』 26, 서울대학교 한국문화연구소; 장유승(2007), 「이종휘의 자국사 인식과 소중화주의」, 『민족문화사연구』 35).

34) 장유승(2007), 위의 글.

35) 조동걸(1994), 앞의 책.

36) 김일권(1995), 「"단군론"의 역사적 변천 연구」, 서울대학교대학원 석사학위 논문.

이상의 조선후기 실학자들의 글 속에는 비록 소박한 형태로 개진되었지만 20세기 들어 치열한 논쟁의 대상이 된 주제인, 고조선의 중심지 위치에 대한 세 가지 설이 이미 모두 나타나고 있다. 만약 실학자들의 실증적인 학풍이 계승·발전되어 나갔다면 고조선사를 포함한 한국 고대사에 대한 논의는 보다 바람직한 방향으로 진전되었을 것이다. 그러나 조선 역사는 일제 식민지로 귀결되었고 실학자들의 문헌고증에 바탕을 둔 역사 지리 연구 흐름 또한 단절되고 말았다.

이하에서는 실학자들의 문헌 고증에 입각한 역사지리 연구 가운데 최고 수준을 보여주는 다산 정약용의 고조선 지리 고증에 대한 주요 내용을 살펴보도록 하겠다.

3. 『아방강역고』에 나타난 고조선과 한사군 인식

1) 단군조선 이후의 강토 변화

정약용의 역사지리에 대한 관심은 오래 전부터 있어왔던 것으로 보이는데, 1789년(정조 13년) 내각 친시 대책 지리책地理策의 시제詩題[37]와 그 답변에서 잘 볼 수 있다. 시제의 요지는 고조선·부여·예맥·삼한·사군·삼국·신라·발해·고려·조선의 역사지리에 관한 중요 사실들이 어떠한 연혁을 밟아왔으며, 또 어떠한 역사적 평가를 부여할 수 있느냐 하는 것이었는데, 시제를 제시하면서 '발해의 옛 땅이 반은 거란에 들어갔으니, 고려왕조의 통일은 여한이 없느냐'고 하여 만주와 발해사에 대한 관심을 문제화 하였다. 이 친시에서 수위로 합격한 정약용의 대책은 강역의 구분을 세밀하게 표시하고 고금의 연혁을 자세하게 기록한 책을 편찬하자는 것이었다.

---

37) 丁若鏞, 詩文集 對策 「地理策」 『與猶堂全書』 제1집 권8.

"해박한 학문으로 여러 사람들의 존경을 받는 자가 편찬사업을 총재하게 하고 따로 몇 사람을 선발하여 그를 보조하게 하며『명일통지(明一統志)』의 의례(儀禮)를 본받고 소략한 것과 빠진 것을 바로잡아 한 책을 편찬하십시오. 강역의 구분을 세밀하게 표시하고 고금의 연혁을 자세하게 기록하며, 산은 그 줄기를 기록하고 강은 원류와 지류를 구분하며, 고사古事는 모든 전쟁에서의 공격 방어의 사적을 아주 상세히 기록하되, 효자 열녀 등 인물을 뛰어나게 순수하고 정직해서 온 세상에 다 알려진 사람이 아니면 생략하십시오."[38]

당대의 강역에 대한 관심은 시간적으로는 단군조선 이후 강토의 변화에 대한 것이고, 공간적으로는 고구려와 발해 등 북방지역의 옛 강토에 대한 것이었다.[39] 이 가운데『아방강역고』를 통해 확인할 수 있는 정약용의 고조선에 대한 역사인식의 첫 번째 특징은 단군조선을 부정하고 기자조선을 인정하고 있다는 점이다. 그는 자료에서 기자를 "무왕武王이 봉한 사람으로, 조선에 와서 8조의 법을 가르친 사람이며,『역경易經』에 '기자의 명이明夷'라 한 것은 기자가 임금이 되자 외이外夷가 문명화했다는 일컬음이다."라고 하여 매우 높이 평가하고 있다.

기자를 강조하면서, 단군조선은 매우 강하게 부정하고 있는데, 단군왕검檀君王儉이 평양에 도읍하였다는 것이 우리나라 역사책에는 두루 기록되어 있으나 믿을 수 없으며, 왕검은 원래 왕험으로 이는 지역명일 뿐이라는 주장이다.[40]

---

38) 丁若鏞, 詩文集 對策「地理策」,『與猶堂全書』제1집 권 8.
39) 박인호(1995),「조선후기 역사지리학 연구」, 한국정신문화연구원박사학위논문, 69면; 이명아(1996),「정약용의『아방강역고』」, 충남대학교 석사학위논문, 5면.
40) 丁若鏞,『與猶堂全書』제6집 卷1. 地理集 疆域考 其一 朝鮮考 "鏞案 易日 王公設險以守其國平壤之別名王險 蓋此義也 檀君之都於平壤亦無信文 況 姓名之爲王儉有誰知之 仙人王儉之說偏載東人之筆 然改險爲儉旣甚穿鑿

「조선고」에서는 가장 먼저 조선에 대해 그 명칭의 기원부터 확인하고 "조선의 이름은 평양에서 일어난 것이다(朝鮮之名 起於平壤)"라고 하여, 평양의 땅이름이 조선이었다는 사실을 밝히고 있으며, 조선은 기자가 도읍한 본거지로 비정하고 있다. 이에 따라 기자 이후부터 한나라에 이르기까지 영역변천을 시대 순으로 살펴보고 있다.

대개 다산은 기자조선의 영역이 평양을 중심으로 하고 있으나, 후세에 요서까지 확장되어 중국의 연나라와 접하기도 하였으나, 이 영역을 그대로 유지하지 못하고 한나라가 일어난 이래 압록강 서북 지역을 잃게 되었다고 주장한다.

단군조선에 대해 부정적인 입장을 표명하였으나, 기자 이전에 평양 지역에 어떤 역사적 실체가 존재하고 있다는 생각은 하고 있었던 것 같아 보인다. 그러나 그 실체가 국가는 아니라고 생각했으며, 기자에 의해 우리나라의 문명이 비롯된 것으로 인식하고 있다.[41] 위만조선(衛滿朝鮮)에 대해서는 기자조선의 영역을 계승한 것으로 인식했으며, 위만조선을 우리민족의 국가로 보는가에 대해서는 명백한 언급을 하고 있지 않다.

「조선고」에서는 한백겸 이래의 모든 실학 거장들에 의해 논의된 정설을 정식화하고, 다시 자기의 안설(按說)을 첨가하여 "지금 사람들이 혹 의심하기를 최초에 조선이 요동에 있지 않았는가 하기도 하나, 원래 『사기』 소진열전(蘇秦列傳), 화식열전(貨殖列傳) 및 기타에서 다 조선, 요동, 진번 등을 처음부터 갈라서 써 놓은 즉 이것들을 혼돈할 수는 없는 것이다."[42]라고 하였다. 이것은 당시 고조선의 실상과 지리적인 위치를 매우 정확하게 파악한 견해라 할 수 있다.

且史記直云王險明是地名 以之爲檀君之名者妄也"

41) 정약용의 이러한 주장(기자의 受封說)은 당시 기자의 수봉설을 비판하여 상대적으로 중국으로부터의 독립성을 주장하는 견해가 조선후기에 나타나고 있던 사실과 대비된다(조성을(1992), 앞의 글, 72면).

42) 『我邦疆域考』 朝鮮考 "鏞案 今人多疑箕子朝鮮或在遼東 燕蘇秦傳貨殖傳 朝鮮遼東眞番之等 皆別言之 不可混也"

『사기』소진열전[43]에는 기원전 4세기에 요동지역이 조선과 병렬되고
있으며, 요동지역이 연나라에 속하지 않고 또한 조선과도 구분되어 나
온다. 이때의 "조선요동朝鮮遼東"은 정약용이 본 것처럼 '조선'과 '요동'을
병렬된 것으로 보는 것이 순리이다.

정약용은 조선과 요동군은 처음부터 다른 것이요, 조선의 중심은 평
양이었다고 생각하였기 때문에 조선왕 만滿의 국도國都였던 왕검王險이
요동군 험독현險瀆縣에 있었다고 한 후한인後漢人 응소應劭 및 기타의 견
해를 반박하였다.[44]

고조선 문제와 관련하여 다산의 학풍이 과학적이라는 것을 중시하는
실례로서는 그가 고조선이 최초부터 걷잡을 수 없이 광막한 '영토'를 가
진 초 대국이었으리라고 하는 당시 일부 사람들의 환상을 배제하고 고
조선도 역시 처음에는 일정한 좁은 지역(다산은 그것을 현재 우리나라의 서북부
라고 생각하였다)에서 출발하여 점차 광대해진 것이라고 생각하였다는 사
실이다.[45]

당시 일부 사람들은 희망적 요구에 의하여 고조선 영역이 최초부터
무조건 광대하였다는 독단을 내리고 있었다. 소위 '단군조선의 광대한
영역', '기자조선의 광대한 강역'에 관한 환상이 바로 이러한 것들이었다.
다산이 이러한 비과학적인 견해들을 반대하였다는 것은 그가 국가 영역
의 발전문제에 관하여 종래의 정통사상, 즉 태고로부터 영원한 미래에
이르기까지의 일국一國 일왕一王의 고정에 관한 사상, 일국의 영역과 주
민, 그리고 국왕의 영구 고정에 관한 사상에 사로잡히지 않고 이 모든
요소들의 변화 발전에 관한 사상을 소유하고 있었다는 것이다.[46] 이러

---

43) 蘇秦(?~B.C. 317)이 燕 문후(B.C. 361~B.C. 333년)에게 지명·족명 혹은 수명으
로 두 곳을 분별·열거하여 燕나라의 사방으로 이르는 곳을 설명한 것이다.

44) 『我邦疆域考』朝鮮考 "險瀆旣是遼東屬縣 安得爲衛滿所都 應劭徐廣等妄
爲之說耳"

45) 『我邦疆域考』朝鮮考 "自始朝鮮 其疆域未必曠遠 後世拓地恢廓"

46) 박시형(1989), 앞의 글, 202면.

한 다산의 입장은 오늘날 시각에서 보아도 매우 합리적이고 논리적인 해석이라 할 수 있다.

2) 패수의 위치

정약용의 고조선에 대한 연구의 또 다른 특징은 역사상 나타난 패수를 압록강으로 보고 있는 점이다. 이는 현재 우리 학계 대부분의 연구자들이 취하고 있는 입장이다.

다산은 조선이라는 명칭은 원래 기자가 도읍한 바 있는 평양에서 기인되었을 것이라고 말하면서,『위략魏略』에는 연나라의 진개秦開가 조선의 서방 2천 리를 빼앗았다고 기록되어 있는데, 북경으로부터 의주까지는 2천 1백리가 되므로 진개의 침략으로 조선은 압록강의 서쪽 지역을 모두 잃었을 것이라고 보았다. 따라서 진개의 조선 침략 후 서한 초에 국경으로 정해진 패수는 압록강이었을 것이라고 하였다.

나아가 "한나라가 일어나 다시 요동의 고새故塞를 수리했으니, 이미 요하를 건넜는데 어찌 다시 요수遼水로 경계를 삼는단 말인가? 요하와 압록강 사이에 다시 큰 강이 없다면 패수가 곧 압록강이다"고 보았다.[47]

다산은 역사상 패수로 인식된 강이 4개[48]가 있다고 주장하면서, 하나하나 상세한 고증을 통해 설명하고 있다. 또한 패수에 대한 정의를 하면서『수경水經』에서는 패수를 평양의 대동강으로 인식했는데, 역도원이『수경주水經注』를 쓰면서 스승의 말을 근거 없이 바꾸어 후세 사람들에게 혼란을 일으키게 했다고 비판한다. 그리고『사기』「조선열전」내용 가운

---

47) 丁若鏞,『與猶堂全書』제6집 卷1. 地理集 疆域考 其三 浿水辯 "漢興復修遼
    東故塞 則旣渡遼矣 旣渡遼寧復得以遼水爲界乎 遼河鴨綠水之間更無大水
    浿水者鴨綠也"
48) 대동강과 압록강, 요동의 헌우락과 평산 저탄수로 이는 안정복이 주장하던
    패수에 관한 것과 일치한다(이명아, 앞의 글, 39면).

데 패수는 압록강을 잘못 인식한 것으로 주장하였으며,『한서』「지리지」에서는 압록강을 마자수馬訾水로 대동강을 패수로 구분지어 혼동되지 않게 되었다고 보았다.

『동국여지승람』에 쓰인 이래 패수=압록강설이 주장되어 왔다.[49] 이익도 "據衛滿之渡浿則疑鴨綠也"라고 하여 역시 패수=압록강설을 지지하였다.[50] 북한의 정찬영도 유사한 결론에 이르러 한과 고조선의 국경 방비선은 천산산맥千山山脈에 따라서 구축되어 있었다고 추측하였다.[51] 지내굉池內宏 등 일본의 많은 학자들도 압록강설을 지지하였다.[52]

최근 우리 학계의 이동설 논의도 패수를 압록강으로 보고 있다.[53]『사기』기록에 따르면 위만이 요동고새遼東故塞를 나와 패수를 건너 진고공지秦故空地에 거주했다고 하므로, 진말秦末과 한초漢初에 연·제의 유이민과 위만衛滿이 거주하던 진고공지秦故空地는 요동고새와 패수 이서에 있어야 한다. 그러나 그 지역을 청천강~대동강으로 보기에는 너무 좁다. 그리고『사기』기사를 보면 한과의 경계인 패수는 한초漢初에 진대秦代의 고조선과 경계가 멀고 지키기 어렵다고 하여 서쪽으로 그 경계선을 후퇴하여 고조선과 경계로 삼았던 강이다. 그런 만큼 청천강이 그 경계라면 후퇴한 것이 되지 못한다는 것이다.

이러한 패수 압록강설은 정약용에 의해 논리적으로 완성된 것이다. 정약용의 패수가 압록강이라는 주장은 고조선의 영역과도 관련이 있는데, 고조선의 영역에 대해서는 한강 이북 한반도 북부지역으로 비정하고 있다. 이는 당시 조선팔도의 영역이 역사 이래 우리 민족의 것임을

---

49) 『新增東國輿地勝覽』 平安道 平陽府 大同江條 "今按司馬遷列傳 漢興修遼
    東故塞 至浿水爲界 衛滿亡命東走 出塞渡浿水都王險則以鴨綠江爲浿水矣"
50) 『星湖集』 卷38, 三韓正統論.
51) 정찬영(1960),「고조선의 위치와 그 성격에 관한 몇 가지 문제」『문화유산』
    60-3, 48~49면.
52) 池內宏(1951),「樂浪郡考」,『滿鮮史硏究』上世 第一冊, 吉川弘文館, 19~61면.
53) 盧泰敦(1990),「고조선 중심지의 변천에 대한 연구」『한국사론』서울대,
    26~27면.

역사지리적 고찰로써 정당화하려는 것이었다.

다만 위만이 세력을 키운 '진고공지秦故空地'를 청천강에서 대동강으로 볼 경우 범위가 너무 좁기 때문에 압록강이 패수라는 정약용의 주장은 진고공지의 영역을 너무 한정했다는 데 문제가 있다. 종전의 주장대로 패수를 청천강으로 보고, 위만이 청천강에서 대동강에 이르는 지역을 중심으로 활동했지만, 청천강 이북 지역의 토착민과 유이민 세력도 함께 통제했다는 시각도 합리적인 주장이라 생각한다.[54]

3) 한사군의 위치 비정

정약용은 고조선의 중심지가 한반도이기 때문에 한사군도 진번을 제외하고는 모두 압록강 남쪽에 있었던 것으로 보았다. 낙랑이 평양인 것은 물론이요, 현토는 함경도, 임둔은 평양 서남부 임진강 일대로 해석했다. 대방군도 요동이 아니라 임진강 하류지방으로 비정했다.

정약용은 「사군고」에서 고조선 멸망 후의 한사군 중 낙랑, 현토, 임둔의 3군의 위치가 최초에는 현재 조선의 국내에 있었으며 오직 진번, 즉 후에 4군이 2군으로 통합되면서 현토가 그 자리로 옮겨 간 최초의 진번은 강계江界의 외요外徼인 지금의 요동성 동부 일대에 있었다고 단정하였다.[55]

이리하여 다산은 당시 일부 사람들이 막연히 생각하던 4군의 위치를 상세히 고증하면서 그것이 조선과 중국 요동의 동쪽에 걸쳐 있었던 역사적 사실들을 논하였다. 다산은 4군의 영역이 곧 옛 조선의 영역이라는 것을 확인하고 있었다.

한사군 가운데 진번군은 만주의 동가강佟佳江(현재의 혼강渾江) 이북지역까지 영역을 확장한 것으로 생각하였다. 이는 진번 관련 단편적인 기사

---

54) 송호정(2004), 『한국 고대사속의 고조선사』, 푸른역사, 349면.
55) 丁若鏞 著, 『我邦彊域考』 眞番考 "眞番之地 雖不可詳 要在今興京之南 佟家江之左右"

가 한군현 설치 이전 시기의 자료에도 나오며, 일부 기록이 압록강 이북에 위치한 것으로 보이기 때문에 내린 결론이었다.

낙랑군의 영역에 대해서는 평안도와 황해도로 보고 있다. 낙랑군의 이러한 위치 비정은 낙랑이 요동에도 있었다고 하는 당시 조선의 유자들에 대한 비판이기도 하였다.[56] 다산은 분명하게 낙랑은 압록강 이서 지역에는 없었다고 못 박고, 조선 유자들이 낙랑이 요동에 있고 한 주장을 비판하였다. 경주를 낙랑으로 여기는 『당서唐書』의 견해도 비판하였다.[57] 한편 다산이 낙랑군의 영역을 평안도와 황해도로 본 것은 한반도 남부를 한사군의 영역으로 보는 주장에 대한 비판의 뜻도 담겨 있었다.[58]

현토군의 경우 다산은 함경남도 남부 지역으로 보고 있다. 다만 그는 현토를 단일한 것으로 보지 않고 사료에 나오는 것을 면밀히 검토하여 두 번이나 이동하였다고 보았다. 제2현도군과 제3현도군의 존재를 파악해 낸 점은 그의 자료에 대한 높은 이해를 보여준다.

한편 제2·3 현도군을 파악한 점은 궁극적으로는 요동의 현토를 우리나라와 무관한 것으로 보려는 의도로 해석된다. 즉 현토고玄菟考에서 정약용은 "漢安帝 以後 凡史册之稱玄菟者 皆是西玄菟 與我邦無涉"[59]이라 하여 한사군의 영역 비정이 요동을 우리 영역에 포함시키는 것에 대한 비판과 연결됨을 보여준다. 끝으로 임둔의 경우는 강원도 지역으로 보고 있는데, 대체로 정확하며, 이를 통해 이전에 정인지鄭麟趾와 홍만종洪萬宗이 강릉을 임둔의 수도로 보는 것에 대해서도 비판하고 있다.

이상에서 보면 한사군의 위치 비정을 통해 정약용은 대체로 압록강 이남을 우리의 영역으로 보면서 압록강 중류의 이북 지역에 대해서는

---

56) 『我邦疆域考』別有考 "鴨水以西 本非樂浪 以東儒不覆 或謂遼東亦有樂浪"
57) 『我邦疆域考』別有考.
58) 조성을(1992), 앞의 글, 81면.
59) 『我邦疆域考』玄菟考.

우리 영역과 관련이 있는 것으로 보았다고 할 수 있다. 그러나 압록강 이북 지역을 우리 강토로 생각한 것은 분명 아니었다.[60] 이는 일제 시기 와 해방 후 한국 고대사 연구의 방향을 제시한 이병도의 입론의 근거가 되었다.

4. 실학자들의 연구와 근대 역사학

1) 일제 시기의 역사 서술과 고조선 인식

실학자들의 역사지리적 관점에서의 논의는 일제 식민통치 시기까지 이어졌다. 일제 시기 고조선사와 관련해서는 구체적으로 일본학자들과 민족주의 사학자로 나뉘어져 각자의 민족적·현실적 처지와 관련하여 고조선의 평양중심설과 요동중심설이 대립되었다.

특히 1920년대와 1930년대의 역사 서술과 역사 인식은 크게 세 가지 측면에서 이루어졌다. 하나는 금서룡今西龍, 백조고길白鳥庫吉이나 이병도 와 같이 소박한 합리주의적 역사 서술을 하는 부류이다.

이들의 고조선에 대한 연구는 재평양설에 입각한 조선시대 실학자들 의 연구를 바탕으로 하면서 평양 지역의 고고학적 발굴성과까지 참고하 여 진행되었다. 이들의 연구는 한사군 및 위만조선 연구에만 관심을 두 었고, 고조선은 평양 지역에서 세형동검 사용 단계에 등장하였다고 보 았다.[61]

이들은 언어학이나 문헌 사료를 동원하여 단조롭게 역사지리를 인식 하는 서술을 하였다. 금서룡은 「열수고洌水考」에서 한백겸과 정약용을

---

60) 조성을(1992), 앞의 글, 82면.
61) 旗田巍(1987), 「日本에 있어서의 韓國史研究의 傳統」, 『韓國史 市民講座』創 刊號, 一潮閣; 吳江原(1996), 「古朝鮮 位置比定에 관한 研究史的 檢討(1)」, 『白山學報』, 18~22면.

비롯해 조선시대 여러 학자들이 열수=한강설을 주장한 것을 비판하며 "만약 열수洌水가 한강이라고 한다면 위만조선의 수도인 왕험성王險城은 한강 연안에서 찾아야 하는데, 이는 여러 문헌 기록과 상치된다. 따라서 왕험성은 지금의 평양 지역이 확실하다"고 주장하였다.[62]

근대 역사학자로 고대 강역의 역사적 해명에 힘을 기울였던 이병도 (1986~1989) 역시 일인학자들의 연구와 같은 방법론을 바탕으로 역사 지리 측면에서 연구를 진행하였다. 이병도는 여러 학자들이 해결하려고 하였던 강역 문제를 "역사지리상의 문제"라고 적고 있다.[63]

이병도는 1928년 「고조선사군강역고」를 연재하면서[64] 기존의 연구가 당시 지리적 상태나 당시의 대세를 무시하였다고 비판하면서 고조선 및 한사군의 역사지리 연구에 있어 근본 자료에 대한 치밀한 분석, 기왕 학설이 갖는 문제점에 대한 비판적 태도, 지리적 상태와 당시의 대세에 대해 중시하였다.[65]

이병도는 "지리는 역사를 지배하지는 못하지만 이에 영향을 미치는 일은 많으므로 이제 역사 서술 들어가기 전에 먼저 만선滿鮮 양지방의 지리를 개언槪言할 필요가 있다"고 하여 만주와 한반도의 지리적 환경을 함께 주목하고 있다.[66] 이러한 이병도의 역사지리에 대한 관심은 일본의 동양사학자 가운데 역사의 기초를 지리라고 설정한[67] 백조고길白鳥庫

---

62) 今西龍(1929), 『朝鮮古史の 研究』.

63) 李丙燾(1976), 『韓國古代史研究』, 博英社, 100면.

64) 이병도(1928(5)), 「고조선사군강역고」(1), 『한빛』 제4·5호; (1928(8)), 「고조선사군강역고」(2), 『한빛』 제6호.

65) 조인성(2009), 앞의 글, 8면.

66) 이병도, 「조선사개강」(2) 1923년 9월 29일.

67) 백조고길(1913), 『만주역사지리』 서언 "우리들의 임무는 滿·韓史의 연구이지만, 역사의 기초는 지리인데, 그러나 이 지방의 史的 지리는 거의 우리나라의 학자들에 의해 고려되지 않았고, 중국인 및 조선인 編著는 또한 신뢰하기에 족한 것이 적음으로써 우리들은 먼저 그를 드러내어 밝힐 필요가 있음을 느꼈다."

崙이나 진전좌우길津田左右崙, 그리고 지내굉池內宏 같은 일본의 스승들로
부터 배운 바가 컸다.[68] 한편 이병도의 고조선 및 한사군, 삼한과 관련
된 역사지리 연구는 한백겸과 안정복, 특히 정약용 같은 조선후기 실학
자들이 이미 많이 고민해 왔던 내용을 바탕으로 수행되었다.[69]

이병도를 포함한 일인 학자의 연구는 근대 사학에서 요구하는 우리
역사의 독자성, 개별성을 근대적으로 재구성하려는 노력 속에서 수행되
었으며, 그 연구 성과가 일본의 역사 인식과 대치되는 면을 외면하고 객
관적이고 합리주의적 서술만을 추구했던 것으로 보인다.

일제시기 역사 서술의 또 다른 흐름으로는 우리 역사의 독자성을 강
조하였던 민족사학자들의 연구를 들 수 있다. 민족해방운동 차원에서
역사학을 연구한 이들의 논의는 학술적인 접근에 있어 20세기 초반 식
민지라는 상황에서 항일 독립운동의 중요한 정신적 지주로서 이른바
'단군 민족주의'가 주요한 연구 주제였다.[70] 나아가 '웅대한 고조선'의
역사상을 통해 민족정신을 진작시키고 조국 광복을 되찾자는 민족 운동
차원으로 고조선사가 연구되었다. 따라서 실학자들 가운데 만주 고토
수복론을 주장한 이종휘 등의 논의가 큰 영향을 미쳤으나 다산 정약용
등 한반도 중심의 입장은 이들에게 그다지 주목을 받지 못하였다.

일제 시기 또 다른 역사 연구의 흐름으로 우리 역사를 세계사적 발전
법칙에 맞추어 역사발전론을 적용하여 서술하려고 하였던 백남운, 이청
원 등의 연구를 들 수 있다.[71] 이들은 역사 서술을 발전의 논리를 갖고
접근하였으며, 당시 사회의 문화적 특징이나 지리 문제를 거의 다루지
않았다.

---

68) 조인성(2009), 앞의 글, 23면.

69) 박인호(1996), 앞의 책, 17면, 주 30); 조인성(2009), 앞의 글, 33면 주 81).

70) 신용하(1994), 「한말 일제 시기의 檀君思想과 獨立運動」 『檀君』, 서울대학
   교 출판부; 정영훈(2000), 「단군의 민족주의적 의미 – 근대기 민족교육과 관
   련하여」 『단군과 고조선사』, 사계절.

71) 백남운(1933), 『조선사회경제사』, 범우사.

2) 최근의 고조선 중심지 논의

실학자들의 역사지리적 관점에서의 논의는 최근 고조선 중심지의 위치를 둘러싼 논쟁에까지 많은 영향을 미치고 있다.

최근 고조선 중심지 논의와 관련하여 가장 주목하는 자료는 『위략魏略』의 기록이다. 『위략』에는 중국 제후국 연나라가 강성하여 '국國'을 칭하자 고조선 역시 '국國'을 칭하고 세력을 키우다가 연나라 장수 진개의 침공으로 서쪽 땅 2000여 리를 빼앗기고 만반한이라는 곳을 경계로 중국과 영토를 달리하였다고 한다. 그리고 이후 조선은 점점 약해져 진이 천하를 통일한 이후에는 몽염을 시켜 장성을 쌓아 요동에까지 이르게 하였다고 한다.[72]

『사기』 조선열전이 위만조선 및 한-고조선 전쟁 기사만 자세한 것에 비한다면 『위략』의 기록 내용은 고조선사를 복원하는 데 대단히 중요한 정보를 제공하고 있다. 특히 전국시대 후반 연과 경계를 이룬 만반한은 패수와 함께 고조선의 지리적 위치에 대한 매우 중요한 지리적 정보를 제공하고 있다. 그리고 고조선의 서쪽 땅이 2000여 리에 이르렀다고 하는 기사 역시 고조선의 지리적 위치와 관련하여 많은 점을 시사하고 있다.

현재 일부 연구자들은 『위략』 기록의 신빙성을 근거로 고조선의 영역이 상당히 넓었고 요하 서쪽에까지 이르렀다는 인식을 하고 있다.[73] 그러나 대부분의 학자들은 고조선 서쪽 땅 "이천여 리"라는 수치에 대해

---

72) 『三國志』 권30 烏桓鮮卑東夷傳 제30 韓條 所引 『魏略』 "魏略曰 昔箕子之後 朝鮮侯 見周衰 燕自尊爲王 欲東略地 朝鮮侯 亦自稱爲王 欲興兵逆擊 燕以尊周室 其大夫禮諫之 乃止 使禮而說燕 燕止之 不功 後子孫稍驕虐 燕乃見將秦開功其西方 取地二千餘里 至滿番汗爲界 朝鮮遂弱 及秦并天下 使蒙恬築長城到遼東"

73) 윤내현(1994), 『고조선연구』, 일지사,

연이 요하 서쪽에서 동호東胡로부터 1천여 리를 빼앗고 계속해서 요하 동쪽의 이른바 고조선의 영토에 진공하여 1천여 리의 땅을 빼앗아 "만반한"에 이르러 비로소 고조선과 경계를 정하게 되었다[74]고 보고 있다.

이때 만반한의 위치는 고조선의 구체적 위치와 관련해 매우 중요하다. 『한서』지리지에 의하면 전한 때의 요동군의 속현으로 문현汶縣과 반한현潘汗縣이 있었는데, 이 문·반한 두 현의 연칭連稱이 만반한과 통함은 분명해 보인다.[75] 이 점은 안정복도 언급했지만 정약용에 이르러 분명하게 논급되고 있다. 이 가운데 문현汶縣의 위치에 대해서는 위魏 정시正始 원년(240)에 요동의 문현汶縣과 북풍현北豊縣의 유민이 산둥반도로 건너갔다는 기록으로 보아 요동 일대에 위치했음을 알 수 있다. 다만 반한현潘汗縣의 경우는 청천강 유역으로 보는 입장과 요동으로 보는 입장이 있다. 번한현을 청천강변의 '박천博川'으로 보는 입장[76]과 문현과 가까운 요동 일대로 비정하는 입장이 있다.[77] 두 입장 모두 일정한 근거가 있는데, 이러한 논의의 출발에는 다산 정약용과 순암 안정복의 입론이 배경이 되었다고 할 수 있다.

『사기』흉노열전匈奴列傳에는 동호東胡를 치고 장성을 설치한 곳이 요동의 '양평襄平(현 요양시)'까지 1,000리라고 했고, 『위략』에서는 고조선을 치고 경계로 삼은 요동의 만반한까지 2,000여 리라고 했다. 우리 학계에서는 두 기록을 합리적으로 이해하는 과정에서 대개 2,000리 가운데, 1,000리는 동호를 치고 나머지 1,000리는 고조선을 친 것으로 이해하고 있다.[78] 이러한 입장을 더 강화하여 연나라 장수 진개가 동호를 1천여 리 몰아내고 사실상 요서 지역까지만 이르렀고, 거기서부터 요동반도 서

---

74) 李丙燾(1976) 앞의 책; 盧泰敦(1990), 앞의 글.

75) 丁若鏞, 『我邦疆域考』 卷1 朝鮮考.

76) 李丙燾(1976) 앞의 글 참조.

77) 노태돈(1990), 앞의 글, 26~27면; 박대재(2006), 「고조선의 왕과 연과의 전쟁」『고대한국 초기국가의 왕과 전쟁』, 경인문화사, 74~79면.

78) 노태돈(1999), 앞의 글 참조.

남부 개평蓋平 일대의 '만반한'까지의 거리가 1,000리라고 주장하기도 한다.[79]

이 주장 역시 『사기』 흉노열전의 기록과 압록강에서 북경까지의 거리를 2100리로 보고 이 땅을 모두 연에게 빼앗긴 것이라는 다산의 주장을 참고하고 합리적으로 해석하는 과정 속에서 나왔다고 할 수 있다. 다만 다산의 경우 『사기』 흉노열전에는 연나라가 조양造陽(현 하북성 회래현)으로부터 양평(현 요동 요양시)에 이르는 장성을 쌓고 이 지역에 호胡의 침입에 대비하기 위하여 5군을 설치하였다[80]는 기록에 대해 주목하지 않은 한계가 있다.[81]

5. 맺음말

조선후기 실학자의 역사지리 연구를 대표하는 정약용의 역사 이해는 그의 개혁사상과 밀접한 관련이 있다. 만주 지역을 적극적으로 우리나라 고대사의 무대로 보려는 인식(17세기 북벌론에서 출발)에 대해 부정적인 견해를 주장한 것은, 북벌론이 그 명분을 통해 백성을 통제하고 사회개혁을 억제하는 허구적인 것이라고 판단했기 때문이었다. 즉 그는 매우 적극적이고 총체적인 사회개혁, 내정개혁을 주장하는 개혁론자였기 때문에 우리 역사의 무대를 만주까지 확장하려는 데에 반대했던 것이다.

정약용의 역사인식체계에서 두드러지게 나타나는 특징은 고대사를 고조선과 삼한의 이원체제로 보고 삼한은 한강 이남으로, 고조선을 압록강 이남으로 보고 있다는 것이다.[82]

---

79) 박대재(2006), 앞의 책, 74~76면.
80) 『史記』 卷110 匈奴列傳 第50 "燕亦築長城 自造陽至襄平 置上谷漁陽右北平遼西遼東郡以拒胡"
81) 『史記』 卷115 朝鮮列傳 第55 "自始全燕時 嘗略屬眞番朝鮮 爲置吏築障塞"; 『三國志』 卷30 魏書 30 烏丸鮮卑東夷傳 韓條 所引 『魏略』 "燕乃遣將秦開功 其西方 取地二千餘里 至滿潘汗爲界 朝鮮遂弱"

정약용의 역사인식은 그 후 일제 시기 민족주의 역사학자인 신채호[83], 정인보와도 매우 다른 특징을 보여주는데, 이는 민족주의 사학자들의 역사인식의 중심이 고구려와 만주에 있었기 때문이라고 생각된다.

조선후기 실학자들의 글 속에는 비록 소박한 형태로 개진되었지만 20세기 들어 많은 논란의 대상이 된 고조선의 중심지 위치에 대한 세 가지 설이 모두 나타나고 있다. 만약 실학자들의 실증적인 학풍이 계승·발전되어 나갔다면 고조선사를 포함한 한국 고대사에 대한 논의는 보다 바람직한 방향으로 진전되었을 것이다. 그러나 조선 역사는 일제 식민지로 귀결되었고 실학자들의 문헌고증에 바탕을 둔 역사 지리 연구 흐름 또한 단절되고 말았다.

다만 실학자들의 연구 성과는 일제시기와 해방 후 오늘날까지도 일정하게 영향을 미치고 있다. 특히 실학자들 가운데 가장 치밀한 논지를 전개한 정약용은 한사군의 위치 비정을 통해 대체로 압록강 이남을 우리의 영역으로 보면서 압록강 중류의 이북 지역에 대해서는 우리 영역과 관련이 있는 지역으로 보았다. 그러나 압록강 이북 지역을 우리 강토로 생각한 것은 분명 아니었다.[84] 이는 일제 시기와 해방 후 한국 고대사 연구의 방향을 제시한 이병도의 입론의 근거가 되었다.

무엇보다 정약용 등 실학자들의 고조선사에 대한 인식에서 중요시되는 것은 실증에 입각한 문헌고증과 비판정신[85]이다. 오늘날 고조선사를 연구하려는 학자들은 실학자들이 실증한 문헌자료 외의 것을 찾는 것은

---

82) 조성을(1994), 앞의 글, 339~340면.
83) 『三國史記』, 『三國遺事』, 『輿地勝覽』, 『熱河日記』, 『我邦疆域考』 등에서 浿水에 대한 쟁론이 분분하지만, 시실은 모두가 맹인이 활을 쏘는 것과 같아서 과녁을 맞히지 못하였다(신채호저, 박기봉 옮김, 「조선사연구초 – 평양패수고」, 『조선상고문화사』, 348면).
84) 조성을(1992), 앞의 글, 82면.
85) 정약용이 생각하는 합리성의 수준은 불합리한 사료를 부정하는 수준까지는 도달했으나, 불합리한 것이 갖는 의미를 캐는 데까지 이르지는 못했다고 보인다.

불가능하다고 할 정도로 방대한 문헌 고증은 고조선사를 연구하려는 연구자들에게 귀중한 자료를 제공하고 있다 하겠다.

오늘날 고조선사에 관한 위치나 강역의 문제가 애국심 논쟁으로까지 비화되고 있는 실정에서 가장 필요한 것은 엄밀한 사료비판을 통해 객관적인 고조선을 이해하는 것이라고 할 때 정약용 등 실학자들의 연구방법과 비판정신은 훌륭한 귀감이 되고 있는 것이다.

조선후기 실학자들의
삼한사 연구와 의의

문창로 | 국민대학교 국사학과 교수

1. 논의의 방향

조선후기 학문분야의 새로운 동향 가운데 하나는 국학의 발전이며, 그중 역사학의 발달을 중요한 특징으로 꼽는다. 이는 양란 이후 조선사회의 변동에 따른 정치·경제·사회·문화 등 여러 방면에 걸친 큰 변화, 특히 주자학의 심화와 실학의 발전 등 당시 사상계 전반에 나타난 새로운 흐름과 표리관계에 있었다고 본다.[1] 기왕의 조선후기 사학사 연구에서 부각되는 이 시기 역사학의 연구 경향은 강목체 역사서술과 정통론 사학의 전개, 전통적 화이관의 극복과 우리 역사의 체계화 노력, 역대 개별 왕조에 대한 인식의 심화, 고증적 역사서술과 역사지리학 분야의 발달, 실증적 역사 연구의 심화와 역사이론의 대두 등을 특징으로 한다.[2] 최치원 이래로 삼한과 삼국을 동일한 실체로 상정하는 삼한인식은

---

1) 조선후기 사학사의 흐름과 실학자들의 고대사연구를 이해하는데 다음 논고들을 참고할 수 있다(李萬烈(1974), 「十七·十八高世紀의 史書와 古代史認識」『韓國史研究』10; (1976), 『韓國의 歷史認識』(下), 創作과批評社; (1981), 『韓國近代 歷史學의 理解』, 文學과知性社; 趙珖(1985), 「朝鮮後期의 歷史認識」『韓國史學史의 研究』, 乙酉文化社; 鄭求福(1992), 「朝鮮後期의 歷史意識」『韓國思想史大系』5, 韓國精神文化研究院; (2008), 『韓國近世史學史 - 朝鮮中·後期篇』, 景仁文化社; 韓永愚(1989), 『朝鮮後期史學史研究』, 一志社; (2002), 『역사학의 역사』, 지식산업사; 조동걸 외 엮음(1994), 『한국의 역사가와 역사학』(상), 창작과비평사; 朴光用(1995), 「역사서와 역사인식」『한국역사입문』2, 풀빛; 趙誠乙(1994), 「조선후기 사학사 연구 동향(1985~1994)」『韓國史論』24, 國史編纂委員會; (2004), 『朝鮮後期 史學史研究』, 한울아카데미; 박인호(1996), 『朝鮮後期 歷史地理學 研究』, 이회; (1996), 『한국사학사대요』, 이회; (2003), 『조선시기 역사가와 역사지리학』, 이회; 정재훈(2011), 「실학자들의 '한국사' 탐구」『한국사시민강좌』48, 일조각).

2) 趙珖(1985), 앞의 글, 131~186면; 趙誠乙(2004), 앞의 책, 13~37면; 鄭求福(2008), 「朝鮮後期 歷史學의 動向」 앞의 책, 86~98면; 한영우(2002), 앞의 책, 166~224면.

전통적으로 견고하게 계승되다가, 실학자들의 역사지리적학인 연구경향
이 대두하면서 삼한의 역사적 실체에 새롭게 접근하였다[3]. 곧 한백겸韓
百謙의 『동국지리지東國地理誌』를 효시로 유형원柳馨遠의 『동국여지지東國
興地志』, 신경준申景濬의 『강역고疆域考』로 이어지는 역사지리학 연구는
우리 역사의 전개과정을 남북이 병립하는 이원적인 체계화를 추구하였
고, 삼한과 삼국의 관계에 치중했던 기존의 입장을 넘어서 삼한의 강역
범위와 위치비정을 중심으로 논의를 전개하였다. 또한 역사지리학 연구
에 실증적인 접근이 심화되면서, '정통론'에 입각한 고대사 인식체계가
수립되었고, 이 과정에서 '삼한정통론'을 중심으로 삼한 역사에 대한 관
심이 증대하였다.[4] 실제로 영남 남인이었던 홍여하洪汝河의 『동국통감제
강東國通鑑提綱』에서 확인되는 정통론은 기자조선-마한-신라로 이어지
는 고대사체계를 처음 세웠으며 특히 기자를 강조하였다. 그 뒤 이익李
瀷은 우리 역사를 중국사와 흥폐시종이 비슷하다는 인식에서 출발하여
단군조선(요)-기자조선(주 무왕)-삼한(한흥지제漢興之際)으로 계승되는 '삼한
(마한)정통론'을 강조하였다. 성호星湖의 사론을 받아들인 안정복安鼎福은
『동사강목東史綱目』에서 주자의 정통·무정통의 예를 따라 도덕적 기준
을 적용하여, 우리역사에서 정통에 속하는 왕조로 단군조선-기자조선
-마한-무통無統(삼국)-통일신라(문무왕 9년 이후)-고려(태조 19년 이후)-조
선으로 연결되는 역사체계를 세우면서 '삼한정통론'을 확립하였다.[5] 이
처럼 실증적 역사연구가 심화되고 고대사 인식체계가 정립되면서, 이를
바탕으로 정약용은 『아방강역고我邦疆域考』를 통하여 문헌 비판에 기초

---

3) 趙誠乙(2004), 「朝鮮後期 歷史學의 發達」 앞의 책, 25~27면.
4) 조선후기에 대두한 이른바 '정통론'은 고대사인식 및 그 체계화에 상당한
   자극과 변화를 주었는데, 정통론에 입각한 고대사인식의 체계화과정에 대
   해서는 다음 논고를 참고할 수 있다(李萬烈(1974), 앞의 글; (1976), 앞의 책,
   315~355면).
5) 李萬烈(1974), 앞의 글; (1976), 앞의 책, 341~353면; 趙誠乙(2004), 앞의 책,
   18~20면.

한 치밀한 문헌고증적 접근을 전개하였고, 한치윤韓致奫은『해동역사海東 繹史』에서 방대한 전거 자료를 바탕으로 문화사적 인식을 추구하여 삼한 의 역사적 실상에 보다 근접하게 되었다.[6]

　종래 삼한의 위치와 역사상, 인식의 변천 등에 대한 검토가 꾸준히 이루어지면서,[7] 실학자들의 삼한인식이 갖는 사학사적 의미가 중요하게 부각되었다. 본고에서는 선 연구를 바탕으로 실학자들이 추구한 삼한사 연구의 구체적인 내용과 그 의미를 탐색하려고 한다. 이를 위해 실학 연 구가 대두하기 전까지 전개되었던 삼한인식의 흐름을 일별하고자 한다. 그런 다음 실학자들의 주요저술을 중심으로 삼한 역사에 관한 연구추이 와 특징을 크게 세 가지로 나누어 살펴보려고 한다. 곧 역사지리학적 접 근을 통한 삼한 실상의 복원(한백겸, 유형원, 신경준), '삼한정통론'의 전개와 삼한사 인식체계의 수립(이익, 안정복), 그리고 문헌 고증의 심화와 삼한 사 료의 집성(정약용, 한치윤) 등으로 나누어, 실학자들이 삼한의 구체적 실상 에 접근했던 성과를 정리하고자 한다. 그리하여 실학자들이 일구어 놓 은 삼한연구의 성과가 이후 어떻게 계승되었는지를 살피면서 그 의의를 생각해 보려고 한다.

2. 실학 대두 이전의 삼한 인식

　현전하는 기록 가운데 한반도 중남부에 존재했던 '삼한'의 역사적 실

---

6) 韓永愚(2002), 앞의 책, 204~207면; 趙誠乙(2004), 앞의 책, 42~43면.
7) 金貞培(1968),「三韓位置에 對한 從來說과 文化性格의 검토」『史學硏究』 20; (1968),「'辰國'과 '韓'에 관한 考察」『史叢』22·23合; 李萬烈(1981),「三韓」 『韓國史論』1(古代), 國史編纂委員會; 盧泰敦(1982),「三韓에 대한 認識의 變遷 」『韓國史硏究』38; 조법종(1994),「삼한사회의 형성과 발전」『韓國史』제2 권, 한길사; 文昌魯(1997),「'三韓社會' 硏究의 成果와 課題」『韓國史硏究』 96; 李賢惠(1997),「삼한」『한국사』4, 국사편찬위원회; 박대재(2006),「삼한의 기원과 국가 형성」『한국고대사입문』1, 신서원; 송호정(2007),「고조선·부 여·삼한」『한국고대사연구의 새 동향』, 서경문화사.

체를 전하는 가장 오랜 사서는 3세기 전반 손오孫吳의 사승謝承이 편찬했던『후한서』동이열전으로 추정되며,[8] '진한'의 존재는 이보다 앞선 2세기 후반 후한後漢 복건服虔의 주문注文에서 단편적으로 확인할 수 있다. 물론 이보다 앞서 삼한 또는 진한의 전신으로 전하는 '진국(辰國, 중국衆國)'의 존재를 전한前漢의 사마천이 편찬한『사기』조선열전, 후한의 반고班固가 펴낸『한서』조선전 등에서 찾을 수 있다. 특히 3세기 후반 서진西晉의 진수陳壽가 펴낸『삼국지』동이전에는 삼한과 관련된 내용을 비교적 풍부하게 전하여, 삼한사회에 대한 본격적인 이해의 단초를 제공한다. 그리하여 현전하는 동이전의 삼한 관련 기사는 삼한의 사회구성을 비롯하여 정치·경제·종교·습속 등 제반 사회상을 해명하는데 주목을 받았다.

주지하듯이『삼국지』동이전에 전하는 삼한 기록은『위략魏略』을 토대로 하여 서술된 부분이 산견되며, 3세기 후반 당시로서는 본격적인 삼한에 대한 연구업적으로 평가된다.[9] 물론 삼한의 역사적 실상에 접근하면서 일찍이『삼국지』동이전의 삼한 관련 기사 가운데 일부가『후한서』동이열전과 차이가 있어 논란이 되었다.[10] 사실 두 사서의 내용에 큰 차이를 보이기 때문에, 어떤 기록을 취하느냐에 따라 삼한의 역사상은 달라질 수밖에 없다. 대체로『후한서』한전은『삼국지』한전을 저본으로

---

8) 일찍이 謝承의『後漢書』원서는 유실되어 그 逸文만이 전하는데, 특히『太平御覽』卷33, 時序部18에 전하는 "謝承後漢書曰 又東夷列傳曰 三韓俗以臘日家家祭祀 俗云臘鼓鳴 春草生也"라는 기사는 陳壽의『三國志』나 范燁의『後漢書』에 전하지 않아 서로 다른 계통의 재료에서 채록된 것으로 본다 (박대재(2005),「三韓의 기원에 대한 사료적 검토」,『韓國學報』119, 16~17면).
9) 李萬烈(1981), 앞의 글, 90~91면.
10) 예컨대 辰國과 三韓의 관계에 대하여『三國志』에는 辰韓만이 辰國의 후신이라고 한데 비하여,『後漢書』에서는 三韓 전체가 辰國을 토대로 성립하였던 것으로 인식하였다. 이에 따라 辰王은『삼국지』에서 目支國을 다스리는 왕으로 전하며,『후한서』에서는 목지국에 도읍하여 삼한 전체를 통치하였던 존재로 부각되었다.

개서한 것에 불과하므로, 삼한에 관한『삼국지』의 사료적 가치를 더 높이 평가하는 경향이 강하다.[11] 다만 본고와 관련하여 조선후기 역사 인식에서 널리 공유된 '삼한정통론'은 대체로『후한서』한전에 사료적 근거를 두고 있다는 점에서 유의할 필요가 있다. 물론『후한서』는 서술 대상 시기인 후한시대보다 약 300년 뒤에 편찬되었지만, 한 시대를 대표 하는 정사로 인정받으며, 또한『후한서』에 대한 후대의 높은 평가나 찬 자인 범엽范曄의 편찬태도 등을 감안할 때에 그 사료적 가치를 일방적으 로 무시할 수만은 없다고 보기 때문이다.[12]

한편 중국사서에 전하는 삼한에 관한 기사는『삼국지』한전 이후로 그 이상 풍부한 내용을 찾기 어려우며, 마한·진한·변한 등에 대한 개 별적인 단편 기록만이 산견될 뿐이다.『삼국지』와『후한서』에 전하는 삼한의 위치는 낙랑樂浪 혹은 대방帶方의 남쪽에 마한이 있으며, 진한은 마한의 동쪽, 예濊의 남쪽에 자리하여 삼한 제국이 한반도 중남부지역 에 산재하였다고 한다.『진서晉書』이후 삼한의 존재는 사라지고,『양서 梁書』이래로 마한에서 백제, 진한에서 신라가 성립했던 사실을 확인할 수 있다.

그러다가 7세기에 들어서 삼한은 본래의 역사적 실체와는 무관하게 '요하 이동' 지역 내지는 '삼국'을 뜻하는 용어로 바뀌었다고 본다.[13] 곧 7세기 후반 삼한 전체에 대한 어떠한 인식이 형성되었는데, 그것은 바로 동일체 의식의 표현으로서 '삼한=삼국' 인식으로 성립했다는 것이다.

---

11) 千寬宇(1976),「『三國志』韓傳의 再檢討-「三韓攷」第 2部」『震檀學報』41; 全海宗(1980),『東夷傳의 文獻的 檢討』, 一潮閣.
12) 기수연(2005),「中國 史書의 異民族 기재방식과『三國志』'韓傳'」『漢城百濟 史料 硏究』(漢城百濟叢書1), 기전문화재연구원. 이와 같은 맥락으로 최근『후한서』한전의 기사를 신뢰하고 참조하여『삼국지』한전과 상호보완적으 로 이해하자는 입장에서 삼한의 역사상에 접근한 논고도 있다(徐毅植(2010),「辰國의 變轉과 '辰王'의 史的 推移」『歷史敎育』104).
13) 盧泰敦(1982),「三韓에 대한 認識의 變遷」『韓國史硏究』38, 130~140면.

실제로 『삼국사기』 김유신전에는 김유신이 임종을 앞두고 삼국통일을 "삼한이 한 집안를 이루었다三韓爲一家"고 하였으며,[14] 신문왕 6년(686)에 세워진 청주의 「운천동사적비雲泉洞寺蹟碑」에서도 삼국통일에 대하여 "사악함을 징벌하고 백성을 사랑했고, 삼한을 통합하여 땅을 넓혔으며合三韓而廣地"라고 한 용례가 확인된다.[15] 그리하여 '일통삼한' 의식은 7세기 후반 이후에 이루어진 삼국통일, 그리고 삼국민 사이의 통일체의식 형성과 그 진전의 소산이며,[16] 나아가 삼한이 '아방我邦'을 뜻하는 대명사로까지 파생되었던 것이다. 이에 따라 백제와 신라뿐 아니라 고구려도 삼한의 하나로 포함하여 이해하려는 경향이 뚜렷하게 나타났다. 곧 최치원은 삼한과 삼국을 동일한 존재로 상정하여 마한=고려(고구려), 변한=백제, 진한=신라라 하였고, 백제와 고구려 멸망 후의 신라에 대해 '삼한'이라고 하였다.[17] 또한 그는 진한이 진한秦韓의 이름을 잘못 쓴 것이라 하여 당국當國(당번當蕃) 곧 신라의 별칭으로 여겼다.[18] 이처럼 삼한과 삼

---

14) 『三國史記』 卷43, 列傳3, 金庾信전에 "三韓爲一家 百姓無二心 雖未至太平 亦可謂小康"이라고 하였다.

15) 이러한 사실은 통일 후 신라인들이 삼국통일에 대해서 同族인 세 韓의 병합이라는 '三韓一統' 의식에 바탕을 두고 대두했던 것으로 본다(邊太燮(1985), 「三國統一의 民族史的 意味-'一統三韓'意識과 관련하여」 『新羅文化』 2, 57~64면).

16) 盧泰敦(1982), 앞의 글, 130~140면; 邊太燮(1985), 위의 글, 58면. 한편 신라 중대의 일통삼한의식은 신문왕대에 당과의 관계에서 백제 통합의 일통삼한이 고구려 포함의 일통삼한으로 전화할 때 조성된 것으로, 왕조 중심의 인식으로 인해 역사적 사실과 괴리를 보인 신라 지배층의 허위의식에 지나지 않았던 것으로 보기도 한다(김영하(2010), 「一統三韓의 실상과 의식」 『韓國古代史硏究』 59).

17) 『三國史記』 卷46, 列傳6 崔致遠에는 "故其文集上大師侍中狀云 伏聞東海之外 有三國 其名馬韓卞韓辰韓 馬韓則高麗 卞韓則百濟 辰韓則新羅也"라 하였고, 민족문화추진회(1967), 「與禮部裵尙書瓚狀」(『東文選』 卷47, 狀)에 "前都統巡官殿中侍御使崔致遠 幸將薄技 … 實逢至公 得雪前恥 變化沈資於一顧 光榮遠播於三韓 自此已來 未之或改"라고 하였다.

18) 민족문화추진회(1967), 「謝賜詔書兩函表」(『東文選』 卷33, 表箋)에 "臣以當

국을 동일한 실체로 상정한 최치원의 삼한인식은 당시 중국뿐 아니라 신라 지배층 지식인들의 일반적인 인식으로 이해될 수 있다.[19]

그리하여 『삼국사기』 지리지에서는 최치원의 설을 사실에 근사한 것으로 평가하였는데,[20] 이로 보아 『삼국사기』는 최치원의 삼한인식을 강역적 관점에서 파악했을 가능성이 크다.[21] 최치원은 삼국의 연원을 '마한→고구려, 변한→백제, 진한→신라'로 각각 소급하였기 때문에, 그의 삼한인식에는 삼한과 삼국이 지리적 범주에서 앞뒤로 연계되는 계통적인 이해의 일면을 엿볼 수 있다.[22] 그 뒤 최치원의 설을 따랐던 『삼국유사』에서도 『후한서』의 진한을 신라에, 변한을 백제에 각각 연결하였다.[23] 특히 변한을 백제로 본 『삼국유사』에서는 변한을 고구려로 파악한 견해가 잘못되었다고 비판하였는데, 변한-고구려 인식은 마한-백제 인식과 표리관계에 있으므로 최치원 이래 전통적인 삼한-삼국 인

國 昔者周秦質代 燕趙多虜 佳人猶合 浦珠移 壯士若延津劍化 來興邑落 助守藩隅 是以辰韓 誤秦韓之名"이라고 하였고, 「奏請宿衛學生還蕃狀」(같은 책 卷47, 狀)에는 "臣伏以當蕃 地號辰韓 道欽鄒魯"라고 하여, 최치원은 우리나라(當國) 곧 新羅를 진한으로 보았다.

19) 다만 최치원의 「智證大師寂照之塔碑銘」에서 백제에 蘇塗儀式이 있었다는 사실에 주목하여, 최치원도 백제와 마한의 역사적 연계를 알고 있었던 것으로 파악하기도 하며(李康來(2004), 「최치원의 고대 인식과 그 함의」, 『孤雲學報』 2; 金炳坤(2008), 「崔致遠의 三韓觀 再考」 『韓國史研究』 141), 이러한 마한-백제의 역사인식은 후삼국기 전주에 입성한 견훤의 발언에서도 확인되기 때문에, 당대 지식인들 사이에 마한-고구려 외의 이질적 인식이 공존했던 것으로 보기도 한다(趙法鍾(1999), 「후백제 甄萱의 역사계승의식-高句麗 및 百濟의 馬韓계승 인식을 중심으로」 『史學研究』 58·59; 이강래(2007), 「고려와 조선전기의 백제 인식」, 『百濟史叢論』, 충청남도역사문화연구원).

20) 『三國史記』 卷34, 雜志3 地理1에 "新羅疆界 古傳記不同 … 新羅崔致遠曰 馬韓則高麗 卞韓則百濟 辰韓則新羅也 此諸說可謂近似焉"이라고 하였다.

21) 조성을(2007), 「조선 중·후기 백제사 인식」 『百濟史叢論』, 충청남도역사문화연구원, 183면에서 최치원은 삼한-삼국 계승관계를 지리적 위치에 바탕을 둔 강역적 관점에서 인식했을 것으로 이해하였다.

22) 조법종(1994), 「삼한사회의 형성과 발전」, 『한국사』 2, 한길사, 154면.

23) 『三國遺事』 卷1, 紀異2 馬韓·卞韓百濟·辰韓.

식과 다른 견해도 존재했을 법하다.

한편 신라통일기에 형성된 '삼한일통의식'은 후삼국기에 잠시 '삼한유민三韓遺民' 의식에 가려지기도 하였으나, 고려에 의해 '삼한'의 재통합이 이루어지면서 삼한일통의식은 후삼국 재통일의 이념적 기반이자 고려의 국가단위 집단의식을 성립시키는 토대가 되었다.[24] 곧 태조 왕건을 포함한 고려의 지배집단은 신라와 후백제, 그리고 고구려의 후계를 자처했던 고려까지 포함하여 삼한으로 인식한 셈이다.[25] 사실 고려가 하나로 통합한 '삼한'은 '후삼국'이지만, 그것은 '전삼국前三國'의 연장선상에서 인식되었기 때문에,[26] 고려의 '삼한일통' 논리는 신라의 삼한일통의식과 같은 맥락으로 받아들일 수 있다.

고려전기에는 고려왕조의 건국에 대한 위업과 삼국을 계승·통합한 일통국가로서의 역사적인 정통성을 표방하기 위해 삼한일통을 강조하였으며, 그것은 장기간의 대몽항쟁을 수행하는 가운데 더욱 강화되어갔다.[27] 그리하여 고려후기의 역사인식에서는 삼국이전 하나의 통일체로서 고조선을 역사의 시원으로 상정하기에 이르렀던 것이다.[28] 예컨대『삼국유사』에는 고조선의 역사적 실체를 상정하면서 고조선과 마한을 앞뒤로 연결하여, '고조선 → 마한을 포함한 삼한 → 삼국'으로의 계승적인 입장 내지는 발전관을 엿볼 수 있다.[29] 특히 고려 후기의 삼한인식을 살펴

24) 노명호(2009), 「삼한일통의식과 고려국가」,『고려국가와 집단의식』, 서울대학교출판문화원, 90~91면.
25) 金炳坤(2005), 「崔致遠의 三韓觀에 대한 認識과 評價」『韓國古代史研究』 40, 230~231면.
26) 이강래(2007), 앞의 글, 127면.
27) 高麗시대의 三韓一統의식은 크게 高句麗遺民계열과 新羅계열로 구분되며, 전자는 渤海遺民을 포함하는 고구려계승의식이 드러나는데 비하여 후자는 발해유민을 배제한 신라계승의식을 가진 것으로 이해한다. 이와 같은 고려시대 삼한일통의식의 유동성은 12세기 중엽 이후 金富軾을 중심으로 한 신라계열의 삼한일통의식이 대두하여 건국 초기부터 추구된 고구려계열과 대립하면서 고려 말까지 이어졌던 것으로 본다(노명호(2009), 앞의 책, 89~126면).
28) 盧泰敦(1982), 앞의 글, 144~150면.

보는 데는 이승휴李承休의 『제왕운기帝王韻紀』가 주목되는데, 거기에는 진한·마한·변한을 각각 신라·고구려·백제로 파악하면서 기본적으로 최치원의 삼한인식을 계승하였다.[30] 비록 『제왕운기』가 서사시 형태를 취하였지만 단군조선-기자조선-위만조선으로 이어지는 '삼조선'설과 함께, 그 뒤를 이어서 삼한-삼국-고려로의 계통적 발전체계를 제시하였다. 또한 삼국과 함께 부여·비류·옥저·예맥 등의 출발을 단군에서 비롯된 것으로 상정하여,[31] 고조선을 기원으로 하는 우리나라 상고사 체계를 확립하였다.[32] 이제 삼한은 시기적으로 고조선과 삼국의 중간시기에 있었던 역사적 실체로서, 삼한의 존재시기에 대한 시대성이 부각될 수 있는 실마리를 찾게 하였다. 이와 함께 고려 말부터 조선에 대한 인식이 확산되면서 삼한을 대신하여 아방我邦을 뜻하는 대명사로 '조선'이 쓰이게 되었고, 자연히 '삼한'이라는 용어에서 아방을 뜻하는 의미는 점차 약해지고 삼한 본래의 역사적 위상에 접근할 소지를 마련하였다.[33]

그럼에도 불구하고 최치원의 삼한인식은 대체로 고려시대를 거쳐 조선전기까지 정설로 계승되었다. 조선 초에 들어서 일부 비판이 제기되었지만,[34] 삼한을 삼국에 비정하려는 기본입장은 조선후기 실학자들에

---

29) 金炳坤(2005), 앞의 글, 238~239면.
30) 『帝王韻紀』卷下, 漢四郡及列國紀에서 "辰馬弁人終鼎峙 羅與麗濟相次興" 이라 하였고, 이어서 같은 책, 新羅紀에 "新羅始祖赫居世 … 漢宣五鳳元甲子 開國辰韓定疆界", 高句麗紀에 "麗祖姓高謚東明 … 漢元立昭二甲申 開國馬韓王儉城"이라 하였으며, 百濟紀에 "百濟始祖名溫祚 … 漢成鴻嘉三癸卯 開國弁韓原膴膴"라고 하여 최치원의 삼한인식과 동일한 사실을 알 수 있다.
31) 『帝王韻紀』卷下, 漢四郡及列國紀에서 "次有尸羅與高禮 南北沃沮穢貊膺 此諸君長問誰後 世系亦自檀君承"이라 하였다.
32) 河炫綱(1976), 「高麗時代의 歷史繼承意識」, 『韓國의 歷史認識』(上), 209면.
33) 盧泰敦(1982), 앞의 글, 150~156면
34) 예컨대 權近은 『新唐書』에 "변한은 낙랑의 땅에 있다"고 하는 기록을 근거로 최치원의 마한-고구려 인식을 비판하면서(『三國史節要』外紀, 三韓), 마한-백제·변한-고구려·진한-신라 계승 인식을 밝혔다.

게도 상당한 영향을 끼쳤던 것이 사실이다.[35]

3. 삼한사 연구의 추이와 특징

1) 역사지리학적 접근과 삼한 실상의 복원

(1) 한백겸의 『동국지리지』

주지하듯이 한백겸(1552~1615)은 삼한을 비롯한 고대사 연구에 있어 역사지리학적 연구의 선구자로서 주목받는 인물이다. 그는 『동국지리지』를 통해 삼국시대 이전에도 관심을 갖고 삼한의 지리적 위치를 고증하였다.[36] 『동국지리지』의 내용구성은 〈표 1〉과 같이[37] 우리나라 상고기부터 고려시대까지를 크게 세 시기로 구분하였는데, 삼국시대까지의 여러 나라에 대한 서술순서와 인용사서를 통하여 한백겸의 역사의식을 일별할 수 있다.

한백겸은 〈표 1〉과 같이 크게 삼국이전, 삼국시대, 고려시대로 구분하면서, 삼국이전은 『한서』와 『후한서』 동이전의 내용을 전재하였고 사군四郡과 이부二府·이군二郡은 건치연혁을 중심으로 간략하게 소개하였

---

35) 삼한의 지리적 위치를 삼국에 비정하려는 시도는 『三國史記』와 『三國遺事』를 거쳐서 朝鮮朝의 史書에까지 이어진다. 곧 조선 초기에 『東國史略』과 『東國通鑑』 등에서 부분적으로 그 오류가 지적되었으나, 삼한을 삼국에 비정하려는 기본 입장은 『新增東國輿地勝覽』에 이르기까지 거의 正論으로 조선후기 실학자들에게도 상당한 영향을 끼쳤던 것으로 이해된다(李賢惠(1983), 「崔致遠의 歷史認識」『明知史論』創刊號, 14면).

36) 韓百謙이 『東國地理誌』를 저술한 원초적 동기는 吳澐의 『東史纂要』를 보고 三韓·四郡에 대한 위치의 시정욕구에서 출발하였던 것으로 이해한다(尹熙勉(1982), 「韓百謙의 『東國地理誌』」『歷史學報』 93; (1987), 「韓百謙의 學問과 『東國地理誌』 著述動機」『震檀學報』 63).

37) 尹熙勉(1982), 앞의 글, 22면의 〈표 1〉과 26면의 〈표 2〉를 참조하여 재정리하였음.

〈표 1〉『동국지리지』의 내용 구성

구분	내용	인용사서
삼국 이전	前漢書 朝鮮傳, 後漢書 高句麗傳, 後漢書 東沃沮傳, 後漢書 濊傳, 後漢書 扶餘國傳, 後漢書 挹婁傳, 後漢書 三韓傳, 四郡, 二府, 二郡	漢書(朝鮮傳, 地理志), 後漢書(東夷傳, 君國志), 唐書, 通典(이상 중국사서) 東國通鑑, 輿地勝覽, 東史(이상 국내사서)
삼국 시대	三國 高句麗(國都, 封疆, 形勢 關防) 附 渤海國 百濟(國都, 封疆, 形勢 關防) 附 箕準城, 報德城 新羅(國都, 封疆, 形勢 關防) 附 金官國, 伽倻國, 泰封國, 後百濟國	後漢書, 唐書, 通典, 宋史, 文獻通考, 續文獻通考, 廣輿考(이상 중국사서) 東史, 輿地勝覽, 東國兵鑑, 三國史記, 高麗史, 東國兵志(이상 국내사서)
고려 시대	高麗(國都, 封疆, 形勢 關防) 並附	高麗史, 輿地勝覽 (이상 국내사서)

다. 여기서 주목되는 것은 전통적으로 삼한을 한사군 다음에 서술했던 이전의 방식에서 벗어나, 삼한을 그 앞에 배치하였다는 점이다. 이는 물론 부여·읍루挹婁·고구려·동옥저·예·삼한의 순으로 열거한 『후한서』 동이전의 서술 순서와도 다르다. 이에 대해 한백겸 나름의 고대사인식에 근거하여 순서를 조정했을 가능성이 제기하였다. 곧 한백겸은 한강 이남의 삼한을 북쪽의 한사군 설치 이전에 성립했던 것으로 인식했거나,[38] 또한 지리적으로 북방지역이 남방지역보다 선진한 사회로 의식한 것이라고 보기도 하였다.[39]

---

38) 鄭求福(1978),「韓百謙의 東國地理誌에 대한 一考－歷史地理學派의 成立을 中心으로」,『全北史學』2; (2008),『韓國近世史學史－朝鮮中·後期篇』, 景仁文化社, 181면; 高英津(1994),「한백겸」,『한국의 역사가와 역사학』(상), 창작과비평사, 184면.

39)『東國地理誌』에서 주된 관심은 국가의 疆域이며, 기존 통사와는 달리 檀君朝鮮·箕子朝鮮·衛滿朝鮮·漢四郡·二府·三韓을 상고사로 서술하여 기왕의 역사서술에서 탈락되었던 많은 부족국가가 선명하게 부각되었고, 지리적으로 북방지역이 남방지역보다 선진의 사회였음을 분명하게 의식하였던 것으로 본다(鄭求福, 앞의 글, 181면). 나아가『三國史記』이래 조선 초

한백겸은 한강 북쪽의 고구려지역까지 삼한으로 보았던 기존의 견해를 비판하면서, 삼한의 강역을 한강 이남에 상정하였다. 한백겸은 『후한서』 삼한전에 대한 자신의 안설按說을 통해 다음과 같이 언급하였다.

(1) 우안(愚按)컨대, 우리 동방은 옛날부터 스스로 남북으로 갈라져 있던 것으로 그 북쪽은 본래 삼조선(三朝鮮)의 땅이니 단군이 요 임금과 동시에 섰고, 기자를 거쳐 위만에 미쳐 사군으로 나뉘었다가 이부로 합해져 고주몽高朱蒙과 번갈아 가면서 성쇠를 반복하였다. 동진시대 이후로는 고씨가 드디어 그 지역을 병합하였는바, 이것이 고구려이다. 남쪽은 바로 삼한의 땅이다. 한초에 기준(箕準)이 위만에게 축출되어 바닷길로 남하하여 한지(韓地)에 이르러 금마군(金馬郡)에 도읍하고 한왕(韓王)을 칭하여 마한이 되었다. 진에서 도망친 사람들이 부역을 피하여 한에 들어오니, 한에서 동쪽 경계 지역을 떼어주니 진한이 되었다. 또 그 남쪽에는 변한이 있어서 진한에 속하였는데, 각각 거수(渠帥)가 있었다. 『(후)한서』에 이르기를 '弁韓在南 辰韓在東 馬韓在西'라 한 것은 삼한 지방을 두고 가리킨 것으로 이미 상세하다. 신망(新莽) 원년(9)에 온조가 마한을 멸망시키고 백제를 세웠다. 한 선제 오봉 원년에 박혁거세(朴赫居世)가 진한 6부 백성들의 추대를 받아 신라가 비로소 건국되었다. 변진(변한)은 전사에 비록 전해 온 바를 밝히지는 않았지만, 신라 유리왕 18년(41)에 수로왕이 가락(駕洛)에 나라를 세우고 진한의 남쪽 지방을 차지

『東國通鑑』에 이르기까지 삼국의 순서를 新羅 - 高句麗 - 百濟 순으로 서술하던 방식에서 벗어나, 고구려 - 백제 - 신라 순으로 기술한 점에 주목하여, 『삼국사기』 이후의 사서에서 신라를 앞세우던 역사서술을 극복한 것으로 큰 의미를 부여하기도 하였다(鄭求福, 앞의 책, 181~184면). 그렇지만 『東國地理誌』의 주된 관심이 옛날 국가의 강역변동에 있었기 때문에, 삼국이전 부분의 諸國家, 지역 등이 고구려의 강역 내에 대부분 포함되어, 서술의 편의상 고구려를 삼국 가운데 가장 먼저 배치한 것에 불과하다고 보기도 한다(尹熙勉(1982), 「韓百謙의 『東國地理誌』」 『歷史學報』 93, 22~23면).

하였다. 그 뒤에 신라로 합했으니 아마도 이곳이 변한의 땅일 것이다. 그렇다면 남쪽은 남쪽대로 북쪽은 북쪽대로 있어서 처음부터 서로 관련이 없는 것이다. 비록 그 한계가 어디라고 단정하기 어렵지만, 이것은 아마 한강 일대를 넘어서지 못했을 것이다(『동국지리지』 후한서 삼한전).

한백겸은 먼저 우리나라 상고사를 크게 남북으로 양분하여 각각 독자적으로 역사가 전개되었으며, 고조선의 단군은 중국 요임금과 병립하였던 것으로 보았다. 곧 한강일대를 경계로 북쪽은 삼조선(단군-기자-위만)→4군→2부→고구려로 계승되었으며, 남쪽은 (단군-기자)→삼한(마한-진한-변한)→백제(마한)·신라(진한)·가락(변한)으로 연결되는 이원적인 고대사 인식체계를 제시한 것이다. 이에 따라 한의 사군은 한강이북에 국한시키고 삼한의 위치를 한강 이남으로 설정하였다. 그리하여 삼한을 삼국에 비정하던 전통적인 삼한인식을 벗어나 마한-백제, 진한-신라, 변한-가야로 새롭게 파악하고, 고구려는 삼한과는 무관한 존재로 인식하였다. 특히 변한을 가야의 전신前身 내지 전기가야로 파악하는 오늘날의 통설과 같은 견해를 제시하여 주목된다.

한편 한백겸이 추구한 다양한 고증방법과 현실을 이해하기 위한 역사적, 민족적 성찰 역시 후대 역사가들에게 영향을 끼쳤기 때문에 실학의 선구로 평가하였다.[40] 곧 한백겸이 '삼한'을 한사군 이전에 배치하여 서술한 점이나 상고사에서 제외되었던 부족국가에 대한 관심을 고조시킨 점, 그리고 한사군의 위치를 한반도 북부와 만주지역에 설정한 점은 이후 조선후기 학자들의 당색을 떠나 널리 계승되었다.[41] 그리하여 한백겸은 기존의 고대사인식보다 시간적으로 그 상한을 소급하였을 뿐 아니라, 고대국가 영역도 한반도 북부와 만주일대까지 확장시켰던 점에서 주목받았다.[42]

---

40) 尹熙勉(1982), 앞의 글, 42면.
41) 鄭求福(1978), 앞의 글, 206면.

한백겸이 추구한『동국지리지』의 고증 가운데 후대에 가장 큰 영향을 준 것은 삼한의 위치문제이다. 실제로 한백겸은 최치원의 삼한인식을 비판하면서 다음과 같이 삼한의 구체적인 위치를 밝혔다.

(2) 최치원이 '마한을 고구려, 변한을 백제'라고 한 것이 첫 번째 잘못이요, 권근이 비록 마한이 백제라는 것을 알았지만, 역시 고구려가 변한이 아니라는 것을 모르고 뒤섞어서 말했으니 이것이 두 번째 잘못이었다. 이로부터 역사가들이 잘못된 것을 그대로 답습하여 사실을 밝혀서 실증할 생각은 않고 … 삼한 때에 우리나라에는 비록 문자가 없었으나『전한서』와『후한서』에 모두 열전이 있으니, 연대의 상하와 지계의 원근을 가지고 구한다면 백대가 비록 멀지만 눈앞에 있는 듯 역력하니 어찌 변별하기 어렵겠는가? …『(후)한서』에 이르기를, "弁辰在辰韓之南亦與倭接"이라 하였고, 또한 "弁辰與辰韓雜居 衣服居處同"이라 하여 변한을 칭할 때는 늘 변진이라고 하였다. 그런즉 변한이 진한에 부속되어 서로 멀리 떨어져 있지 않은 것을 알 수 있다. 또한 "馬韓統五十四國 辰弁韓各統十二國"이라 하였다. 당시에 이른바 '국'은 지금의 군현에 해당하는 것인데, 진변 이한을 합친 것이 겨우 24국이니, 마한의 반도 되지 않는다. 이를 보더라도 호서와 호남이 합쳐서 마한이 되었고, 영남 일도가 둘로 나뉘어서 이한(진한과 변한)이 될 것이니 또 무슨 의심을 하겠는가(『동국지리지』후한서 삼한전).

한백겸은 기왕의 정설로 전해지던 최치원의 '마한=고구려, 변한=백제' 인식, 나아가『동국사략東國史略』에 전하는 권근의 '마한=백제, 변한=고구려' 인식을 비판하였다. 이를 위해서 한백겸은 삼한을 비롯한 삼국 이전의 사실은 양한서兩漢書를 위주로 서술하면서 신중히 고증하려는 태

---

42) 정재훈(2011), 「실학자들의 '한국사' 탐구」『한국사시민강좌』48, 98면.

도를 견지하였다. 곧 삼한·사군의 위치를 입증할 당시에 국내기록이 없었다고 해도 『전한서』와 『후한서』를 중심으로 년대의 상하와 지계의 원근을 살펴서 고증한다면, 삼한의 위치에 대한 판별이 가능하다고 하였다.[43]

그리고 삼한의 '국'을 군현의 규모로 추정하면서, 마한 54국의 절반도 못되는 진·변한 24국의 규모로 보아 호서와 호남이 합하여 마한이 되고, 영남 일도가 진·변 2한으로 나누어졌다고 보았다. 나아가 그는 마한의 위치를 호서와 호남지역 곧 오늘날 한강 이남의 경기·충청·전라도지역으로, 진한과 변한은 각각 경상도 동북과 서남지역으로 비정하였다.[44] 이와 함께 한사군의 영역은 절대로 한강 이남에 내려오지 않았으므로 남원을 남대방, 경주를 낙랑이라고 했던 견해는 모두 잘못이라고 단언하였다. 특히 변한을 칭할 때에 반드시 변진弁辰이라고 한 점에 유의하면서 변한이 진한의 부용국이었을 것으로 이해하여, 진한과 변한의 관계를 별개로 보던 이전의 견해와 달리 설정하였다. 이처럼 한백겸은 삼한—삼국의 계승관계에 치중하던 삼한인식에서 벗어나 삼한의 역사적 실체를 복원하였고 그 강역범위를 새롭게 확정하였다. 그의 비판적이고도 실증적인 학문태도는 조선후기 실학적 역사연구 경향을 형성하는데

---

43) 한백겸 자신이 당시의 역사적 사실을 정확히 파악하기 위해서 그 시대를 직접 서술한 사서를 참고해야 한다는 나름의 합리적인 생각과 투철한 문제 의식을 가졌기 때문으로 이해한다(尹熙勉(1982), 「韓百謙의 『東國地理誌』」 『歷史學報』 93, 27면; 원유한(1999), 「韓百謙의 『東國地理誌』 成立背景」 『實學思想研究』 13, 500면). 한편 『동국지리지』가 조선후기 역사지리학의 효시로 평가받고 중요한 의미를 갖는다면, 그 저술에 직접적인 영향을 준 오운의 『東史纂要』 역시 그에 상응한 역사적 의미를 부여할 필요가 있을 것으로 본다(원유한(1999), 앞의 글, 504~505면).

44) 韓百謙, 『東國地理誌』 後漢書 三韓傳에서 "馬韓舊地 今全羅道公共道京畿 江南 皆其地 公共道 永春丹陽淸州忠州稷山鎭川報恩靑山永同等地 新羅高句麗互相侵據 京畿江南等邑 只爲高句麗所侵據 … 辰韓舊地 今慶尙東北之 地 淸河盈德寧海靑松榮州奉化禮安等邑 後爲高句麗所侵據 弁韓舊地 今慶尙西南之地 智異一帶之地 有時爲百濟所侵據"라고 하였다.

기여하였으며, 강역과 관방을 실증적으로 논하면서 추구했던 역사지리
학적 연구는 이후 후학에 깊은 영향을 주었다.[45]

(2) 유형원의 『동국여지지』· 신경준의 『동국문헌비고』「여지고」

일찍이 '실학'의 창시자로 불리는 유형원(1622~1673)의 『동국여지지』는
역사지리학적 서술이면서도 당시의 변화된 실정을 밝히려는 지리서이
자, 『동국여지승람』에 대한 수정 및 발전적 성격을 갖는 것으로 이해된
다.[46] 유형원은 앞서 한백겸이 역사지리학적 관점에서 제기했던 삼한인
식을 비롯한 여러 문제를 더욱 폭넓고 고증적으로 다루었다.[47] 실제로
그는 삼한을 언급하면서 한백겸의 '삼한설'을 전문 그대로 인용한 뒤에
'오직 근세 한씨韓氏의 밝힌 바가 천 년 동안 미정이었던 (삼한에 대한) 논을
심득하였다'고 높이 평가했다.[48]

유형원은 한백겸의 '남자남북자북南自南北自北'설을 받아들여,[49] 위만
조선·사군이 있을 때에 그 남쪽에는 삼한이 존재한 것으로 보아 삼한의
위치와 존재시기를 언급하였다. 곧 고조선과 삼한이 한강을 경계로 남

---

45) 한백겸의 『東國地理誌』는 서술체제와 내용, 그리고 사론 부분에서 후학들
    에게 영향을 끼쳤는데, 실제로 유형원의 『東國輿地志』을 비롯하여 홍만종의
    『東國歷代總目』, 신경준의 『彊界考』와 『東國文獻備考』輿地考, 안정복의 『
    東史綱目』 地理考, 정약용의 『彊域考』, 한진서의 『海東繹史續』 地理考 등
    에 계승되었다고 한다. 『동국지리지』의 역사적 의미와 후대사서에 끼친 영
    향에 대해서는 다음 논고가 참고된다(鄭求福(1987), 「韓百謙의 史學과 그 影
    響」, 『震檀學報』 63; (2006), 「조선후기 역사지리학의 발달」 『韓國實學思想
    研究』 1; (2008), 앞의 책, 189~201면).
46) 정구복(2008), 「柳馨遠의 歷史意識」『韓國近世史學史』, 景仁文化社, 209~221면.
47) 박인호(2003), 「유형원의 역사지리인식」『조선시기 역사가와 역사지리학』,
    이회, 173~200면.
48) 『東國輿地志』 卷2, 京畿, 古朝鮮馬韓之城.
49) 유형원은 『東國輿地志』 범례에서 한강 이북과 이남을 천문의 星座에 의거,
    尾箕分과 箕斗分으로 구분됨을 밝히고 있어 한백겸의 '南自南北自北'설을
    강화 발전시킨 것으로 본다(정구복(2008), 앞의 책, 190면).

북지계를 이루었으며, 북쪽의 고조선은 고구려에 계승되고, 삼한은 각각 백제와 신라에 연결된다고 하였다. 특히 그는 마한을 경기좌도(한강이남) 와 충청 · 전라도로, 진한 · 변한을 경상도일대로 비정하였다. 변한은 진한과 잡거했기 때문에 변진으로도 불렸다고 하여 상호 긴밀한 관계로 본다. 그는『후한서』한전에 전하는 바와 같이 삼한 성립에 앞서 존재했던 진국의 실체를 인정하였고,[50] 마한과 진한의 성립을 각각 기준箕準집단의 남하(금마군金馬郡)와 진역秦役을 피해 들어온 유망인 기록에서 찾았다. 또한 삼한의 소멸은『통전』과『삼국사기』신라 및 백제본기의 기록에 따라 변한이 신라에 병합되었으며(혁거세왕 19년), 마한은 백제에 멸망하였다(온조왕 27년)고 보았다. 이처럼 유형원은 한백겸의 설을 수용하면서 삼한의 위치를 비롯하여 진한과 변한의 관계, 나아가 삼한의 연원과 소멸문제 등에 접근하여 삼한의 시 · 공간적 범위를 보다 구체적으로 부각하였다.

한편 신경준의『여암전서旅菴全書』에 수록된『강계고疆界考』는 편찬과 서술내용이『동국지리지』를 충실하게 계승한 역사지리서로 평가받는다.[51] 따라서 한백겸의 삼한설은 신경준(1712~1781)에게 직접적인 영향을 주었던 것으로 본다.[52] 특히 신경준의 안설按說이 수록된『동국문헌비고』여지고는 비록 관찬으로 편찬되었지만「여지고」에 나타난 강역인식

---

50)『東國輿地志』卷2, 京畿, 古朝鮮馬韓之城. 유형원의 삼한인식에 대해서는 다음 논고를 참고할 수 있다(박인호(2003), 앞의 책, 183~185면; 정구복(2008), 앞의 책, 189~190면).

51) 정구복(2008), 앞의 책, 191면.

52) 신경준의 역사지리연구를 살펴본 논고로는 다음을 참고할 수 있다(李相泰(1984),「申景濬의 歷史地理認識」『史學研究』38; 최창조(1986),「旅菴 申景濬의 지리학 해석」『茶山學報』8, 다산학연구원; 박인호(1994),「신경준」『한국의 역사가와 역사학』(상), 창작과비평사; (1996),「신경준의『동국문헌비고』,「여지고」」『朝鮮後期 歷史地理學 研究』, 이회; 양보경(1999),「여암 신경준의 지리사상」『월간국토』5월호; 고동환(2003),「旅菴 申景濬의 학문과 사상」『지방사와 지방문화』제6권 2호.

이 『강계고』의 내용을 축약한 것으로 보기 때문에, 신경준의 개인적인 작업으로 파악한다.[53] 신경준의 삼한에 대한 기본 인식은 다음 사료를 통해서 확인할 수 있다.

(3) 신이 삼가 살펴보건대, 방여(方輿)를 논하는 자는 항상 삼한의 옛 땅을 조선의 지경에서 찾고, 또 신라·고구려·백제 세 나라를 삼한의 옛 땅에 분배하였는데, 진한은 항상 바뀌지 아니하였으나, 변한과 마한은 서로 바뀌었습니다. 최치원의 설은 둘 다 그 진상이 잘못되었고, 권근의 설은 하나는 옳고 하나는 잘못되어 시비가 분분하여서 정립되지 못하고 거의 수백 년에 이르렀는데, 『여람(輿覽)』 한 책에 비로소 삼한을 남쪽에, 조선을 북쪽에 두고 함께 들어서 서로 대치한 것으로 보아 대체를 대강 짐작하였습니다. 다만 최치원의 설을 독실하게 믿어서 변한·마한의 가장자리를 끌어서 고구려·백제에 나누어 붙이려고 하였습니다. 그러나 한백겸의 설은 실로 『여람』에 근거하여 분명하게 설명하였으니, 세상에서 정론定論으로 여깁니다(『동국문헌비고』 권7, 「여지고」 2, 역대 국계하(歷代國界下), 삼한변설).

(4) 신이 삼가 살펴보건대, 진국(辰國)이 『사기』·『한서』·『통전』·『통고』에 모두 소상하게 기재되었는데, 『동사』에는 하나도 나타난 것이 없으니, 소루함이 심합니다. 안사고(顏師古)가 진국을 진한(辰韓)이라고 한 것은 옳지 않습니다. 대개 진국과 조선은 남북으로 나누어 나라를 세운 것인데, 그 시말을 상고할 수 없고, 진국의 뒤에 마한이 되고, 마한이 나뉘어 삼한이 되었습니다. 목지국의 지계는 미상하나, 마한이 통솔하는 54국에 월지국(月支國)이 있으니, 월(月)과 목(目)의 글자가 서로 비슷하기 때문에 잘못된 것이 아닌가 합니다(『동국문헌비고』 권7, 「여지고」 2, 역

---

53) 박인호(1994), 앞의 글; (1996), 앞의 책, 172면.

대국계하, 진국).

신경준은 (3)에서 최치원과 권근의 설을 비판하고 삼한의 위치 및 그 경계에 대한 한백겸의 설을 정론으로 삼았다.[54] 곧 한백겸의 '남자남북자북南自南北自北'설을 계승하여 북쪽은 삼조선(단군조선국 - 기자조선국 - 위만조선국) → 한사군 → 이부·이군 → 고구려로 이어졌고, 남쪽은 진국 → 삼한(마한 - 진·변한) → 신라·백제·가야로 연결되었다는 것이다.[55] 이에 따라 한사군이 한수漢水 이남으로 내려온 적이 없다고 했던 『동국지리지』를 인용하면서 『고려사』와 『동국여지승람』의 '남원대방설南原帶方說'을 비판하였다.

특히 신경준은 『여지승람』에서 처음 삼한을 남쪽에, 조선을 북쪽에 두고 서로 대치한 것으로 보았다고 하였는데, 이는 한백겸의 이원적인 역사체계에 관한 학설사적 원류가 『여지승람』에까지 소급된다는 점을 처음 언급한 것이어서 주목된다. 곧 신경준이 기존의 연구 성과를 착실히 검토한 결과로 보아,[56] 관련 자료에 대한 그의 꼼꼼한 태도를 엿볼 수 있다. 실제로 그는 〈표 2〉와 같이 『한서』,『통전』,『문헌통고』 등의 중국사서 및 고려와 조선전기의 관련 자료를 폭 넓게 활용하였다. 또한 상고기 이래 존재했던 크고 작은 정치세력을 포괄적으로 정리하고,[57] 삼국과 관련된 諸小國을 보다 구체적으로 살폈음을 확인할 수 있다.

한편 신경준은 마한 - 백제, 진한 - 신라, 변한 - 가야로 이어지는 계통성을 강조하고 북쪽의 고구려를 삼한과 단절된 정치세력으로 상정하였다. 그리고 「여지고」의 변한국조에서 변한은 그 사방 경계가 바로 가야의 하나인 가락과 부합하며, 그 증거로 『문헌통고』에 가야금伽倻琴을 변

---

54) 「疆界考」『旅菴全書』 1, 三韓地分諸說에서도 같은 입장을 확인할 수 있다.
55) 「疆界考」『旅菴全書』 1, 我東國別號; 「輿地考」 1 『東國文獻備考』 卷6.
56) 박인호(1996), 앞의 책, 121면.
57) 박인호(1996), 위의 책, 122면.

〈표 2〉『강계고』 및 『동국문헌비고』「여지고」의 구성 내용

疆界考		興地考		인용사서
권4	我東國別號 前朝鮮國 後朝鮮國 濊國・貊國・ 東沃沮國・北 沃沮國・南沃 沮・小水貊國・ 孤竹國 衛滿朝鮮國 漢郡縣 滄海郡・四 郡・二府・樂浪 東部都尉・樂浪 四界	권6 歷代 國界 (上)	檀君朝鮮國 箕子朝鮮國 衛滿朝鮮國 濊國・貊國・東沃沮國・高句麗國 漢四郡 漢二府 漢二郡 帶方郡 附樂浪分界 高句麗國 沸流國・荇人國・北沃沮國・黃龍國・梁貊國・蓋馬國・句茶國・扶餘國・東沃沮國・藻羅國・朱那國・報德國 唐九都督府 渤海國・定安國	史記・漢書(朝鮮傳, 食貨志, 地理志)・括地志・後漢書(東夷傳, 君國志)・三國志・唐書・遼史・一統志・通典・文獻通考・續文獻通考盛京志 (이상 중국사서) 三國遺事・三國史記・東國通鑑・興地勝覽・東史・東史遺記・東史會綱 (이상 국내사서)
권5	高句麗國 附鞋鞨 辰國 三韓 馬韓國 辰韓國 弁韓國 百濟國 附日本大內主	권7 歷代 國界 (下)	辰國 馬韓國 箕準馬韓國 後馬韓國 辰韓國 弁韓國 百濟國 沸流國・耽羅國・休忍國・州胡國・周留城 唐五都督府 新羅國 于尸山國・居漆山國・萇山國・音汁伐國・悉直國・比只國・多伐國・草八國・召文國・甘文國・骨伐國・沙梁伐國・伊西古國・于山國・金官國・大伽倻國・小伽倻國・古寧伽倻國・阿羅伽倻國・星山伽倻國・骨浦國・漆浦國・古浦國・加羅國・任羅國・昌寧國・召羅國・駒令國・溟州國・泰封國・後百濟國	
권6	唐州府 新羅國 金官國 泰封國 後百濟國			

한금弁韓琴이라고 한 사실을 제시하였다. 다만 패하浿河 이남의 경기·황해지역은 마한과 관계없으며 온조왕 이후에 백제의 강역이 되었다고 한점에서 한백겸의 견해와 차이가 있다.58)

그리고 (4)에서 신경준은 삼한에 앞서 진국이 존재했으며, 『삼국지』한전에서 진국을 진한으로 파악한 견해는 잘못이라고 하였다. 곧 진국은 고조선이 있을 때에 그 남쪽에 세워진 나라이며, 진국에 이어서 마한이 성립하였고, 마한이 다시 나뉘어 삼한이 되었다는 것이다. 또한 『후한서』 한전의 '마한재서馬韓在西'는 마한이 진한의 서쪽에 위치한 사실을 말하며 금마金馬(익산)에 도읍하였고 한다.59) 진·변한의 남쪽은 모두 왜와 접했으며, 진한은 동쪽에 있는 12국으로 그 북쪽은 예맥과 접하였고, 진한 남쪽의 변한 12국은 가락의 터와 합치한다고 보아 『후한서』의 기록을 따랐다.60)

그는 진한의 성립은 진의 망명집단이 한국에 오자 마한이 동쪽 경계의 땅을 떼어 준데서 비롯한 것이라고 하였다. 특히 『후한서』에 진한 12국이 있다고 했음에도 13국명을 열거한 사실은, 진한 12국을 거명한 끝에 군미국軍彌國이 있고 변한 12국명을 열거한 첫머리에 변군미국弁軍彌國이 있기 때문에, 거듭 기록되었거나 신라의 처음 이름인 사로국斯盧國이 섞여 들어간 것으로 추론하였다.

신경준은 마한의 전개과정을 기준箕準의 남하 전후로 전마한前馬韓과 후마한後馬韓으로 구분하여, 이른바 3마한(전-기준-후마한)의 존재를 상정하였다.61) 곧 기준의 남하 이전에 존재했던 전마한, 기준이 마한을 멸하

---

58) 「疆界考」 『旅菴全書』 1, 浿河以南非馬韓之地辨에서 浿河 이남의 경기·황해지역은 본래 고조선 땅이었다가 漢의 樂浪郡이 되었으며, 뒤에 마한이 한강 이남을 잠식하였고 溫祚가 樂浪의 땅을 취하였으므로 마한과 무관한 것으로 본다.
59) 「輿地考」 2 『東國文獻備考』 卷7, 歷代國界下, 馬韓國.
60) 「輿地考」 2 『東國文獻備考』 卷7, 歷代國界下, 弁韓國.
61) 「輿地考」 2 『東國文獻備考』 卷7, 歷代國界下, 箕準馬韓國.

고 스스로 진왕辰王이 되었던 시기의 기준마한箕準馬韓, 그 뒤에 기준의 후손이 절멸하고 마한이 다시 자립하여 진왕辰王이 되었던 후마한이 그 것이다. 이때 마한의 왕을 진왕이라고 칭한 것은 '진국辰國'을 계승한 마한에서 '진辰'이라는 옛 명칭을 유지하였기 때문이라고 보았다.

신경준은 폭넓은 인용사서를 바탕으로 진국 – 삼한(마한 – 진 · 변한) – 백제 · 신라 · 가야의 계승관계를 분명히 하였다. 또한 '삼마한설三馬韓說'을 제시하여 마한의 전개과정을 구체화하고 한백겸의 삼한설을 보충하면서 삼한의 역사적 실상을 복원하는 토대를 제공하였다.

2) '삼한정통론'의 전개와 삼한사 인식체계의 정립

(1) 이익의 『성호사설星湖僿說』

이익(1681~1764)은 별도의 역사지리서를 남기지는 않았지만, 『성호사설』에 실린 수십 편의 사론을 통하여 우리나라 역사의 관심을 촉구하였고, 중국사와 구별되는 독자적인 자국사를 강조하였다.[62] 이러한 의식의 반영은 이익의 '삼한정통론'으로 나타났으며, 이는 중국 중심의 '천하'를 부정하는 것을 전제로 조선의 독자성을 인식하는 데까지 나아갈 수 있었다.[63] 그리하여 이익은 단군조선 – 기자조선 – 마한으로 이어지는 '삼한정통론'을 제시하였으며, 특히 기준이 남하했던 마한을 '선성의 후손으로 나라를 익산益山에 세워 동방의 정통'으로 삼았다.[64] 곧 이익은 기

---

62) 李萬烈(1974), 앞의 글; (1976), 앞의 책, 345면; 趙珖(1985), 「朝鮮後期의 歷史 認識」『韓國史學史의 硏究』, 乙酉文化社, 145~146면.

63) 金文植(2003), 「星湖 李瀷의 箕子 인식」『退溪學과 韓國文化』33, 경북대학교 퇴계학연구소, 65~66면.

64) 『星湖僿說』第25卷, 經史門, 前代君臣詞에서 "檀箕와 三國은 지금 祀典에 있으나 오직 馬韓과 駕洛이 빠졌으며, 삼한 가운데 弁韓과 辰韓은 근거가 없다. 마한은 先聖의 후손이요 동방의 정통으로서 나라를 益山에 세웠다" 고 하였다.

자의 후손인 기준이 남하하여 마한을 세워 기자조선의 정통을 계승하였
을 뿐 아니라, 기자조선을 찬탈한 위만이 80여년 만에 망하여 우리나라
의 '유국전서有國傳緖'가 마한에 존재했기 때문에 정통으로 삼았다고 하
였다.[65]

한편 이익은 삼한의 위치를 한백겸의 설에 따라 한강 이남으로 획정
하였다. 곧 고조선과 삼한은 대수帶水(한강)를 경계로 남북으로 나뉘었으
며, 북쪽의 황해·평안도는 고조선의 강역이고 그 이남은 한의 강역이라
고 하였다.[66] 또한 삼한의 강역을 반으로 나누어 동쪽은 진한과 변한이
되고 서쪽은 마한이 되었으며,[67] 마한은 익산을 중심으로 경기·충청·
전라도 일대에, 진한은 경주를 중심으로 하는 경상좌도에 비정하였다.
그리고 낙동강을 기준으로 동쪽과 서쪽에 각각 진한과 변한이 자리했던
것으로 보았다.[68] 특히 변한은 지리산 이남의 진주晉州 등 몇 개의 고을
로 구성되었으며, 본래 마한에 신속되었다가 그 뒤 신라에 부속되었고
마침내 백제에 편입되었다고 하여[69] 변한의 역사적 전개과정을 추정하
였다.

이익은 한백겸의 삼한설에 영향을 받은 것이 사실이나, 최치원의 삼
한인식에 대한 해석에서는 입장을 달리하였다. 곧 이익은 최치원의 삼

---

65) 『星湖先生全集』 卷47, 雜著, 三韓正統論. 한편 삼한정통론의 핵심은 단군
   조선과 기자조선의 중국에 대한 문화적 대등성과 정통성을 인정하는 것이
   기 때문에, 삼한정통론을 이른바 '檀箕正統論'으로 봐도 좋다고 하였다(하
   우봉(1994), 「이익」, 『한국의 역사가와 역사학』(상), 창작과비평사, 243면).
66) 『星湖僿說』 第3卷, 天地門, 三韓.
67) 『星湖僿說』 第2卷, 天地門, 三韓金馬에서 "생각하건대, 옛날에는 東方을 반
   으로 나누어 지금의 서울 이북을 조선이라 하고 이남을 韓이라고 했다 하
   니, 한의 땅을 반으로 나누어 동쪽은 진한·변한이 되고 서쪽은 마한이 되
   었다"고 하였다.
68) 『星湖僿說』 第8卷, 人事門, 生財에서 "洛東江이 道內 한복판으로 흘러가는
   데, 옛날에는 新羅가 이 강의 동쪽, 五伽倻가 이 강의 서쪽에 자리 잡고 있
   었으나, 얼마 뒤에 가야는 신라에 통합되었다"고 하였다.
69) 『星湖僿說』 第2卷, 天地門, 三韓金馬.

한설에 내포된 뜻을 한백겸이 제대로 헤아리지 못하고 비판한 것으로
여기면서, 다음과 같이 자신의 견해를 밝혔다.

(5) 최치원이 마한이 고구려가 되고, 변한이 백제가 되었으며, 진한이 신라
가 되었다고 했는데, 사람들은 사실이 그렇지 않다고 의심한다. 그러나
최치원은 당시의 사람인데, 어찌 이 같은 어긋난 말이 있을 수 있겠는가
… 마한이라는 것은 기준(箕準)을 가리키는 것으로, 본디 고구려 땅에
살다가 후에 비록 남쪽으로 달아났으나, 고구려를 가리켜 마한의 옛 땅
이라고 하였으니 아마 그랬을 것 같다 … 변한은 비록 처음에는 신라에
부속되었으나 나중에는 백제로 편입되었을 것이다. 그렇지 않다면 최치
원이 어찌 변한이 백제가 되었다고 하였겠는가 … 마한의 땅을 통틀어
금마(金馬)라 했으니, 기준의 익산(益山)이나 온조의 직산(稷山) 어느 것
이 금마의 고을이 아니겠는가? 이로써 말한다면 문창후(文昌侯)와 견훤
의 말도 잘못된 점이 보이지 않는다. … 요즘 사람들은 전적들이 이미
없어진 뒤를 따라 희미한 것에 의거하여 추단하면서 오히려 당시에 눈
으로 본 사람의 말을 의심한다(『성호사설』 제2권, 천지문, 삼한금마(三韓
金馬)).

이익은 당시 사람이었던 최치원이 착설錯說할 리 없다고 단정하면서
그의 삼한설을 적극 옹호하였다. 곧 마한을 고구려라고 했던 것은 기준
이 본래 고구려 강역에 살다가 마한으로 남하했기 때문으로 보았다. 또
한 변한을 백제라고 한 것은 처음 신라에 속했으나 나중에 백제에 편입
되었던 사실을 두고 한 말이라고 해석하였다. 이에 대해서는 후술하는
바와 같이 그의 학문을 계승했던 안정복의 『동사강목』 지리고에서 보다
깊이 있게 논급되었다.[70]

---

70) 姜世求(1994), 『東史綱目研究』, 民族文化社, 142~143면; (1995), 「柳馨遠·李
瀷과 安鼎福의 學問的 傳乘關係」 『實學思想研究』 5·6, 121~126면.

이익의 관심은 삼한의 지리적 위치를 넘어서 역사적 전개과정에까지 주목하였다. 그는 마한-백제를 중심으로 진한-신라, 변한-가야로 이어지는 삼한의 성립과 소멸과정을 정리하였다.[71] 먼저 기준이 마한을 쳐서 왕이 되었기 때문에, 기준 이전부터 한韓이 존재했다고 하여,[72] 삼한의 성립시기를 한漢 혜제초惠帝初(B.C. 194)에 기준의 남하 이전으로 상정하였다. 그리고 한韓의 유래는 진나라를 피해 동쪽으로 바다를 건너 온 중국의 전국 7웅 가운데 하나인 한의 유민들에서 연유한 것으로 짐작하였다.[73] 이들이 진을 피해 올 때에 요심遼瀋지역을 거치지 않고 한반도 남쪽으로 왔기 때문에, 한강 이남지역에 한이 생겼다는 것이다. 또한 삼한 가운데 가장 먼저 세워졌던 마한은 한인韓人의 선주민들이 금마군金馬郡에 세운 나라이며 마한은 금마金馬에서 얻은 이름이라고 하였다.

한편 진한과 변한의 연원에 관한 이익의 견해를 살펴보는데 다음 기록을 참고할 수 있다.

(6) 추측컨대 삼한은 모두 밖에서 들어온 나라인 듯하다. 마한은 조선에서 들어오고 진한은 진지(秦地)에서 들어왔다면 변한도 본래 압록강밖에 있다가 산융(山戎)에게 쫓겨서 들어온 것이 아닌가를 또한 어찌 알겠는 가? 그렇지 않으면 반드시 기록한 자의 잘못으로 그렇게 되었을 것이다 (『성호사설』 제21권, 경사문, 발해).

(7) 한수(漢水)의 남쪽은 또 별다른 지역으로서 삼한 또는 오한(五韓)의 명 칭이 있으니, 한(韓)은 국호이다. 진한은 진나라 사람들이 와서 나라를 세웠으므로 한에 진을 더하여 구별하였고, 변진은 진한에서 또 나뉘었

---

71) 『星湖僿說』 第19卷, 經史門, 三韓始終.
72) 『星湖僿說』 第3卷, 天地門, 三韓. 한편 箕準의 남하 이전에 마한이 존재했 다는 견해는 앞서 살펴본 신경준의 주장에서도 확인할 수 있다.
73) 『星湖僿說』 第3卷, 天地門, 三韓.

으므로 변(弁)을 가하여 진한과 분별했으니, 그 실상은 변진한(弁辰韓)
이다(『성호사설』제15권, 인사문, 화령(和寧)).

이익은 마한에 정통성을 부여하였지만, (6)과 같이 삼한의 연원을 중
국의 이주민 세력과 연결하는 한계를 보인다. 곧 마한과 진한의 연원은
각각 중국의 한韓과 진에 연결되며, 변한의 연원 역시 중국에 닿는 것으
로 파악하였다.74) 그리고 (7)에서 그는 한강 이남에 자리한 삼한이 북쪽
의 조선과 뚜렷이 구별되며 한은 국호로 단정하였다. 특히 진한은 진의
망명객들이 세운 나라가 분명한데, 그 이유를 진辰과 진秦의 음이 같은
데서 찾았다.75) 진한은 한韓에 진辰을 더하여 마한과 구별하였고, 건국
시기는 역시 기준이 마한을 세우기 이전으로 파악하였다.76) 또한 진한
과 변한은 마한의 속국이며, 삼한의 성립순서는 마한-진한-변한 순으
로 인식하였다.77)

이익은 변진弁辰이 진한에서 나뉘었으므로 그 실상은 '변진한弁辰韓'
이며 '변弁'을 더하여 진한과 구별하였던 것으로 보았다. 변진의 성립과
관련하여 기준이 마한왕의 자리를 빼앗아 무강왕武康王이 되었고, 이때
기준에게 쫓겨난 마한 선주민은 마한과 진한 두 나라 사이에 별도로 변
한 곧 변진을 세웠다고 하였다.78) 특히 변한이 마한의 후예로 기준에게

---

74) 이는 三韓이 中國 殷周의 제도와 문화를 일정하게 계승한 것으로 보고, 이
   익이 中華文化를 계승한 문화국가로서의 朝鮮이라는 이미지를 더욱 강조하
   려는 면을 내포한 것으로 이해하기도 한다(金文植(2003), 앞의 글, 81~82면).
75) 『星湖僿說』第3卷, 天地門, 三韓에서 "辰은 秦과 음이 같은데 春秋傳에 辰嬴
   이 증거이니, 辰韓은 秦나라 사람들이 와서 세운 것이 분명하다"고 하였다.
76) 『星湖僿說』第19卷, 經史門, 三韓始終.
77) 『星湖僿說』第19卷, 經史門, 三韓始終에서 "箕準이 처음에는 비록 마한을
   쫓아내고 자립하여 왕이 되었다 해도 나중에는 다시 또 辰王이라 하였으니,
   대개 진한과 변한은 모두 마한에 소속되었던 것이다"라고 하였다.
78) 『星湖僿說』第3卷, 天地門, 三韓에서 "弁辰도 또한 반드시 그 뒤를 쫓아 나
   온 자들인데, 秦나라 사람이므로 이름을 辰이라고 한 듯하니 … 마한이 기

신속臣屬되었다는 이익의 주장79)은 기존의 삼한설에서 변한의 출자를 알지 못한다고 생각했던 통념과는 다른 독창성을 보여준다.80)

이익은 삼한정통론을 통해 고대사 인식체계를 새롭게 수립하고, 삼한의 연원과 성립과정을 비롯하여 마한을 중심으로 한 상호 영속관계, 나아가 '삼한시종三韓始終'의 전개과정을 추측하였다. 그리하여 그의 삼한사 연구는 제자 안정복에게 계승되면서 한국 고대사 속에서 삼한에 대한 인식체계를 정립하는 계기를 마련하였던 것으로 볼 수 있다.

(2) 안정복의 『동사강목』

안정복(1712~1791)의 『동사강목』은 18세기 중·후반기 이른바 영정英正시대의 사서를 논의할 때에, 17세기 이래로 축적된 역사지리학적 연구업적과 고증의 성과를 집대성하고, 사서로서의 격식을 가장 충실하게 갖춘 것으로 평가한다.81) 또한 안정복은 채거서목採據書目 59종을 포함한 150여종의 다양한 인용사서를 수집하여 『동사강목』 편찬에 폭넓게 활용

준에게 쫓겨난 후 마한과 진한 두 나라 사이에 별도로 弁韓이 있었으니, 또한 弁辰이라고도한다"고 하였다.

79) 『星湖僿說』第3卷, 天地門, 三韓에서 "쫓겨나서 옮긴 자는 마땅히 별다른 칭호가 있을 것이나 韓의 명칭은 반드시 고치지 않았을 것이니, 생각하건대 변한이 이것인 듯하다. 弁은 혹시 당시의 지명인지도 알 수 없는데, 마한과는 구별이 있으니 마한에 예속된 나라가 아닌가한다"고 하였다.

80) 韓永愚(1989), 「18세기 전반 南人 李瀷의 史論과 韓國史 理解」 『朝鮮後期史學史研究』, 一志社, 219면.

81) 韓永愚(1989), 「18세기 후반 南人 安鼎福의 思想과 『東史綱目』」 앞의 책, 一志社, 276면. 곧 『東史綱目』은 통계·찬역·시비·충절의 문제를 다루어 이데올로기적인 성격을 띠고 있었지만, 후대에 영향을 끼친 것은 새로운 자료를 보완하고 이설에 대하여 새롭게 고증하면서 보충설명이 필요한 부분은 주를 달아 자신의 견해를 밝히는 등 치밀한 고증의 태도에 연유하는 바가 크기 때문에(裵祐晟(1994), 「안정복」 『한국의 역사가와 역사학』(상), 창작과비평사, 277~278면), 실제로 개화기의 사서류는 물론 한말·일제시대의 민족주의 역사가들에게도 널리 참고가 되었던 史書로 평가받는다.

하였다. 그는 스승 이익의 사론을 계승하면서, 주자朱子의 정통·무정통의 예에 따라『동사강목』의 편찬체계에 반영하였는데, 그 대강을 정리하면 아래 〈표 3〉과 같다.

〈표 3〉『동사강목』의 편찬체계

권		주요 내용	인용사서
首卷		題東史篇面, 序, 目錄, 凡例, 傳授圖, 地圖, 官職圖	探據書目 59종 (國內史書 42종, 中國 史書 17종)
卷1		**朝鮮(정통**:箕子, 箕否, 箕準)	
		馬韓(정통:武康王箕準) 附 衛氏朝鮮, 四郡二郡, 辰韓, 弁韓, 扶餘, 濊, 貊, 沃沮	
		三國 附 二郡, 扶餘, 駕洛	
卷2~4		三國 附 二郡, 帶方, 扶餘, 駕洛, 渤海	探據書目 이외 인용 사서 96종 (國內史書 37종, 中國 史書 59종)
		新羅 附 渤海	
卷5		**新羅(정통**:文武王9~敬順王9) 附 後百濟, 泰封, 高麗, 渤海	
卷6~17		**高麗(정통**:太祖19~ 恭讓王4)	
附 錄	卷1	考異, 怪說辨, 雜說	
	卷2	地理考, 疆域考正, 分野考	

안정복은 단군 - 기자 - 마한 - 통일신라(문무왕 9년 이후) - 고려(태조 19년 이후)로 이어지는 한국사체계를 정통으로 취급하고, 삼국시대를 무통無統의 시대로 파악하였다.[82] 특히 그가 기자조선에 이어 마한을 정통으로 삼았던 것은 기자의 후예인 기준이 마한을 공파하고 새로운 마한을 세웠으며 기자에 대한 제사를 계속해서 지냈기 때문이라고 하였다.[83] 그

---

82) 안정복의 정통론 및『東史綱目』의 체재에 대해서는 다음 논문을 참고할 수 있다(李萬烈(1974), 앞의 글; (1976), 앞의 책, 345면; 裵祐晟(1994), 앞의 글, 273~274면; 姜世求(1994), 앞의 책, 106면; 한영우(1989), 앞의 책, 301~312면). 대체로 안정복이 삼국을 무통으로 취급한 것은 朱子가 병립한 국가들을 무통으로 처리한 전례에 따른 것으로 이해한다. 그런가하면 삼국을 무통으로 처리한 것이 삼한을 비롯한 상고사의 영역에 대하여 구체적이고 진전된 역사 지리학적 인식을 바탕으로 하였기 때문으로 보기도 한다(조성을(2004), 앞의 책, 64면).

리하여 마한의 정통기간은 기준 원년(B.C. 192)에서 온조 27년(A.D. 9)까지의 약 202년간으로 상정하였다.

안정복 역시 삼한이 한수를 경계로 남쪽에 위치하여 그 북쪽의 조선과 구분되며,[84] 마한의 강역은 한강 이남의 경기·충청·전라도지역으로 동쪽의 진한·변한과 접하였으며 뒤에 백제가 그 땅을 차지하였다고 하였다. 또한 진한은 경상도 낙동강 동쪽지역으로 북쪽은 예·맥과 연하고 서북쪽은 마한과 접하였으며, 처음 마한에 복속되었다가 뒤에 신라가 되었다고 하였다. 특히 낙동강 서쪽지역에 있던 변한은 서남쪽으로 지리산을 걸쳐 전라도 동남지역에 이르렀으며, 동쪽은 진한과 섞여 살아 경계가 불분명하였다는 것이다. 변한은 마한에 복속되었다가 뒤에 신라에 병합된 것으로 본다. 변한은 또 나뉘어 5가야가 되고 지리산 서쪽지역은 백제에게 흡수되었다고 하였다.[85](이상 〈지도 1〉 참조)

안정복이 비록 한백겸의 삼한설을 정론으로 받아들였지만, 이익의 입장을 따라 최치원의 삼한인식이 나름대로 근거가 있다고 하여 다음과 같이 옹호하였다.

(8) "그렇다면 고운(孤雲)이 '마한은 고구려요 변한은 백제이다.' 한 것에 대해서는 어떻게 생각하는가?" 하므로 답하기를, "그 설 또한 옳다. 고운은 당시 사람인데, 마한이 고구려가 아니라는 것을 어찌 몰랐겠는가? 그가 말한 마한이 고구려라 한 것은 고구려가 일어난 땅을 가지고 말한 것이

---

83) 『東史綱目』 首卷 凡例, 統系에서 "箕準이 나라를 잃고 남쪽으로 달아났으나, 馬韓을 쳐서 나라를 다시 만들어 太師(箕子)의 제사가 끊어지지 않게 하였으니, 이것 역시 정통이 돌아가는 바이므로『通鑑綱目』蜀漢의 예와 같이 썼다"고 하였다.

84) 『東史綱目』 附錄 下卷, 三韓考.

85) 오늘날 전북 남원·임실·장수·진안 등지에서 확인되는 가야문화의 고고학 자료와 부합하기 때문에 주목할 수 있다(이영식(2006),「가야사 연구의 성과와 전망」,『한국고대사입문』2, 신서원, 196~197면).

아니라 뒤에 고구려가 마한 동북쪽 땅을 병합한 것을 가지고 말한 것이
다. 스승(성호)의 말에 "최치원이 마한을 고구려라고 한 것은, 기준이 비
록 도망하여 남쪽으로 갔지만 고구려를 가리켜 마한의 옛 땅이라 하므
로 아마 그랬을 것 같다" 하였다. 그가 말한, 변한이 백제라고 한 것은
마한이 백제의 땅이 아님을 말한 것이 아니라, 변한의 반면(半面)이 또
한 백제에 흡수되었기 때문에 그렇게 말한 것이다. 그의 생각에는, 삼한
을 삼국에 분배하려고 했기 때문에 그 설이 이와 같은 것이니, 착오라고
할 수 없다. 후인이 그 의의를 궁구하지 않고 망령되이 비방을 가한 것
은 무엇 때문인가? 고운의 문장은 박아(博雅)하여 가장 고고함에 가까우
니, 무사(誣辭)가 아닐 것이다. 대개 이와 같은 류는 마땅히 시대가 가장
오래된 것으로 근거를 삼아야 하니, 나는 고운의 설로 정설을 삼는다"(『
동사강목』 부록 하권, 삼한고).

안정복은 후대 사람들이 최치원의 삼한설에 담긴 의미를 신중히 고
려하지 않고 비판하는 것에 문제를 제기하였다. 곧 최치원은 고구려가
마한의 동북쪽 땅을 병합한 데서 마한=고구려라고 말한 것이며, 변한=백
제라고 한 사실도 변한의 반면半面을 백제가 통합한데서 나온 것으로 이
해하였다. 특히 안정복은 "기씨箕氏가 망한 뒤에 마한의 남은 무리가 한
구석을 지키고 있다가, 백제의 침략을 받게 되자 고구려에 붙어 종군하
다가 마지막으로 고구려에 병합된 까닭"[86]에 마한을 고구려라고 했을
가능성을 제시하였다. 그리하여 안정복은 최치원의 삼한설을 정설이라
고 단언하였다.

한편 안정복은 삼한 형성 이전부터 한강 이남에 78국이 분립되어 있
었는데, 중국에서 한인이 들어와 이들을 복속하고 나라를 세워 '한韓'이
라고 칭하게 되었다고 하였다.[87] 이때의 한인은 진秦에 불복하고 망명했

---

86) 『東史綱目』 附錄 上卷(下), 雜說, 三韓後說.
87) 『東史綱目』 附錄 上卷(下), 雜說, 三韓辰國說.

던 한종韓終의 무리로 보았으
며,[88] 한을 진국으로 통칭한 것
은 중국 진나라 통일 이후에 그
지역의 피난민이 온 까닭에서
찾았다. 곧 그는 삼한 형성의
연원 및 주도세력을 모두 중국
에서 남하한 유이민에서 찾았
던 셈이다. 그리고 기준이 남하
하여 공파한 마한의 실체는 바
로 한종의 무리가 세운 진국이
며, 그 안에 78국이 있었던 것으
로 이해하였다. 그리하여 마한
에 남천하여 금마金馬에 도읍했
던 기준은 스스로 마한왕(무강왕
武康王)이 되었으며, 앞서 마한

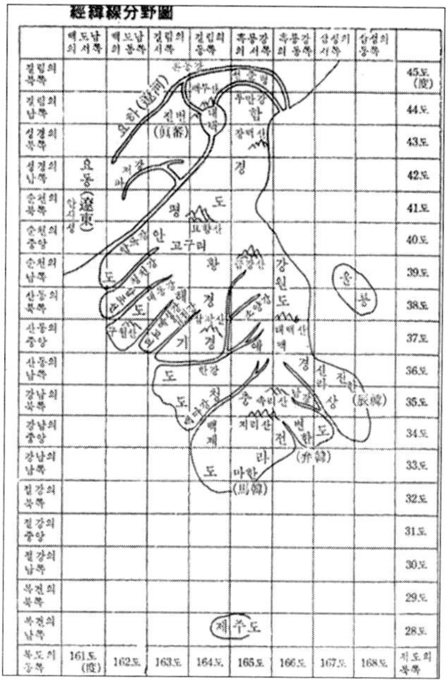

〈지도 1〉『東史綱目』附 卷下, 分野考

에 속했던 78국 역시 기준에게 복속되었던 것으로 본다. 결국 안정복은
마한이 54국을 다스리면서 가장 강하여 진한과 변한을 지배하였기 때문
에, 중국에서는 진국을 통상 마한으로 칭했다고 하여 이익의 견해와 맥
을 같이 한다.

앞서 신경준은 마한의 역사적 실체를 전마한前馬韓 - 기준마한箕準馬韓
- 후마한後馬韓으로 구분하여 3마한으로 상정하였는데, 이때 기준마한은
단명한 것으로 보았다.[89] 이와는 달리 안정복은 마한을 기준 이전의 마

---

88) 『東史綱目』附錄 上卷(下), 雜說, 三韓辰國說에서 "秦나라를 피한 자가 반
  드시 中國을 거치지 않고 遼瀋으로 돌아 漢南으로 들어갔을 것이니, 지름
  길로 滄海를 건넜을 것이 추상된다. 진실로 한인이 아니라면 어찌하여 반
  드시 先者가 韓으로 自號하고 後者가 이어 그를 따라 셋에 이르기까지 한
  가지로 일컬었겠는가. 이로 미루어본다면 韓의 명칭은 대개 韓終의 무리에
  서 얻게 된 것이다"라고 하였다.

한과 기준마한으로 파악하였다. 이는 안정복이 마한정통에 집착하여 기준 혈통 마한의 역년歷年을 길게 보려 했던 까닭으로 추정하기도 한다.[90] 실제로 『후한서』 한전을 취신했던 안정복은 온조 27년 이후에 나타나는 마한 관련 기록을 모두 열거하고, 특히 『진서』에 이른바 마한왕이 입조한 사실을 들어 삼국이 강성하여 삼한이 분산될 때까지 마한의 잔존세력이 존재했다는 점 등을 밝히고 있어 주목된다.[91] 곧 그는 기준마한(목지국) 멸망 이후에도 마한의 잔여세력이 존재했을 가능성을 염두에 두었던 것으로 생각된다.

한편 안정복은 『삼국사기』 백제본기에 "십신+臣으로 보익을 삼아 십제+濟라 하였다가 후에 백제가 되었다"는 국호와 관련한 기록을 신빙성이 떨어지는 것으로 보고, 마한 54국 가운데 백제국伯濟國이 백제百濟의 전신이라고 지적하는데(『동사강목』 부록 상권, 고이), 실제로 마한 소국의 하나인 백제국이 성장하여 백제가 되었다는 점에서 그의 합리주의적 사실 고증을 높이 평가한 바 있다.[92] 같은 맥락에서 『삼국사기』에 기록된 백제의 마한 병탄과정도 주목할 수 있다. 안정복은 삼한에 백여 개의 나라가 있었고 신라의 경우도 이서국伊西國 등의 주변 소국을 병합하는데 여러 대가 걸렸으므로 백제가 마한을 습격하여 일시에 멸하였다는 것은 이치에 맞지 않는다고 하였다.[93] 곧 삼국의 성장과정이 인접 소국들을 점진적으로 병합하여 영역을 확대하는 과정이었음을 암시하여 그의 합리적인 고증태도를 확인할 수 있다.

안정복은 이익의 '삼한정통론'적 입장에서 삼한의 역사적 실상에 보

---

89) 『後漢書』 韓傳에는 箕準의 후손이 끊긴 뒤에 韓人이 오히려 그 제사를 받드는 사람이 있었으며 馬韓人이 다시 辰王을 세웠다는 사실에 근거하여 箕準馬韓이 단명했다고 본다.

90) 강세구(1994), 앞의 책, 146~147면.

91) 『東史綱目』 附錄 上卷(下), 雜說, 三韓後說.

92) 李基白(1999), 「順菴 安鼎福의 合理主義的 事實考證」 『韓國實學研究』 1, 한국실학학회, 60~61면.

93) 『東史綱目』 附錄 上卷(下), 雜說, 三韓後說.

다 구체적으로 접근하였는데, 그가 마한을 중심으로 하는 삼한사 인식
체계를 정립할 수 있었던 것은 이전보다 광범위한 인용사서의 수집·활
용과 치밀한 사료고증에 바탕을 둔 것임을 알 수 있다.

3) 문헌고증의 심화와 삼한 사료의 집성

(1) 정약용의 「강역고」(『여유당전서』 제6집, 지리)

정약용(1762~1836)의 삼한인식은 『여유당전서』 제6집, 지리, 강역고(이하
『강역고』로 줄임)를 통해 확인할 수 있다. 다산의 『강역고』는 기존 사서 및
류서의 오류를 바로잡고 조선 8도에 대한 각각의 역사적 연혁을 고찰하
는데 저술목적이 있었다.[94] 때문에 『강역고』는 지리고증을 중심으로 하
지만 〈표 4〉와 같이 상고대의 정치사를 보충하여 역사체계를 재구성했
다는 점에서 주목을 받았다.[95] 삼한과 관련하여 『강역고』는 총론 격인
'삼한총고三韓總考'를 비롯하여 각론에 해당하는 '마한고馬韓考', '진한고辰
韓考', '변진고弁辰考', 그리고 '변진별고(弁辰別考, 가라고迦羅考)' 등에서 그
위치와 역사를 서술하였다.

〈표 4〉 정약용, 「강역고」(『여유당전서』 제6집, 지리)의 주요 내용

구분	차례
卷1	朝鮮考(箕子), 四郡總考, 樂浪考, 別有考, 玄菟考, 臨屯考, 眞番考, 樂浪別考(春川), 帶方考, 三韓總考, 馬韓考, 辰韓考, 弁辰考
卷2	弁辰別考(亦名迦羅考), 沃沮考, 薉貊考, 薉貊別考(江陵), 靺鞨考, 渤海考
卷3	卒本考(夫餘), 國內考, 丸都考(安市), 慰禮考, 漢城考, 八道沿革總叙上·下, 浿水辯, 白山譜
卷4	渤海續考, 北路沿革續, 西北路沿革續, 附 九城連考

---

94) 趙誠乙(1992), 「≪我邦疆域考≫에 나타난 丁若鏞의 歷史認識」 『奎章閣』 15, 66~67면.

95) 韓永愚(1983), 「茶山 丁若鏞의 史論과 對外觀」 『金哲埈博士華甲紀念史學論叢』; (1989), 앞의 책, 365면.

정약용은 선학들 가운데 삼한을 삼국의 전대로 잘못 인식하여 아득히 먼 상고시대로 설정한 것에 대하여 문제를 제기하였다.[96] 곧 삼한은 실제로 중국의 양한兩漢과 위진魏晉시대에 걸쳐 존재하였기 때문에 중국 사서에 삼한이 입전立傳된 것으로 보았다. 이는 삼한 곧 마한·진한·변한이 초기의 백제·신라·가야와 표리관계에 있었던 역사적 실체로 인식하였음을 짐작하게 한다.

정약용은 한백겸의 설을 정론으로 삼아 열수洌水 곧 한강을 중심으로 북쪽에는 조선, 그 남쪽에는 삼한의 전신인 한국(진국)이 자리했던 것으로 파악하였다.

> (9) 진·한시대에 열수 북쪽을 조선이라고 했다. 이곳은 곧 한 무제가 4군을 둔 땅이다. 열수 남쪽은 한국(韓國)이라고도 하고 진국(辰國)이라고도 하였다. 이곳이 바로 동방의 삼한 땅이다 … 우리나라 학자들 중에 중국의 한(韓)나라 사람들이 동쪽에 옮겨 온 것이라고 하는 사람도 있지만, 아마도 그렇지 않을 것이다. 대체로 큰 것을 '한(韓)'이라 말하고 종이 그 주인을 '한물(韓物)'이라 말하니 중국에서 '대인'이라 일컫는 것과 같다. 열수 이북은 중국과 가까워 문명이 조금 빠르고 열수 이남은 궁벽하고 멀어서 그 추호(酋豪)를 추대해 '한'이라고 불렀다. 여기서 한이라는 이름을 얻게 되었다 … 열수 이북은 본래 삼한 땅이 아닌데도 우리나라 학자들은 매양 삼한을 삼국에 나누어 놓으니 이것은 칠등팔갈(七藤八葛)로서 사실이 아니다(『여유당전서』 제6집, 지리, 강역고, 삼한총고).

정약용은 종래 삼한의 연원을 중국 전국시대의 한韓나라 사람들이 동쪽으로 이주한 데에서 찾았던 견해를 부정하고, 삼한지역은 북쪽과는 관계없으며 토착민들이 그 추호를 추대해 '한'이라 일컫는 데서 한국이

---

96) 『與猶堂全書』 第6集, 地理, 疆域考, 辰韓考.

성립한 것으로 본다. 그리하여 한백겸의 견해와 같이 한강 이남지역이 한漢의 사군과 무관하다는 입장에 있었으며, 최치원 이래로 삼한을 삼국에 나누어 놓은 설은 오류라고 비판하면서 고구려는 삼한과 무관한 존재로 보았다. 곧 삼한의 연원이 되는 진국을 고조선과 같은 시기에 병립했던 역사적 실체로 상정하여, 북쪽은 조선 → 사군 → 고구려 → 발해로, 남쪽은 한국(진국) → 삼한(마한→백제, 진한→신라, 변진→가야)로 연결되는 양자 병립의 이원적인 고대사체계를 구축하였다.[97]

한편 그는 마한의 강역을 경기남부와 충청, 전라도지역으로 상정하고, 그 부락을 통틀어 한국이라고 했으며 마한 54국의 총왕을 통칭하여 진왕辰王이라고 하였다.[98] 곧 진왕은 한국(마한)의 총왕을 지칭하며 마한을 구성하는 개별소국의 크기는 대체로 현의 규모로 산정하였다.[99] 그리고 마한의 중심지는 진왕이 도읍했던 익산인데, 마한의 사적이 진한秦漢 이전에는 사서에 전하지 않고 기준의 남하와 함께 비로소 마한이 등장하지만, 이때 마한이 처음으로 세워진 것은 아니라고 본다.[100] 마한은 기준이 남천하기 이전에도 있었고(전마한前馬韓), 기준이 마한 왕이 된 것은 본인 당대에 그치며(기준마한箕準馬韓), 기준이 멸망한 뒤에는 토착지배자가 다시 왕이 되었으므로(후마한後馬韓), 마한은 기씨箕氏의 나라가 아니라고 하였다. 이는 앞서 신경준이 제기했던 '삼마한설三馬韓說'과 같은 입장에 있었음을 알 수 있다.

다산은 마한-고구려 인식에 대한 나름의 합리적 모색을 위하여, 기준의 남천에 따른 잔여세력의 향배를 통해서 그 일단에 접근하려고 노력하였다. 곧 기준의 남천 뒤에도 그의 종족은 평양에 남았다가 낙랑군이 설치되면서 한씨를 모성冒姓하여 하나의 부를 이루고 기씨의 제사를

97) 韓永愚(1989) 앞의 책, 370면; 趙誠乙(1994), 「정약용」,『한국의 역사가와 역사학』(상), 창작과비평사, 332면.
98) 『與猶堂全書』第6集, 地理, 疆域考, 三韓總考.
99) 『與猶堂全書』第6集, 地理, 疆域考, 三韓總考.
100) 『與猶堂全書』第6集, 地理, 疆域考, 馬韓考.

모셨다고 하였다.[101] 이를 두고 서쪽지방 곧 평양(고구려)에 마한이라는 이름이 있게 된 연유라고 하였다. 그 뒤에 고구려가 멸망하자 마한의 남은 일족이 발해에 투탁하였으며, 이들은 발해가 쇠하자 스스로 다른 나라를 세워 정안국이라 하였다는 것이다.

진한과 병진弁辰의 위치는 지형 상 서북쪽과 동남쪽으로 각각 산과 바다로 둘러싸여 하나의 권역을 이룬 영남지역에 있었다고 하였다.[102] 먼저 진한은 진한秦韓이라고도 하는데 진의 이주민이 세운 나라로 보아, 진한의 연원을 중국에서 찾았다.[103] 곧 진나라 사람들이 왔을 때에 군왕을 모두 '신왕臣王'이라고 했는데 이는 중국에 따로 군왕이 있었기 때문이라고 하였다. 또한 그는 우거왕右渠王 때에 신민臣民이 난리를 피해 역시 영남에 온 까닭으로 동사에 조선의 유민이라고 했다 하여, 진한사회의 구성을 진의 유이민과 함께 고조선계통의 유민집단도 고려했음을 짐작할 수 있다.

정약용은 진한의 남쪽에 자리한 변진의 강역범위를 김해·거제·함안·고성 등 경남해안에 인접한 지역으로 상정하였다.[104] 그는 변진을 수로왕이 일어난 곳, 곧 가락이라고 본 한백겸의 설을 받아들여 진한과 변한을 구분하였다. 그리하여 '변한卞韓'이란 명칭은 본래 없는 것으로 '변진弁辰'이 옳으며, 이는 이마에 쓰는 관책冠幘(=망건)이 진한과 다르기 때문에 변진이라고 이름을 쓴 것이며, 변弁은 가락이요 가락은 곧 가야라고 하여 변진을 가야로 인식하였다.[105]

한편 진한 6부는 처음에 모두 경주에 있다가 점차 성장하여 여러 현

---

101) 『與猶堂全書』第6集, 地理, 疆域考, 馬韓考.
102) 『與猶堂全書』第6集, 地理, 疆域考, 三韓總考.
103) 특히 정약용은 辰韓의 유래를 臣王에서 찾았는데, 처음에는 삼한 모두가 '臣王'이라 했으나 나중에는 영남만이 '臣韓'이라고 해서 그 호칭을 계승한 것이라고 하였다(『與猶堂全書』第6集, 地理, 疆域考, 辰韓考).
104) 『與猶堂全書』第6集, 地理, 疆域考, 弁辰考.
105) 『與猶堂全書』第6集, 地理, 疆域考, 弁辰考.

으로 나누어 살았는데, 『북사』 신라전에 "辰韓之始有六國"이라고 했던 진한의 처음 6국은 바로 진한 6부를 의미하며, 거기에 각각 추장會長(한)이 있었기 때문에 한국이라 하였다고 본다. 특히 6부의 추대로 왕이 된 혁거세를 진한의 총왕으로 인식하였는데,[106] 이는 곧 진한과 초기신라가 동일한 실체였음을 상정했기 때문으로 이해된다. 또한 가야는 본래 6국이었으나 뒤에 12국으로 성장하였고, 변한의 중심지는 김해를 중심으로 하는 구사국狗邪國 곧 금관가야金官伽倻이며, 금관국의 수로왕은 변진 12국의 총왕으로 파악하였다.[107] 특히 가야의 수로와 신라의 석탈해는 본래 서한西韓계통 즉 마한사람으로 보아,[108] 진·변한 지배층의 연원이 모두 마한에서 비롯하였다는 독창적인 견해를 밝혔다.

한편 정약용은 삼한의 자연 지리적 환경에 관심을 두고 마한과 진·변한의 관계를 설명하였다.

> (10) 우리나라 땅은 서북이 거칠고 추우며, 동도(東道)는 험하고 좁으며, 또한 영남은 궁벽하고도 멀고, 경기북쪽의 고을 역시 땅이 척박하여 백성이 가난하다. 오직 열수 남쪽은 마한의 옛 땅으로 기후가 온화하고 땅이 비옥하니 이곳이 우리나라 안의 중국이다. 그런 까닭에 마한이 당시에 주인이 되었고 삼한의 패자가 된 것이다"라고 하였다(『여유당전서』 제6집, 지리, 강역고, 삼한총고).

마한은 자연 지리적 환경이 상대적으로 궁벽한 영남지역의 진·변한에 비해 윤택하여 삼한의 패자가 되었으며, 진·변한의 왕을 세우는 데

---

106) 『與猶堂全書』 第6集, 地理, 疆域考, 辰韓考.
107) 『與猶堂全書』 第6集, 地理, 疆域考, 弁辰別考.
108) 『與猶堂全書』 第6集, 地理, 疆域考, 弁辰別考에서 "진한의 석탈해와 변한의 김수로가 모두 西韓계통의 사람이나, 후세에는 신라와 백제 사이에 마침내 틈이 생겨 신라인이 그 前代에 백제에게 천명을 받은 것을 부끄러워하여 그 근본을 숨긴 것이다"라고 하였다.

에 간섭할 정도로 강성하였다고 한다. 이에 따라 마한을 병합한 백제를 '최강최문最强最文'이라고 하여,[109] 가야와 신라보다 강하고 문물에 앞선 나라로 파악하였다. 실제로 진한은 처음 마한에 신속臣屬되어 통제를 받다가 마한이 망한 뒤에 비로소 자립하였으며, 신라가 자립한 뒤에도 일정기간 백제의 영향을 받았던 것으로 보았다. 나아가 가야 역시 바다 어구에 자리한 자연 지리적 조건을 이용하여 중국과 조공을 통한 교역에서 신라보다 우위에 있었기 때문에, 양자의 형세는 가라가 주인이 되고 신라가 부용附庸이 되었다고 추론하였다.

다산은 『삼국사기』 백제본기의 초기기사를 비판적으로 활용하여 마한과 백제의 정치적 관계를 추론하였다. 백제는 처음에 마한의 속국이었다가, 백제가 성장함에 따라 점진적으로 마한을 병합한 것으로 보았다. 곧 온조왕 27년에 백제가 마침내 마한을 멸망시켰다는 백제본기의 기사는 문면 그대로 이해하기 보다는, 이때 마한 총왕의 나라가 망하였으며 그 소속 제국은 잔존하였을 것으로 파악하였다.[110] 또한 『진서』 동이열전에서 무제武帝 태강太康 연간(280~289)에 마한왕이 사신을 보내어 공물을 바쳤다는 기록에 대하여, 그 실체를 백제왕으로 이해하였다.[111] 이는 정약용이 "삼한에 대한 시비는 중국사서로 결정해야 한다(『강역고』 변진고)"라고 하였지만, 실제 고증에 있어서는 중국사서도 비판적으로 활용하였음을 알 수 있다. 이처럼 다산은 기록 자체를 비판하는 태도를 견지하여 문헌고증의 수준을 한 단계 높였으며, 다산의 철저한 문헌고증에 바탕을 둔 삼한사 연구는 이후 근현대 문헌고증 역사학자들에게 영향을 끼친 것으로 평가된다.[112]

---

109) 『與猶堂全書』 第6集, 地理, 疆域考, 弁辰別考.
110) 『與猶堂全書』 第6集, 地理, 疆域考, 馬韓考.
111) 『與猶堂全書』 第6集, 地理, 疆域考, 馬韓考.
112) 한영우(2002), 앞의 책, 209면.

(2) 한치윤의 『해동역사』·한진서의 『해동역사속』 지리고

『해동역사』는 한치윤(1762~1814)의 원편 70권을 그의 아들 한진도韓鎭圖와 조카 한진서가 교열하였고, 이어서 한진서가 작성한 「지리고」 15권을 합하여 모두 85권으로 편찬된 방대한 기전체 사서이다.[113] 『해동역사』는 찬자의 사견을 되도록 제시하지 않으면서 안정복의 『동사강목』으로 대표되는 조선후기 강목체 역사서술 방식을 과감히 탈피하고, 총패류叢稗類와 일본 사료까지 취급하여 사료 중심의 역사서술 방식으로 철저한 문헌고증을 추구하였다.[114]

『해동역사』에 수록된 삼한 관련 내용은 「세기」와 「지리고」에서 주로 확인할 수 있다. 이밖에 「세기」의 동이총기東夷總記·사군사실四郡事實·백제·신라조와 「성력지星曆志」, 「예지禮志」, 「악지樂志」, 「병지兵志」, 「식화지食貨志」, 「물산지物産志」, 「풍속지風俗志」, 「궁실지宮室志」, 「관씨지官氏志」, 「석지釋志」, 「교빙지交聘志」, 「숙신씨고肅愼氏考」, 「인물고」 등에서도 단편적으로 보인다. 〈표 5〉와 같이 「세기」에는 동이총기-삼조선-삼한-부여-사군 순으로 서술하였는데, 이는 이전 사서에서 고조선에 이어 한사군을 두고, 그 뒤에 삼한을 다루었던 순서와 대조를 보인다. 그래서 한치윤이 삼한의 존재시기를 한사군 이전으로 인식했기 때문으로 추정하기도 한다.[115]

---

113) 한치윤의 『海東繹史』와 관련된 연구로는 다음을 참고할 수 있다(黃元九 (1982), 「海東繹史의 文化史的 檢討」 『震檀學報』 53·54; 李泰鎭(1982), 「海東繹史의 學術史的 檢討」 『震檀學報』 53·54; 韓永愚(1985), 「海東繹史의 研究」 『韓國學報』 38; (1989), 「19세기 초 海東繹史의 歷史敍述」 『朝鮮後期史學史研究』, 一志社; 박인호(2002), 「『海東繹史續』 「地理考」에 나타난 韓鎭書의 歷史地理認識」 『朝鮮史研究』 11; (2003), 『조선시기 역사가와 역사지리인식』, 이회).

114) 『海東繹史』를 조선후기의 역사학이 근대 역사학으로 발전해 나가는 중간 단계의 모습으로 적극 평가하기도 한다(韓永愚(1994), 「한치윤」 『한국의 역사가와 역사학』(上), 창작과 비평사, 359~361면).

115) 韓永愚(1985), 앞의 글, 151면. 이점은 삼국의 서술순서에도 적용되었다. 한

<표 5> 『해동역사』의 체제 및 주요 내용

本篇 (韓致奫)	序文 (柳得恭)		
	引用書目	中國書 目錄	523종류
		日本書 目錄	22종류
	卷 1~16	世紀 1~16	東夷總記→檀君·箕子·衛滿→三韓·濊·貊→扶餘·沃沮→四郡→高句麗→百濟→新羅→渤海→高麗→諸小國(加羅·任那·耽羅·泰封·後百濟·休忍國·沸流國·定安國)
	卷 17~70	星曆志 禮志 1~4 樂志 兵志 刑志 食貨志 物産志 1~2	星野·測候·曆·徵應
			祭禮·朝禮·燕禮·昏禮·學禮·賓禮·儀物·喪禮
			樂制·樂器·樂歌·樂舞
			兵制·兵器·馬政
			刑制(附 : 上國의 禁令)
			田制·農桑·賦稅·俸祿·倉庫·權量·債貸·市易·互市·錢貨
			總論·金玉珠石·布帛類·穀類·草類·花類·菜類·果類·竹木類·禽類·獸類·魚類·蟲類·文房類·玩好類
		風俗志 宮室志 官氏志 1~2 釋志 交聘志 1~9 藝文志 1~18	雜俗·方言
			城闕·民居·器用
			官制(附 : 高麗時元所置官制)·氏族
			釋敎·寺刹·名僧·道敎
			朝貢·上國使·迎送·館待·班次·宴饗·正朔(附 : 東國年號)·貢道·海道·漂流·通日本始末
			經籍(總論, 本國書目, 中國書目)·書法·碑刻·畫·本國詩·中國詩·日本詩·本國文·中國文·雜綴
	肅慎氏考(附 : 挹婁·勿吉·鞨鞸)		
	本朝備禦考 1~6		馭倭始末·建州事實·北憂始末
	人物考 1~4		254명 수록

치윤의 「세기」에서는 기존에 신라부터 서술되었던 순서에서 탈피해 고구려－백제－신라 순으로 배치했다. 이는 신라를 부정적으로 인식하고 고구려를 존숭하려는 일종의 민족의식이 반영되었다기보다는 철저한 문헌고증을 통해 고구려가 신라보다 선행했다고 판단했기 때문인 것으로 이해된다.

續集 (韓鎭書)	卷 1~15	地理考 1~15	地理考 序文 (韓鎭書)
			古今疆域圖 · 古今地分沿革表 · 朝鮮 · 濊 · 貊 · 沃沮 · 三韓(總論, 馬韓, 辰韓, 弁辰) · 四郡(建置總論, 眞番郡, 玄菟郡, 臨屯郡, 樂浪郡, 附 帶方郡) · 夫餘 · 挹婁 · 高句麗(總論, 城邑) · 新羅(總論, 北界沿革, 城邑) · 百濟(總論, 城邑) · 渤海(總論, 京府辨誤) · 高麗(總論, 西北界沿革, 城邑) · 本朝(朝鮮) · 山水

한치윤은 삼한의 연원과 관련하여 "『상서전尙書傳』에 이夷의 종류로 구려駒麗 · 부여 · 맥과 더불어 간馯을 언급했는데, 이夷 중에는 간馯이 없고 그 음운은 한韓과 통하므로 '간=한'이라는 등식이 성립할 수 있다"116)고 하였다. 또한 『시경』 한혁韓奕편에 등장하는 한후韓侯의 한성韓城은 연의 북쪽에 있었으므로, 바로 이 한이 동쪽으로 옮겨가 한초漢初에 삼한이 된 것으로 보았기 때문에, 한후가 기자라는 설에는 비판적이었음을 알 수 있다.

한편 한치윤은 삼한의 전개과정과 관련하여 『후한서』, 『삼국지』, 『진서』의 내용을 차례로 열거하였다. 이와 함께 '삼한요동설三韓遼東說'을 비판하면서,117) 삼한의 지리적 위치에 대하여 다음과 같이 언급하였다.

> (11) 살펴보건대, 옛날에 한수 남쪽의 지역이 삼한이었는데, 그 가운데서 마한이 가장 커서 지금의 전라도, 충청도 및 경기의 남쪽 지역을 점유하였다. 그 뒤에 진나라 사람들이 망명하여 동쪽으로 나오자, 마한에서는 지금의 경상도 지역을 떼어 주고는 그곳을 진한이라고 칭하였다. 진秦이 진辰임은 『춘추좌전』의 '신영(辰嬴)'을 근거로 하여 증명할 수가 있다. 진한 가운데서 또 한 종족이 나뉘어졌는데, 이를 병진(弁辰)이라 한다(『해동역사』 권3, 세기3, 삼한).

---

116) 『海東繹史』 卷3, 世紀3, 三韓.
117) 韓致奫의 '三韓遼東說' 비판은 외국사서에 나타난 오류를 바로 잡은 것으로, 특히 『遼史』 지리지의 내용을 비판한 것으로 본다.

한치윤은 마한을 전라도·충청도 및 경기 남부지역으로, 진한과 변한
은 경상도지역으로 보았다. 그는 삼한의 성립을 선주한 마한, 그 뒤에
중국 진나라 사람들의 망명하여 마한에게 경상도지역을 할양받은 진한,
그리고 진한에서 나뉜 변진으로 보았기 때문에, 마한→ 진한→ 변진 순
으로 인식하였음을 알 수 있다.

한편『해동역사』의「지리고」는 한치윤 사후에 그의 조카인 한진서가
15권으로 작성한 것으로 하나의 독립된 지리역사서로서도 손색없는 것
으로 평가된다.「지리고」는 정약용의『강역고』와 비슷한 시기에 편찬되
었으며, '결론(대강)→ 자료인용(사실)→ 안성按說'의 동일한 서술방식을 택
한 것으로 보아 그 영향을 받았을 것으로 본다.[118] 한진서는「세기」의
삼한조와 같이「지리고」삼한의 '강역총론疆域總論'에서 '구암동국지리지
久菴東國地理誌'라고 서두하여 삼한의 위치는 '북자북 남자남北自北 南自南'에
입각한 한백겸의 주장이 정론이며, 최치원의 삼한설과 권근의 삼한요동

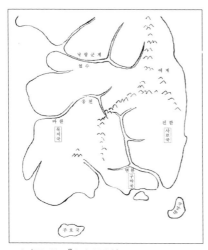

〈지도 2〉『海東繹史續』卷1, 地理考1,
古今疆域圖, 三韓國

설(『요사』)은 모두 정곡을 잃은 견
해로 보았다.[119] 곧 그는 한수의
남쪽을 한국 또는 진국이라고
하며, 진국은 다시 마한과 진한,
변한으로 나뉘었는데, 한국을 진
국이라고 한 것은 그 총왕을 진
왕이라고 한데서 연유한 것이라
하였다.

마한의 중심지인 익산은 기
준이 남하해 마한국을 세운 곳
으로, 기준의 남천 이전에도 이
미 익산에 도읍한 목지국目支國

---

118) 韓永愚(1985), 앞의 글, 173~174면.
119) 『海東繹史續』 卷3, 地理考3, 三韓, 疆域總論.

(월지국月支國)의 진왕이 마한 54국을 총괄하였다고 이해한다.[120] 또한 기준은 마한왕이 되었지만 그 자신에 그쳤고, 이전 마한의 토착세력이 다시 일어나 진왕이 되었다고 하였다. 이와 같은 한진서의 삼마한설三馬韓說은 앞서 정약용의 『강역고』에서도 확인되어 그 영향을 받은 것으로 보인다.[121] 그리고 (11)과 같이 삼한 가운데 마한이 가장 강성하여 진한과 변진이 모두 복속되었고, 삼한의 서쪽에 마한, 그 동쪽에 진한이 있으며, 변진은 진한의 남쪽인데 진한 중에 일부가 나뉘어 변진이 되었다고 하였다.[122]

한진서는 「지리고」 1편에 〈고금강역도古今彊域圖〉와 〈고금지분연혁표古今地分沿革表〉를 작성하여 「지리고」의 내용을 지도와 일종의 도표로 집약하여 제시했다. 〈고금강역도〉의 '삼한국三韓國'(〈지도 2〉)를 살펴보면, 열수 이북을 낙랑군계로 삼고 웅천 이남에 마한의 목지국을 표시하였다. 그리고 마한과 진·변한은 소백산맥을 경계로 구분되며, 그 남쪽에 각각 사로국과 구야국을 표시했는데 진한과 변진의 경계는 낙동강으로 삼았다. 이와 함께 〈고금지분연혁표〉에서는 '팔도표八道表'를 만들었는데, 경기지역은 한수 이북과 이남으로 구분한 뒤 8도의 연혁을 간략히 제시했다. 이중 삼한이 포함되는 지역에는 경기도의 한수 이남과 충청도·전라

---

120) 『新增東國輿地勝覽』 卷33, 全羅道, 益山郡과 『高麗史』 卷57, 地理志, 全羅道 全州牧, 金馬郡에는 모두 箕準이 남하하여 나라를 세운 곳이 益山이라고 했다. 아마도 조선전기 이래 마한 내지 그 중심지를 익산으로 보는 시각이 정설로 여겨졌던 것으로 보인다.

121) 한영우(2002), 앞의 책, 408면. 한편 '三馬韓說'은 이에 앞서 申景濬이 제기하여 『東國文獻備考』 輿地考에 수록하였는데, 韓鎭書가 『文獻備考』를 참고한 부분이 있으므로 신경준의 영향을 받은 것으로 이해하기도 한다(박인호(2002), 「『海東繹史續』 「地理考」에 나타난 韓鎭書의 歷史地理認識」 『朝鮮史研究』 11, 118면).

122) 韓鎭書는 「地理考」에서 '弁韓'과 '弁辰'을 번갈아 썼는데 후자를 좀 더 많이 사용했고 소제목으로도 내세웠다. 『海東繹史』 卷3, 世紀3, 三韓에도 '변한'보다는 '변진'이라는 표기를 더 많이 사용했음을 확인할 수 있다.

도·경상도가 해당된다. 그 내용을 정리하면 〈표 6〉과 같다.

한진서는 마한의 구체적 범위에 대하여 한수를 경계로 북쪽의 낙랑과 접했고, 남·서로는 바다에 접한 것으로 보았다. 마한의 북계를 한수로 본 것은 마한이 분할해준 땅에 세워진 백제가 낙랑과 접했다는 기록에 근거하였다. 또한 신라가 지리산을 서쪽 경계로 삼았으므로 그것이

〈표 6〉 삼한 관련 팔도 연혁표(『해동역사속』권1, 지리고1)

시기\지역	周(B.C.104 6~B.C.771)	漢 (B.C.202~A.D.220)	魏晉 (220~419)	南北朝 (420~589)	이후 연혁(唐· 遼金·元·本朝)
京畿漢南地	韓國	馬韓 홍가3년 (B.C.18) 百濟 점령 哀帝代(B.C.26~B.C.1) 河南慰禮城 천도	百濟	百濟	漢州(新羅)→弓裔→關內道·楊廣道(高麗)→楊廣道(元)→京畿
忠淸道	韓國	馬韓 哀帝代(B.C.26~B.C.1) 금강이북 百濟 점령	百濟	百濟 (웅진· 사비 천도)	熊州(新羅)→甄萱→中原道·河南道(高麗)→楊廣道(睿宗)→忠淸道(明宗·恭愍王)
全羅道	韓國	馬韓諸國[總王 都益山=目支國] 漢初 箕準 점령 후 마한으로 복구 哀帝代(B.C.26~B.C.1) 北界가 百濟에 편입	百濟	百濟	全州·武州(新羅)→甄萱→江南道·海陽道(高麗)→全羅道(高麗)
慶尙左道	韓國	辰韓 12국[總王이 오봉1년(B.C.57)에 慶州에 都邑하고 斯盧國(新羅)이라 함	新羅	新羅	尙州·良州·康州(新羅)→嶺南道·嶺東道·山南道(高麗)→慶尙道(高麗)→左道·合(本朝)
慶尙右道	韓國	弁辰 12국[總王이 金海府에 都邑하고 狗邪國(伽倻國)이라 함	伽倻諸國	梁陳時期 신라편입	慶尙道(高麗)→右道·合(本朝)

바로 마한의 동계가 되었다는 것이다. 진한의 북쪽은 예·맥과 접하였으며 구체적인 북계는 조령으로 보고 그 근거를 『삼국사기』 신라본기에서 찾았다.[123] 변진의 범위는 가야의 경계를 반영하여 동쪽으로 낙동강, 북쪽으로 가야산, 서쪽으로 지리산까지이고 남쪽은 바다에 접한다고 했다.

한진서는 진한의 주민구성을 진나라 이주민과 고조선계통의 유민집단으로 상정하여 앞서 다산과 같은 견해를 피력하였다. 곧 진한은 진의 망명객으로 영남지역에 별거하던 무리이며, 이어 한초漢初에 고조선 유민이 남하하여 6부를 형성하였다고 보았다. 진한 6부는 뒤에 12국으로 나뉘었고 이를 진한이라 통칭하였으며, 혁거세는 진한의 총왕이 되었다고 한다. 이와 함께 경상우도 연해지역에 있었던 변진 12국은 처음 진한에 복속되었다가 뒤에 갈려나왔다고 본다. 특히 가야제국의 위치고증에서 음운학적인 방법을 사용하여 주목된다. 실제로 변진구사국弁辰狗邪國은 가라국(가야·가락)으로 고증하였는데, 그 실체는 후한 초에 김수로가 세운 김해의 금관가야라고 하였다. 또한 변진 소국 가운데 변진고자국弁辰古資國은 고성의 소야가로 고증하였고, 고령의 임나任那(대가야)는 미마나彌摩那 곧 변진미오사마弁辰彌烏邪馬로 개명하였으며 왜에 복속되었다고 하였다. 이와 함께 『일본서기』 신공49년의 7국 평정 기사를 인용하고 여기에 등장한 나라들은 임나(대가야)에 이웃한 가야제국이자 변진에 속한 나라들로 보았다.[124]

한편 「지리고」에서는 삼한−백제·신라·가야와의 관계를 양자가 분리된 것이 아닌 상호 계기적인 관계로 인식했다. 그 주된 근거는 삼한을 구성하는 여러 소국에 백제(백제국伯濟國)·신라(사로국斯盧國)·가야(구사국狗邪國)가 포함되어 있었기 때문으로 본다. 실제로 마한은 백제가 성장함에

---

123) 『海東繹史續』 卷3, 地理考3, 三韓.

124) 『海東繹史續』 卷3, 地理考3, 三韓에서 "鎭書가 삼가 살펴보건대, 比自㶱 등 여러 나라는 분명히 가라의 族類로서 임나와 이웃하여 있는 나라들이다. 생각건대 이들은 弁辰의 족속이므로 이곳에 붙여서 기록하여 참고하는 데 대비하였다"라고 하였다.

따라 점진적으로 병합·소멸되는 것으로 이해하였다. 곧『삼국사기』백제본기 온조왕 26년(A.D. 8)과 27년에 이미 멸망한 마한이 그 뒤에 서진에 조공한 기록(『진서』동이열전)을 남긴 사실에 대하여, 마한의 54국 중에 온조왕이 멸망시킨 것은 마한의 총왕이 있던 나라였고 이후 중국과 교역한 것은 마한의 잔여 소국으로 파악하였다.[125]

　진한은 신라와 동일한 존재로 보았기 때문에,[126] 「세기」 신라조에서는 우리나라 학자들이 진한과 신라를 구분하여 별개의 나라로 파악하는 것은 잘못이라고 비판하였다.[127] 이와 같은 입장은 「지리고」에서 보다 확연하게 드러나는데, 신라의 6부를 진한에 속한 소국으로 이해하고 6부가 나뉘어 진한 12국이 된 것으로 파악하였다.[128] 따라서 경상좌도에 자리한 진한과 신라는 별개의 나라가 될 수 없으며, 자연히 6촌장이 추대한 혁거세는 곧 진한 소국인 6부가 추대했던 진한의 총왕總王이 되는 셈이다.[129]

　변한 역시 가야와 같은 범주에서 인식하여 가야제국은 곧 변진의 소국들로 파악하였다. 또한『삼국사기』신라본기 혁거세 19년의 변한 항복 기사도 이후 중국사서에 변한 12국이 등장하기 때문에, 변한은 일시에 항복한 것이 아니라 시차를 두고 복속된 것이라 해석하였다. 특히 조선시대 사서로는 처음으로『일본서기』의 임나관계 자료를 인용하면서 구사국과 임나(대가야)가 일본에 복속되었던 것으로 보아,[130] 인식의 일정한 한계를 드러낸다. 이에 대하여『해동역사』가 근대에 만들어진 것이라면 식민사학으로 치부될 수 있는 부분이지만 조선후기에 작성되었다는 점

---

125)『海東繹史續』卷3, 地理考3, 三韓.
126)『海東繹史續』卷3, 地理考3, 三韓.
127)『海東繹史』卷10, 世紀10, 新羅.
128)『海東繹史續』卷3, 地理考3, 三韓.
129)『海東繹史續』卷3, 地理考3, 三韓.
130)『海東繹史續』卷3, 地理考3, 三韓에서 "이 당시에 任那·狗邪 등의 나라가 모두 왜에 복속되었으므로 왜의 서북쪽 경계라고 한 것이다"라고 하였다.

에서 오히려 찬자의 객관적인 자세를 엿볼 수 있는 내용으로 평가하기도 한다.[131] 이처럼 『해동역사』는 '박문전거博文典據'주의에 입각하여 방대한 외국기록에서 마한을 비롯한 삼한 관련 사료를 발췌하여 집성하고, 이를 활용하여 객관적이고도 실증적인 삼한사 연구를 추구함으로써 근대적 역사연구의 토대를 마련했다는 점에서 그 의미가 크다.

4. 연구 성과의 계승과 의의

최치원 이래로 삼한-삼국의 계승관계에 주목했던 전통적인 삼한인식은 한백겸의 『동국지리지』에서 본격적으로 추구된 역사지리학적 접근에 의해 새롭게 모색되었다. 곧 우리나라 상고사의 전개과정을 남과 북의 이원적 체계로 보는 한백겸의 역사지리학적 접근은 이후 실학자들의 삼한사 연구에 큰 영향을 미쳤으며, 삼한의 위치는 대체로 마한을 호남·호서지역, 진·변한을 영남지역으로 확정하게 되었다. 또한 역사지리학 연구에 실증적인 접근이 더해지고 '삼한정통론'을 중심으로 고대사 인식체계가 수립되면서 삼한 역사에 대한 관심이 높아졌다. 나아가 치밀한 문헌고증과 광범위한 관련 사료의 집성으로 삼한의 역사적 실상을 구체적으로 부각하였다. 이처럼 삼한사를 비롯한 조선후기 역사학연구의 발전은 중세적 역사관을 극복하였으며 역사학의 이론과 방법 면에서 근대 역사학을 지향한 것으로 평가된다.[132] 지금까지 살펴본 실학자들의 삼한사 연구에서 주요쟁점이 되었던 삼한의 위치 및 삼국과의 관계 등에 대한 여러 견해들을 정리하면 〈표 7〉과 같다.

---

131) 한영우(2002), 「18세기 말~19세기 중엽 실증적 역사 연구의 심화」, 『역사학의 역사』, 지식산업사, 214면. 곧 이와 같은 내용이 등장한 이면에는 그만큼 한치윤과 한진서가 일종의 이념성을 탈피했고 문헌에 의거한 사실고증에 치중했음을 알려준다는 것이다.

132) 趙珖(1985), 앞의 글, 131~186면; 韓永愚(2002), 위의 책, 204~207면; 趙誠乙(2004), 앞의 책, 41~43면.

〈표 7〉 삼한 위치 및 삼국과의 관계에 대한 역대 인식

구 분	馬韓		辰韓	弁韓(弁辰)			비 고
	고구려	백제	신라	고구려	백제	가야(신라)	
『三國史記』 (1145)	●		●		●		최치원 설(삼한=삼국), 辰韓=秦韓
『三國遺事』 (1281)	●		●		●		최치원 설(삼한=삼국), 고조선-삼한-삼국
『東國史略』 (1403)		●	●	●			최치원의 삼한설을 비판, '卞韓在南'은 漢나라 경계인 遼東의 위치로부터 말하는 것으로 봄(權近)
『新增東國輿地勝覽』 (1530)	●		●		●		최치원의 삼한설을 지지, 권근의 삼한설을 비판
『芝峯類說』 (1614)	●		●		●		최치원의 삼한설을 지지 : 마한-경기·충청·황해도, 변한-전라도, 진한-경상도
『東國地理誌』(1615)		●	●			●	북 : 삼조선-4군-2부-고구려, 남 : 삼한-백제·신라·가락 / 마한-호남·호서, 진한-경상 동북, 변한-경상 서남 / 최치원 및 권근의 삼한설을 비판
『東國輿地誌』(1656)		●	●			●	한백겸의 설을 수용-한강 중심으로 남(三韓)북(朝鮮)지계 / 後漢書 韓傳 취신 : 진국-삼한 / 마한 : 箕準이 金馬로 南遷, 진한 : 秦의 亡人 유입
『星湖僿說』 (1740)		●	●			●	三韓正統論(조선-기자-마한), 최치원의 설을 옹호 마한-중국의 韓 亡人, 진한-秦 亡人, 변한-마한 후예 / 지리산을 경계로

						북쪽-6가야, 남쪽-변한
『擇里志』(1751)		●	●			●	단군조선-기자조선-마한 / 삼한통일을 고려에 귀속
『疆界考』(1756)『東國文獻備考』輿地考		●	●			●	북 : 三朝鮮-漢四郡-二部·二郡-高句麗 남 : 辰國-三韓(마한-진·변한)-신라·백제·가야 三馬韓國(前馬韓-箕準馬韓-後馬韓)
『東史綱目』(1778)		●	●			●	최치원의 설을 옹호 : 고구려의 마한병합, 백제의 변한 半面 통합, 가야-낙동강 以西, 지리산 以南 / 삼한정통론 : 정통론단군-기자-마한-삼국(무통)-통일신라-고려 / 韓(중국 韓終)-진국(秦 亡人 유입)=馬韓
『四郡志』(1795)		●	●			●	마한-호남, 진·변한-영남
『我邦疆域考』(1811)		●	●			●	조선-마한 병립의 이원적 역사체계, 三馬韓說 / 북 : 조선-사군-고구려-발해 남 : 韓國(마한-백제, 진한-신라, 변진-가야), 최치원의 삼한설을 비판 / 수로·석탈해-마한계통 / 백제와 가야의 선진성을 부각
『海東繹史續』(1823)		●	●			●	삼한요동설을 비판, 삼마한설 주장, 韓國=辰國 / 혁거세-진한의 총왕, 진한=신라, 변한=가야 / 狗邪韓國, 任那(=대가야)-일본의 附庸國

한편 조선후기 실학자들의 학구적 태도는 한말까지 이어졌으며, 이른바 근대적 역사방법론에 의한 일본인 학자들의 삼한연구도 한백겸의 삼한설을 정통적으로 받아들였다고 한다.[133] 실제로 길전동오吉田東伍, 진전좌우길津田左右吉 등 일본인 학자들은 역사지리학적 접근을 통해 삼한 문제를 다루었는데, 이들의 주된 관심은 삼한의 지역적 범위설정 문제에서 크게 벗어나지 못하였다.[134] 그 뒤 나가통세那珂通世, 전간공작前間恭作 등에 의해 이루어진 이 지역의 고지명에 대한 문헌고증학적 분석 역시 삼한의 강역 문제가 대세를 이루었다.[135] 이는 당시 일본학자들 대부분이 한반도 북부의 중국 식민정권으로 상정되는 위만조선, 그리고 평양지역의 고고학 발굴성과까지 참고하여 전개된 낙랑군 등의 한사군 문제에 관심을 보였으며, 상대적으로 삼한문제는 영세한 자료에서나마 한반도 남부의 임나일본부와 밀접한 연관을 맺는 지명고증 및 위치비정 문제로 충분했기 때문이다.[136]

일제의 식민사학에 대항하여 그것을 극복하려는 노력은 1920년대부터 본격적으로 전개되었다. 그 가운데 신채호申采浩는 삼한의 위치와 관련하여 한백겸의『동국지리지』에 주목하면서 다음과 같이 언급하였다.

(12) "韓百謙의 東國地理說이 비록 數十行에 不過하는 簡單한 論文이나 일반 史學界에 大光明을 열어 後來 丁若鏞의 疆域考나 韓鎭書의 地理志나 安鼎福의 東史綱目에 附載한 疆域論이나 그 外에 各家의 朝鮮歷史地理를 說하는 자 모다 韓先生의 그 簡單한 地理說을 敷衍하얏을 뿐이

133) 金貞培(1968),「三韓位置에 對한 從來說과 文化性格의 검토」『史學研究』20; (2000),『韓國古代史와 考古學』, 신서원, 269면.

134) 吉田東伍(1911),『日韓古史斷』; 津田左右吉(1913),「三韓疆域考」『朝鮮歷史地理』1.

135) 那珂通世(1923),「三韓考」,『外交繹史』2; 坪井九馬三(1923),「三韓考」『史學雜誌』34-9; 前間恭作(1925),「三韓古地名考補正」『史學雜誌』36-7.

136) 金貞培(2000), 앞의 책, 258면.

다. 나로서 보건대 그 地理說 中에 三韓과 朝鮮을 分開함이 范曄의 傳한 東夷列傳의 地理를 說明함에는 足하나, 이로서 朝鮮 古代 三千年間의 地理를 斷定하여 "我國 自古 漢江以南 爲三韓 漢江以北 爲朝鮮"이란 結論을 나림은 너무 盲杖的이요 武斷的이라 하노라. 이는 先生이 三神 三京 三韓 三朝鮮의 聯絡的 關係와 發朝鮮 發肅愼 夫餘朝鮮 濊貊朝鮮 辰國 震國 眞番朝鮮 辰韓 麻立干 馬韓 慕韓 等의 同音異譯됨을 모름으로 이 갓흔 大錯誤가 잇슴이나, 그러나 東夷列傳에 보인 三韓의 位置는 先生으로부터 비로소 簡明히 剖釋하야 己往에 史의 記錄만 잇고 史의 硏究가 업섯다고 할만한 朝鮮史界에서 先生이 처음 史學의 端緒를 열었다 하여도 可할 것이다."(『朝鮮上古史』『단재신채호전집』제1권, 독립기념관 독립운동사연구소, p.609)

신채호는 한백겸의 '동국지리설東國地理說'이 비록 간단한 언급이지만 정약용의 '강역고'를 비롯한 한진서의 '지리지', 안정복의 '강역론' 등에 지대한 영향을 주었다고 하였다. 특히 한백겸이 삼한을 삼국에 비정하던 전통적인 견해를 벗어나 삼한의 위치를 한강 이남에 설정하고, 삼한을 백제·신라·가야에 비정하였던 접근은 이른바 '연구로서의 사학'으로 규정하고, 근대 역사학의 단서를 열었던 것으로 높이 평가하였다.

그리고 단재는 북방으로부터의 주민 이동과정에서 삼한사회가 형성되었다는 '삼한이동설三韓移動說'을 주장하였다. 그는 삼한의 역사적 주체를 연나라 장수 진개秦開의 요하 방면 침입에 의한 조선족의 이동이라는 관점에서 파악하고,[137] 삼한의 실체를 전(북)삼한-중삼한-후(남)삼한의 3단계로 구분하였다. 그리하여 삼한의 종족은 조선족계열과 직결되며, 마한·진한·변한이 각기 백제·신라·가야로 발전한다는 견해를 제시하였

---

137) 신채호의 고대사인식과 '前後 三韓說'에 대한 구체적 검토는 다음 논고를 참조할 수 있다(李萬烈(1977), 「丹齋 申采浩의 古代史認識 試考」『韓國史硏究』 15, 45~75면).

다.[138] 이와 같은 단재의 '전·후삼한설'은 조선후기 사가들이 북방에 한이 있었다고 제기한 주장과 맥을 같이한다.[139] 곧 이규경李圭景은 삼한이 북삼한과 남삼한으로 구분되어 둘이 있었다는 '삼한유이三韓有二'의 견해를 제시하였다.[140] 그리고 이러한 인식은 한치윤의 『해동역사』와 한진서의 『해동역사속』에 계승되었으며, 그 뒤 어윤적魚允迪이 찬했던 『동사연표東史年表』(1915)에는 단재와 비슷한 견해가 제시되었다고 한다.[141]

단재의 '전후삼한설'은 당시까지 제시되었던 삼한에 관한 지리고증 차원의 접근에서 벗어나, 민족 및 지명 이동설에 입각한 삼한의 성립과정과 위만 이전의 고조선으로 소급되는 종족문제의 해명에까지 관심의 폭을 넓혔던 것이다.[142] 나아가 삼한의 연원을 고조선과 연계하여 그 역사적 활동공간을 만주 요동반도 및 요서지역과 중국 동북지역 일대에까지 넓혔으며, 연구방법에서도 종래 삼한사의 이해가 정적·평면적이었던 데 비하여, 동적·입체적인 이해로 옮아가게 한 계기를 마련했다는 점[143]에서 중요한 의미를 갖는다.

신채호의 역사의식은 이론적으로 유교적 중세사학을 극복하고 근대 역사학을 성립시키면서,[144] 이후 정인보鄭寅普, 안재홍安在鴻 등 민족주의 사학자에게 직접적인 영향을 주었던 것으로 평가된다. 곧 정인보의 삼한인식은 기본적으로 '삼한이동설'에 입각하여 진한 중심의 전삼한과 마

---

138) 文昌魯(2000), 『三韓時代의 邑落과 社會』, 신서원, 36면.
139) 李基東(1982), 「城邑國家와 聯盟王國」『韓國史講座』(1) 古代篇, 92면.
140) 『五州衍文長箋散稿』 天地篇, 地理類, '三韓有二辨證說'에서 "三韓之名 創自我東 而遼東亦稱三韓"이라고 하였다. 같은 책, 經史篇, 論史類, '三韓始末辨證說'에서도 三韓은 우리나라 三南의 옛 호칭이며, 遼東 또한 삼한이라고 부른다고 하였다.
141) 이는 韓末 『增補文獻備考』의 편찬에 관계하고 大倧敎의 주요경전인 『神檀實記』(1914)를 집필했던 金敎獻(1868~1923)이 『東史年表』를 교열하면서 그의 견해를 반영했던 것으로 짐작하기도 한다(李基東(1982), 앞의 책, 92면).
142) 조법종(2005), 「丹齋 申采浩의 民族史學硏究」『韓國宗敎史硏究』 13, 138면.
143) 李萬烈(1977), 앞의 글, 61면.
144) 李萬烈(1980), 『丹齋 申采浩의 歷史學 硏究』, 文學과 知性社, 48~55면.

한 중심의 후삼한이라는 '전·후삼한설'로 요약된다.[145] 또한 마한은 경기·충청·전라도지방에, 변한과 진한은 경상도지방에 비정하였으며, 마한(백제국) → 백제, 진한(사로국) → 신라, 변한(구사국) → 가야로의 계승관계를 설정하였다 그리고 안재홍은 "삼한에 관하여 역대의 사가가 많이 이를 설한 바 있으니 … 오인吾人은 우선 단재의 전삼한·후삼한의 말·신·불설을 그 원형에서 수긍 및 승인할 바이다"라고 하여 단재의 주장을 전적으로 수용하였음을 확인할 수 있다.[146]

단재의 삼한사 연구가 전·후삼한의 이동을 중심으로 접근하였다면, 1930년대 중반 이병도는 대체로 지리고증적인 문제에 중심을 두고 삼한문제에 접근하였다.[147] 이병도의 삼한사 연구는 한백겸을 비롯한 조선후기 실학자들 중심의 역사지리 연구를 중요한 배경의 하나로 본다.[148] 곧 한백겸이 주장한 상고사의 '남북분야설南北分野說'은 신경준과 한진서에 발전적으로 계승되어 '진국삼한설辰國三韓說'이 제시되었으며, 이후 이를 바탕으로 한 이병도의 '진국진한설'의 수정설이 나왔고, 또한 이른바후방행렬後方行列의 부족국가와 남북행렬의 부족국가로 크게 나누는데까지 영향을 줄 정도라고 하였다.[149]

해방 이후 일제 강점시기에 왜곡되었던 우리나라 고대사상의 극복이라는 과제는 삼한사회에 대한 접근시각이나 방법론상에 새로운 길을 모색하게 하였다. 물론 1950년대까지 발표된 김상기, 정중환, 임창순의 연구는 삼한의 이동경로, 진국·삼한 및 가라의 명칭문제나 위치비정에 대

---

145) 鄭寅普(1947), 『朝鮮史硏究』(上); (1983), 『簷園 鄭寅普全集』 3, 연세대학교 출판부, 68~73면.

146) 安在鴻(1947), 『朝鮮上古史鑑』(上), 民友社.

147) 李丙燾(1934~37), 「三韓問題의 新考察」(1~6) 『震檀學報』 1·3·4·5·6·7輯.

148) 조인성(2009), 「李丙燾의 韓國古代史硏究」 『韓國古代史硏究』 56, 33면. 이병도의 삼한 연구를 비롯한 한국고대사 연구에 대한 검토로 다음 논문도 참고된다(金貞培(1968), 앞의 글; 李萬烈(1981), 앞의 글; 韓永愚(1994), 「이병도」 『한국의 역사가와 역사학』(下)).

149) 鄭求福(2008), 앞의 책, 208면.

한 고찰이었지만,[150] 이전의 연구수준에서 크게 벗어난 것은 아니었다. 그러다가 1960년대에 들어 김정배는 삼한의 위치문제에 대한 기왕의 연구업적을 정리하면서 진국과 삼한의 발전관계에 접근하였다.[151] 곧 삼한의 전단계 역사로 상정되는 진국은 진왕과 무관한 '고지진국古之辰國'으로서 준왕(準王, 한왕韓王)과 관련지어야 하며, 진국의 실체는 삼한지역 전체를 의미하는 것이 아니라 여러 정치집단인 중국衆國 가운데 하나로 이해하기에 이르렀다. 광복이후 이루어진 일련의 연구성과는 식민사학에 의해 왜곡된 삼한의 역사상을 불식하였고, 이후 1970년대에 접어들어 국가형성문제가 제기되면서 삼한연구의 지평을 보다 넓히는 밑거름이 되었다.

한편 이병도의 실증적인 삼한연구에 기초를 두고, 신채호의 '삼한이 동설'을 수정·보완한 것이 천관우의 삼한사 연구로 본다.[152] 천관우는 삼한의 형성문제를 고조선과 밀접하게 결부된 주민이동설에 입각하여 접근하였다. 곧 조선과 진번眞番은 각각 북마한과 북진北辰·변한弁韓으로 마·진·변 삼한과 밀접한 관계가 있으며, 삼한을 구성하는 마한·진한·변한은 본래 종족명이었으나, 뒤에는 국명 또는 지역명으로도 쓰였다고 한다. 또한 '진국'의 역사적 실체는 삼한(혹은 마한) 총연맹체가 아니라 진한의 남하과정에서 나타났던 일정한 시기의 과도적인 상태로 이해하였고, 『삼국지』한전에 보이는 진왕의 역사적 실체는 각각 서기 3세기 후반 당시 한반도 남부에서 가장 두각을 나타내고 있던 '고지진국' 지역의 왕인 백제국왕, 그리고 '진한'의 왕인 사로국왕을 가리키는 동명이체로 파악하였다.[153] 그리하여 그는 마·진·변한의 삼한사를 각각 백제·

---

150) 金庠基(1948),「韓·濊·貊 移動攷」『史海』: 丁仲煥(1956),「辰國·三韓 及 加羅의 名稱考」(『釜山大學校 十周年紀念論文集』; 任昌淳(1959)「辰韓位置攷」『史學研究』6.
151) 金貞培(1968), 앞의 글.
152) 李萬烈(1981), 앞의 글, 99면.
153) 文昌魯(2009),「千寬宇(1925~1991)의 史學과 古代史研究」『韓國古代史研究』

신라·가야의 초기역사에 해당하는 것으로 보았다.

　사실 천관우가 비교적 길지 않은 시간에 삼한사 연구에서 성과를 거둘 수 있었던 것은 한치윤의『해동역사』를 비롯한 실학자들의 주요저술에 보이는 관련 자료를 섭렵하였던 점이 크게 작용하였다.[154] 실제로 조선후기 실학의 해명을 위한 그의 노력은 학부 졸업논문에서부터 출발하였고, 이후 실학의 개념을 둘러싼 논쟁이 지속되면서 실학에 대한 관심은 1970년까지 꾸준히 이어졌다. 물론 신채호, 정인보, 안재홍 등 민족주의 역사학자들이 추구하였던 연구경향을 계승하는 과정에서 쌓인 지견知見도 그 바탕에 함께 했던 것으로 생각된다.[155]

　53, 53면.
154) 千寬宇(1989),「凡例를 겸한 自序」『古朝鮮史·三韓史硏究』, 一潮閣, 3면.
155) 文昌魯(2009), 앞의 글, 27~28면.

실학자들의
고구려사 · 백제사 연구

김현숙 ㅣ 동북아역사재단 책임연구위원

1. 머리말

사학사적으로 볼 때 조선후기는 국내외의 상황 변화에 따라 역사인
식 및 서술 방식에 많은 변화가 있었던 시기였다. 17세기 이후 사회변
동으로 인해 실학이 대두했고, 그 영향이 역사학에도 미쳤기 때문이다.
선행연구의 축적으로 인해 이 시기 사학의 기본적인 성격은 이미 밝혀
졌다.[1] 강목체의 유행, 역사지리학의 발전, 범례의 체계화와 정통론에
대한 관심의 증대, 경학으로부터의 사학의 독립, 전문적 역사학자의 출
현, 개인 사서편찬의 증대, 그리고 자국 중심적 역사관의 고조, 광범위
한 사료수집과 문헌고증의 중시로 인한 역사학 방법론의 발전 등이 조
선후기 사학의 특징으로 지적되었다. 이에 따라 '우리' 역사의 계통성에
대한 재인식, 실증성의 강화라는 역사서술상의 특징이 나타났다는 점
도 밝혀졌다.

조선후기 역사서술은 실학자들이 주도했다. 그들의 역사연구는 사
회·경제 개혁안에 못지않게 시대를 앞서가는 면모와 근대성을 보인다
는 점에서 일찍부터 선학들의 주목을 받았다. 실학자들은 한국 고대사
에 대해 깊은 관심을 보였고, 정통론에 입각하여 고대사를 주체적으로
재구성하고자 했다.[2] 그에 따라 고대사의 많은 부분이 새롭게 규명되었

---

1) 다음 논저들을 통해 조선 후기 사학사의 기본내용 및 성격에 대해 파악할
  수 있다.
  李萬烈(1974), 「十七·八世紀의 史書와 古代史認識」 『韓國史研究』 10; 韓永
  愚(1989), 『朝鮮後記史學史研究』, 일지사; 박인호(1996), 『한국사학사대요』,
  이회.
  신형식교수화갑기념 한국사학사 간행위원회(1999), 『申瀅植教授華甲紀念韓
  國史學史』; 박인호(2003), 『조선시기 역사가와 역사지리인식』, 이회; 趙誠乙
  (2004), 『조선후기 사학사연구』, 한울아카데미.
2) 李萬烈(1974), 위의 글, 97면.

다. 신라 중심 사관에서 벗어나 고구려, 발해에 관심을 보였고, 우리 역사와 문화의 독자성에도 주목했다.[3]

그런데 지금까지의 조선후기 역사서에 대한 검토는 주로 조선시대 연구자나 사학사 연구자들에 의해 이루어져 왔다. 이에 따라 거시적인 측면에서 실학자들의 한국 고대사 인식이나 연구내용이 어떠했는가 하는 점은 규명되었다.[4] 따라서 이제 한국 고대사 연구자들이 보다 세부적인 내용면에서 관련 사서들을 분석해보는 것도 필요하다고 본다. 특히 실학자들의 고구려사와 발해사, 백제사에 대한 서술에서 최근 주요 이슈가 되고 있는 중국학계의 한국 고대사 인식과 연관이 있는 내용들도 포함되어 있어, 검토의 필요성을 더 느끼게 된다.[5]

이에 본고에서는 선학들의 연구 성과를 바탕으로, 실학자들의 고구려, 백제에 대한 인식 및 연구내용에 대해 정리해보고자 한다. 오늘날의 고대사학계에서도 관심의 대상으로 삼고 있는 문제나, 여전히 논란이 계속되고 있는 주제들에 초점을 맞추어 실학자들의 연구내용을 살펴보려고 한다. 이때 실학자들의 역사인식의 맥락을 파악하기 위해 부분적으로 조

---

3) 李萬烈(1984), 「朝鮮後期의 高句麗史 硏究」, 『東方學志』 43, 181면.

4) 李萬烈(1974), 「十七·八世紀의 史書와 古代史認識」, 『韓國史硏究』 10; 趙成山 (2009), 「조선후기 소론계의 古代史 연구와 中華主義의 변용」, 『역사학보』 202.

5) 이에 대해서는 李萬烈의 선구적인 연구 성과가 1984년에 제출되어, 실학자들의 고구려인식과 전반적인 서술내용은 이미 밝혀졌다. 그리고 2003년 말 이른바 '東北邊疆歷史與現狀系列硏究工程'에서 고구려사에 대한 중국학계의 연구동향이 국내에 알려진 이후, 실학자들의 고구려사·발해사 인식에 대한 연구 성과들이 발표되었다. 그러나 이때 고구려사나 백제사 전공자들에 의한 연구는 이루어지지 않았다. 관련 논문들은 다음과 같다.
李萬烈(1984), 「朝鮮後期의 高句麗史 硏究」, 『東方學志』 43; 정진헌(2004), 「조선 시대의 고구려 인식」, 『고구려연구』 18, 고구려연구회; 한명기(2006), 「조선시대 韓中 지식인의 高句麗 인식 - 고구려의 '强盛'과 조선의 고구려 계승 인식을 중심으로」, 『韓國文化』 38; 한규철(2007), 「고구려·발해에 대한 인식의 변천」, 『大東漢文學』 26; 趙成山(2009), 「조선후기 소론계의 古代史 연구와 中華主義의 변용」, 『역사학보』 202.

선후기에 나온 다른 역사서들과의 비교도 이루어질 것이다. 이 과정에서 실학자들 상호간 인식상의 차이점과 공통점도 드러나게 되리라고 본다. 이종휘李種徽의『동사東史』,[6) 안정복安鼎福의『동사강목東史綱目』, 정약용丁若鏞의『아방강역고我邦疆域考』, 한치윤韓致奫의『해동역사海東繹史』의 고구려사·백제사 관련 서술이 주된 검토대상이 될 것이다. 여러 가지로 부족한 면이 많겠지만, 이를 통해 우리의 고구려사·백제사 연구의 향후 과제를 생각해보는 기회를 가질 수 있을 것으로 기대한다.

2. 실학자들의 고구려·백제 인식

조선후기에 이르러 서양세계와 청에 대한 인식이 변화됨으로써, '우리'와 '우리 역사', 그리고 '우리 문화'에 대해 새롭게 인식하게 되었다. 그에 따라 우리 역사의 계통설정 문제가 이 시기 고대사 관련 서술에서 가장 핵심 관심사가 되었다. 이는 이른바 우리 역사의 정통성 설정 문제와 직접적으로 관련된다.

---

6) 이종휘(1731~1797)를 실학자로 분류할 수 있는지 의문이 제시될 수 있다. 2010년 11월 13일, 경기도 실학박물관에서 열린 학술회의 토론 과정에서 김수태 충남대 교수도 이에 대한 질문을 던진 바 있다. 정치적, 사상적 계파 분류에서 이종휘는 이른바 '실학파'에 속하지 않는다. 한국학중앙연구원의 한국사기초사전(http://yoksa.aks.ac.kr) 인물편에도 그는 '조선후기의 양명학자·역사학자'로 기록되어 있다. 이종휘의 사학에 대해 韓永愚는 "『修山集』에 실린 글들의 대부분은 經世에 관계되는 것이고, 그런 점에서 그의 학문은 한마디로 實用을 존중한 것이 특색이다. 申大羽가 쓴 『修山集』발문에 이종휘의 학문을 평하여 「實用」에 특색이 있다고 지적하고 「그가 闡發한 것은 東方의 일이요, 그가 撰述한 것은 當世의 일이다」라고 말한 것도 이종휘 학문의 특색을 적절하게 간파한 것이라 할 수 있다."라고 지적했다.(韓永愚(1989),「18세기 중엽 少論 李種徽의 歷史意識」『朝鮮後記史學史研究』, 一志社, 240면) 요컨대 이종휘는 '실학파'는 아니었지만, '실용적' 학문을 추구했다는 점에서 실학자들과 역사인식상의 공통점을 찾을 수 있을 것 같다.

우리 고대사에 나타났던 왕조 및 정치세력에 대한 계통을 정리할 때, 조선후기 사학자들은 두 부류로 나눠진다. 한 부류는 북방계와 남방계의 두 계통으로 나누었고, 다른 한 부류는 전체를 하나의 계통으로 정리했다.

예컨대 이종휘는 단군-기자-위만, 단군-기자-삼한으로 이어지는 두 계통으로 분류했다. 신경준은 북쪽은 삼조선-한군현-고구려, 남쪽은 진국-삼한-신라·백제로 이어졌다가 신라로 통일되어 비로소 남북이 하나로 되었다고 보았다. 다산은 열수(한강)를 경계로 북쪽에는 조선-사군四郡-고구려-발해로 이어지는 계통이 있었고, 남쪽에는 한국韓國이 조선과 거의 병렬적으로 형성되어 삼한으로 이어졌고, 이중 마한이 백제로, 변진이 가야로, 진한이 신라로 연결되는 또 다른 독자적 체계를 가졌다고 보았다.[7] 이처럼 우리 고대사를 두 계통으로 보는 시각은 조선 중기 한백겸의『동국지리지』에 보이는 '남자남 북자북南自南 北自北'의 역사인식과 연결된다. 같은 시기의 대유학자인 허목許穆도 단군-부여-고구려·백제로 이어지는 북방계 역사와 기자-마한-신라로 이어지는 남방계 역사의 이원적 체계로 인식했다.

고대 국가 전체를 하나의 계통으로 체계화하는 경우에는, 단군·기자·위만조선과 삼한·삼국의 정통성을 어디에 두는가 하는 민감한 문제를 내포하고 있다. 17세기 중엽 홍여하가 쓴『동국통감제강東國通鑑提綱』에서는 기자조선-마한-신라-고려를 정통국가로 보고 계통을 체계화했다. 이와 달리 홍만종, 이익, 안정복 등은 단군조선-기자조선-마한-(삼국 무통)-신라문무왕-고려(태조19년 이후)로 정통성이 계승된 것으로 보았다.[8]

삼국에 대한 정통론은 신라정통론, 고구려정통론, 그리고 무통론으

---

7) 韓永愚(1989),「19세기초 丁若鏞의 歷史觀과 對外觀」『朝鮮後記史學史硏究』, 370면.

8) 李萬烈(1974),「十七·八世紀의 史書와 古代史認識」『韓國史硏究』10, 115~116면.

로 나눠져 있다.9) 신라정통론의 입장에서는 우리 역사에서의 삼국의
위상을 신라가 주主가 되고, 고구려·백제가 부副가 되는 것으로 보았
다. 홍여하의 『동국통감제강』이 이에 해당된다.10) 반면 고구려 정통론
의 입장에서는 고구려가 주가 되고, 신라·백제가 부가 되는 것으로 보
았다. 이종휘의 『동사』가 이런 인식 아래 서술되었다. 하지만 12세기 중
엽 김부식의 『삼국사기』 이래 조선 초 『동국통감東國通鑑』에 이르기까지
대부분의 관찬사서들이 삼국시기를 '무통無統'으로 처리했다. 조선후기
에는 임상덕林象德의 『동사회강東史會綱』, 홍만종의 『동국역대총목東國歷代
總目』이 이에 따랐으며, 이익의 '삼한정통론'과 안정복의 『동사강목』도
같은 인식 아래 서술되었다. 이 경우 김부식의 『삼국사기』가 그러했듯
이 삼국을 동일한 비중으로 평가했다고 하지만, 대체로 신라 우선으로
서술했다.

한편 이러한 계통론에는 우리 고대사를 형성한 종족에 대한 인식도
담겨 있다.11) 이종휘는 혈통적으로 부여, 고구려, 백제, 예맥, 옥저, 비류,
발해가 단군의 피를 이어받은 단군족이라고 칭하고, 이들을 우리 민족
의 주류로 인식했다.12) 이와 달리 다산은 한국사를 이끌어온 주 종족을

---

9) 백제가 삼국 중 최강국이었다고 다산이 평가한 것으로 보기도 하지만, 그
   것은 근초고왕대를 중심으로 한 한성시기 삼국의 상황을 설명한 것일 뿐
   삼국시기 전체를 대상으로 한 결론적인 평가는 아니었던 것 같다. 따라서
   삼국 가운데 백제가 가장 정통성을 가진 나라였다고 보는 백제 정통론은
   존재하지 않았다고 본다. 참고로 『아방강역고』에 나타나는 다산의 대백제
   인식에 대해 한영우는 삼국 중 백제 중심이었다고 파악했다(韓永愚(1989),「
   19세기초 丁若鏞의 歷史觀과 對外觀」『朝鮮後記史學史硏究』, 368~369면).
   반면, 조성을은 신라를 중심으로 보았다고 지적했다(趙誠乙(1992),「『我邦疆
   域考』에 나타난 丁若鏞의 歷史認識」『奎章閣』15, 79면).
10) 李萬烈(1984),「朝鮮後期의 高句麗史 硏究」『東方學志』43, 188면.
11) 고대시기 우리 민족의 종족 계통에 대해서는 北의 朝鮮族과 南의 韓族이
    중심이라고 보는 시각과 濊貊系와 韓系의 이원적 계통이 있었다고 보는 시
    각이 있다.
12) 韓永愚(1989),「18세기 중엽 少論 李種徽의 歷史意識」『朝鮮後記史學史硏

북방의 조선족과 남방의 한족韓族으로 보고, 이 두 종족에 대해서는 커다란 긍지를 가졌다. 그러나 부여와 고구려를 형성한 예맥족은 매우 천한 종족[13]으로 간주했다.[14] 그리고 진한은 이주해온 중국 진나라 사람들과 조선 유민들로 구성되었다고 보았다.[15] 즉 다산은 우리 민족의 기원에 대해 동이(조선인, 한)를 우리 민족의 주류로 보고, 여기에 예맥(고구려, 동예, 백제)과 중국 진의 유민(진한)이 일부 포함된 것으로 생각하였다.[16]

그런데 다산은 예맥을 우리 민족이 아니라고 보는 입장에서 부여사를 우리 역사에서 배재했다. 그러면서도 같은 예맥의 나라인 고구려, 동예, 백제는 우리의 국가로 인정하고, 우리 역사 안에 속한다고 보았다. 이는 일견 모순된 논리인 것 같지만, 역사영역에 대한 다산의 인식을 고려하면 모순이 아님을 알 수 있다. 다산은 고구려가 비록 원래는 부여계통이지만, 후기에는 우리 영토인 평양으로 도읍을 옮겨 이곳을 중심으로 발전했기 때문에 동예, 백제와 동일하게 우리나라 안에 넣을 수 있지만, 부여는 우리 강토 밖에 있었으므로 우리의 국가로 생각하지 어렵다는 입장을 보였던 것이다. 다시 말해 다산은 조선후기 당시의 영역범위 안에 드는 지역에서 전개된 역사를 우리 역사의 범위 안에 넣는다는 인식을 가지고 있었다. 그에 따라 부여는 우리 역사에서 제외하고 고구려는 속한다고 보았던 것이다. 또 예맥은 우리 종족이 아니지만, 예맥계에 속하는 고구려, 백제, 동예는 외부에서 들어와 우리에게 동화되었으므

究』, 一志社, 274면.

13) 다산은 『我邦疆域考』의 「예맥고」에서 "예맥은 … 北狄의 종족으로서 우리나라 강역 안에는 이런 명칭이 본래 없었다 … 濊貊이라는 것은 천하의 賤한 이름으로서 … 본래 토착하지 못하고 수초와 짐승을 따라 항상 옮겨 다녔는데, 우리나라에 들어와서 몇 개 군에 잡거하게 됨을 면치 못했다."라고 하여 예맥을 부수적인 존재로 보는 듯한 시각을 드러내고 있다.

14) 韓永愚(1989), 「19세기초 丁若鏞의 歷史觀과 對外觀」『朝鮮後記史學史研究』, 371면.

15) 趙誠乙(1992), 「『我邦疆域考』에 나타난 丁若鏞의 歷史認識」『奎章閣』15, 74면.

16) 趙誠乙(1992), 위의 글, 70면.

로, 우리 역사 안에 포함된다고 보았던 것이다.[17]

여기에서 조선후기 역사학자들의 역사영역에 대한 인식이 주목된다.[18] 이종휘처럼 혈통주의의 입장에 서서 같은 혈통을 가진 종족집단의 활동무대를 모두 우리의 역사영역으로 보는 입장과, 다산처럼 당시의 현실 강역 범위 안에 드는 지역만을 역사영역으로 보는 입장으로 나눠져 있기 때문이다. 이는 고조선과 고구려, 부여, 발해의 활동무대인 만주지역을 우리 역사영역 안에 포함시키느냐, 제외하느냐의 문제로 연결된다. 그리고 한사군의 역사에 대해 우리 역사로 보느냐, 중국사로 보느냐의 문제와도 관련이 있다.

역사영역은 조선후기에 특히 발전한 역사지리 연구의 범위를 설정하는 문제와 직결되므로 역사서술에 앞서 그에 대한 인식을 분명히 할 필요가 있었을 것이다. 선행연구들에서 이미 지적된 바 있듯이, 조선후기에는 우리 민족의 자주성과 문화적 우수성, 역사의 선진성에 대한 자부심과 함께 만주지역에 대한 갈망이 고조되었으므로, 고구려사와 발해사가 주요 관심의 대상으로 떠올랐다.[19]

이에 따라 고구려와 발해의 영토를 고토故土로 인식하고, 역사서술의 범위를 만주지역까지 확대하는 인식이 나왔다. 이종휘의 경우『동사』「위원루기威遠樓記」에서 "우리나라는 한위漢魏 이후로 고토를 점차 잃어 고려 때에는 발해가 거란으로 들어가고, 기 · 고의 옛 땅이 다만 10가운데 5 · 6밖에 남지 않았다."고 개탄했다. 그가 만주에 대한 고토수복을 강조하는

---

17) 趙誠乙(1992), 위의 글, 69~70면.
18) 역사영역에 대한 인식은 당시 발전했던 역사지리학 연구와 직접적으로 관련이 된다. 이에 대한 내용은 박인호(1996),『朝鮮後期 歷史地理學 硏究』와 (2003),『조선시기 역사가와 역사지리인식』, 이회출판사 참조.
19) 한백겸은 사론에서 "신라가 통일 후 수도를 중앙으로 옮기지 않고 경주에 안주함으로써 고구려의 강역이었던 만주지역을 수복하지 않아 우리나라가 편안할 날이 없게 되었다"고 썼다(정구복(1987),「한백겸의 사학과 그 영향」,『진단학보』63; (1987),『久菴遺稿 · 東國地理誌』, 일조각, 36면). 양란을 겪은 이후 만주지역에 대한 영토적 갈구가 강해졌다는 것을 이를 통해 알 수 있다.

글은 『수산집』의 도처에서 발견된다.[20]

안정복은 『동사강목』의 「지리고」를 가장 먼저 쓴 이유에 대해 "사를 읽는 사람은 반드시 먼저 강역을 정해야 한다. 그런 뒤라야 점거한 형편을 알 수 있고, 전벌戰伐의 득실을 살필 수 있으며, 분합의 연혁을 고찰할 수가 있다. 이것이 없으면 잠자는 것과 같다."[21]고 했다. 이는 비단 안정복 뿐 아니라 정약용, 신경준, 김정호 등 역사지리에 관심을 가졌던 조선후기 학자들이 모두 동의하는 부분이었을 것이다. 『해동역사』에서 〈부여세기〉를 설정한 뒤, 그 앞에 안설을 붙여 "부여가 본래 우리나라 강역 안에 있던 나라는 아니지만 고구려, 백제가 일어난 곳이므로 특별히 세기를 둔다."고 한 것도 역사영역에 대한 고민의 흔적이라고 볼 수 있겠다.

이와 같이 조선후기 역사서술에서는 정통론과 역사영역의 설정, 고대사의 중심에 대한 인식 등 여러 면에서 학자들 간에 견해가 나눠지고, 시대의 흐름을 반영하는 새로운 시각들이 제시되는 등 발전적인 양상이 나타났다. 하지만 그 외의 사안들에 대한 인식은 이전과 별반 차이가 없었다. 성리학적 기준에 따라 역사적 사실을 포폄하고, 불교 및 기타 전래신앙에 대해 평가절하하고 배척하는 것은 조선 전기 때와 달라지지 않았기 때문이다.

실학자들의 역사서에 실린 사론에는 역사적 사건과 인물에 대한 포폄이 나타나는데, 여전히 충절의식, 효, 부부유별 등 유교적 도덕주의에 입각한 평가들이 주를 이루고 있다. 예컨대 고국천왕과 산상왕의 왕비였던 우씨 왕후에 대한 평가, 유리왕과 해명태자, 대무신왕대 호동왕자 이야기, 중천왕대 소부인 등에 대한 사론을 보면 그들의 행동에 대해 도덕주의적 평가만을 내릴 뿐 정치적·사회적 접근을 통한 사실 분석은 하지 않았다. 다만 이종휘의 경우, 다른 역사서에서 볼 수 없는 「고구려

---

20) 韓永愚(1989), 「18세기 중엽 少論 李種徽의 歷史意識」 『朝鮮後記史學史研究』, 一志社, 243면.

21) 『東史綱目』 附卷 地理考 序文.

가인열전高句麗家人列傳」을 설정하여 동명東明 유화태후柳花太后, 동명 예후
禮后, 송후松后, 우태후于太后, 중천中川 연후椽后에 대한 내용을 따로 정리
했다는 점에서 독특한 면모를 보여주었다. 그는 "서천왕의 우후于后와
고국천왕의 주태후周太后는 모두 그 성씨를 가졌으나 사적이 전하지 않
으며, 나머지 21 왕후는 그 성씨조차 함께 기록할 수가 없다. 아! '부인
은 선을 할 수도 없고, 악을 할 수도 없다'는 말이 있다. 저 21왕후가 덕
으로서 후대에 기록할 만한 것이 없다면 차라리 평범하여 일컬을 만한
것이 없는 것이 그 이름과 성씨를 어둡게 하는 것보다 낫지 않겠느냐?
우후나 관나와 같이 이름을 남긴다면 심한 불행이다."라고 서술했다.[22]
그러면서도 다른 실학자들이 유교적 잣대로 우씨 부인을 맹렬히 비판
한 것과 달리 별다른 폄하를 하지 않았다는 점에서 다른 사서들과 차별
성이 있다.

실학자들의 역사서술에서는 분명히 '우리'에 대한 자의식이 강화된
것을 확인할 수 있다. 그러나 중화 중심적 인식과 화이관에 바탕한 서술
도 여전히 견지되었다.[23] 단군조선의 비중을 이전보다 높이 설정하는
사서도 있지만, 단군 자체에 대해 신뢰를 두지 않는 경우도 있었다. 그
에 반해 '기자 존숭'과 '기자 동래'에 대한 자부심은 공통적인 요소로서
이전과 변함없이 나타나고 있다. 신라보다 고구려를 상대적으로 높이
평가한 이종휘조차도 기자조선의 영토와 문화를 계승했기 때문에 고구
려가 문명국이 되었다고 호평을 했다.[24]

조선 전기 이래 유학자들로부터 좋지 않게 인식되어 왔던 백제는 실
학자들로부터도 그다지 우호적인 평가를 받지 못했다. 기자와 마한을
정통으로 보는 입장에 서있으므로, 백제가 정통국가인 마한을 멸망시킨

---

22) 이종휘, 김영심·정재훈 역주(2004), 『동사』, 소명출판, 93면.
23) 趙誠乙(2004), 「제4부 實學의 華夷觀」 『조선후기 사학사연구』, 한울아카데
미, 311~367면.
24) 한영우(1989), 앞의 책, 264면.

것에 대해 대의에 어긋나는 것으로 볼 수밖에 없기 때문이다. 마한이 국토의 일부를 백제에 할양했음에도 불구하고 은혜에 보답하기는 커녕 무력으로 멸망시켰으므로, 위만이 기자조선을 빼앗은 것과 흡사하고 왕망이 한을 찬탈한 것과 다름이 없다고 인식했던 것이다.[25] 그래도 백제의 문화에 대해서만은 상당히 높은 수준이었다고 인정했다. 기자의 문화적 유풍이 마한을 거쳐 백제로 전해졌기 때문에 문화적 수준은 높이 평가할 수 있다는 입장을 보였다. 백제에 대한 이런 인식은 안정복과 한치윤에게서도 나타난다.

그러나 다산의 단계에서는 달라진 면이 발견된다. 다산은 『아방강역고』란 제목 그대로 '우리나라'의 '강역'을 중심에 두고 역사를 고찰했다. 고구려, 백제, 신라의 인적유래에 대해서도 정리를 했지만 어디까지나 영토에 기반을 두고 관련 역사를 검토했다. 이때의 강역은 19세기 조선의 영토가 기준이었으므로 압록강, 두만강 이남의 한반도 지역이 주된 서술대상 범위였다. 아마도 가장 관심이 집중되었던 곳은 조선 시기의 중심지역인 한강유역의 역사변화였을 것이다. 고구려, 부여, 발해의 주된 활동영역이었던 만주는 주제와 관련이 있을 때만 관심을 두는 대상일 뿐이었다. 이런 인식 아래 서술되었으므로, 여기에는 도덕주의적 해석방법이나 정통론에 입각한 서술원칙 등이 적용되지 않았다.

다산은 삼한의 한족韓族이 한강 이남의 토착족이었고, 이중 마한이 패주였으며, 진한은 진인동주자秦人東走者였으나 마한의 신속국이었는데, 그 마한을 병합한 것이 백제라고 보았다.[26] 다산의 이런 서술내용에 대해 신라 중심의 삼국사 체계를 백제 중심으로 바꾸어 놓았다거나[27], 신라가 중국 진나라의 유인임을 자랑스럽게 내세웠다며 이를 통해 삼국

25) 韓永愚(1989),「18세기 전반 南人 李瀷의 史論과 韓國史 理解」『朝鮮後記史學史硏究』, 一志社, 224면.
26) 정약용, 이민수 옮김(1995), 『아방강역고』, 범우사, 93~96면.
27) 韓永愚(1989),「19세기초 丁若鏞의 歷史觀과 對外觀」『朝鮮後記史學史硏究』, 一志社, 369면.

실학자들의 고구려사·백제사 연구 119

가운데 신라를 중심으로 보았음을 알 수 있다고 평가하기도 한다.[28] 또 삼한의 발전을 강조하는 것에 대해 우리 역사에서 한반도 남부 지역을 더 중시하는 결과가 되며, 이것은 상대적으로 고구려에 대한 평가를 낮게 하는 것과도 관련이 있다고 파악하기도 한다.[29] 하지만 이것은 삼국 중 어느 나라를 더 중심에 두고 서술했는가에 지나치게 관심을 두고 살핀 데서 내린 평가인 듯하다.

잘 알려져 있듯이 다산은 우리나라 고대 국가의 흥망성쇠에 관한 해석에서 도덕주의적 해석방법을 피하고 철저히 물질적 제도적 접근을 시도했다. 조선후기 당시의 영토를 기반으로 고대사를 연구했으며, 문헌사료에 바탕을 둔 실증적인 사실규명에 치중했다. 이는 곧 자국·자민족 중심의 시각 아래 우리 역사의 독자성을 강조하면서[30] 현실에 기반한 역사연구로서 근대 사학적인 면모를 나타내고 있는 것이다.[31] 즉 중세 사학에서 근대사학으로 전환해가는 모습을 다산의 역사서술에서 확인할 수 있는 것이다.[32]

---

28) 趙誠乙(1992), 「『我邦疆域考』에 나타난 丁若鏞의 歷史認識」, 『奎章閣』 15, 79면.

29) 趙誠乙(1992), 위의 글, 74면.

30) 정구복(2007), 「조선 후기 사학사의 성격」 『韓國史學史學報』 15, 152면.

31) 조성을은 근대 민족의 형성이 제대로 되기 위해서는 정치, 경제, 사회의 실제 면에 더하여 의식의 면에서 하나로 통합되어야한다. 이런 점에서 정약용의 역사인식은 의식의 면에서 근대 민족의 형성에 이바지하는 것이었다고 높이 평가했다(조성을(1992), 앞의 글, 92면).

32) 이와 관련, 조성을은 "예맥고에서 우리에 대하여 기자의 유민이며 중국의 유인이라고 한 것은 그의 화이관과 관련하여 더욱 깊이 천착해야할 문제이다. 아직 그가 종족적 면에서 화이관을 완전히 극복하지 못하였다고 여겨지기 때문이다"(조성을(1992), 위의 글, 70면)라며, 다산 역시 화이관에서 벗어나지 못했다고 지적한 바 있다. 이를 전환기의 일면으로 볼 수 있을 것이다.

3. 실학자들의 고구려사 · 백제사 연구

1) 실학자들의 고구려사 연구

실학자들은 고대사 서술시 범례와 사론에서 자신의 견해를 밝힐 뿐 역사적 사건에 대해서는 기본적으로 술이부작의 원칙 아래 『삼국사기』와 『후한서』를 비롯한 중국 정사에 실린 고구려, 백제 관련 기사를 그대로 전제했다. 다만 당시 조선의 지식인들에게 많이 읽혀졌던 『성경지』, 『일통지』, 『만주원류고』의 내용을 긍정적으로 받아들이는가, 아니면 비판적인 입장에 서는가에 따라 『삼국사기』나 『동국통감』의 서술내용에 대한 평가를 달리했다.

그럼에도 불구하고 자료의 광범위한 수집, 정리 및 성실한 고증작업으로 인해 실학자들의 역사연구는 이전에 비해 훨씬 발전적인 모습을 보이고 있다. 하지만 역사서술에서 사관이 우선시되고, 과학적 · 객관적 비판을 통한 사료의 변별과 취사선택이 부족했다는 것은 부인하기 어렵다. 또한 고고학적 현상파악과 현장답사를 담보하지 않은 추론적 결론이 많았으므로, 오늘날의 관점에서 볼 때 인정할 수 없는 부분도 많다.[33]

여기에서는 현재 학계에서도 논의가 계속되고 있는 점들을 중심으로,

---

33) 그중 대표적이랄 수 있는 것이 中原의 韓人들이 동쪽으로 이주하여 三韓을 이루었다고 하여 삼한족을 중국계로 이해하는 것이다. 마한은 기자의 후예로, 진한은 秦人東走者로, 변한은 그 시조를 알 수 없는 종족으로 간주해왔는데, 이런 인식은 『삼국유사』에서부터 토대가 이루어져 조선 왕조에 들어와서도 기본적으로 계승되었다. 이에 대한 비판은 다산에 의해 이루어졌다. '韓'은 '크다'라는 뜻의 토착어로서 열수 이남의 사람들이 그 酋豪를 가리켜 '韓'이라고 부른데서 '韓國'이라는 명칭이 유래하였으므로, 따라서 다산은 韓族은 한강 이남의 토착족이라고 했다. 하지만 그도 역시 진한만은 통념대로 秦人東走者로 보았다. 다만 진한은 마한의 신속국으로 삼한의 주도 족속이 아니었다고 서술했다. 이에 대한 상세한 내용은 韓永愚(1989), 「19세기 초 丁若鏞의 歷史觀과 對外觀」『朝鮮後記史學史硏究』, 370면 참조.

실학자들의 고구려사 연구내용을 검토해보기로 하겠다.

먼저 가장 주목되는 것은 고구려의 족원族源이 중원으로부터 유래되었다고 본 서술들이다. 고구려가 기자조선의 땅과 주민을 계승했다고 하여, 기자와 관련시키는 것이 가장 보편적이지만, 고구려와 은상殷商을 직접 연결시키거나, 고구려가 곧 '고이'였다고 하는 주석을 비판과정이나 설명없이 그대로 전제하는 경우가 있다. 『해동역사』에는 "성주成周의 회합에서 배방대北方臺는 정동쪽의 고이高夷로 겸양嗛羊이었다."는 『급총주서』의 기사와 "고이는 동북쪽의 오랑캐로 고구려이다."라고 한 주석을 아무런 설명 없이 실어놓았고, 상서전尙書傳에 주나라 초기에 교빙했던 '구려'를 고구려로 보았다.[34] 최근 중국학계에서는 이 기사들을 근거로 "전욱고양씨의 후손인 고이족이 고구려를 세웠으므로 고구려사는 중국사에 속한다"고 주장하고 있다. 한치윤이 중국사서에 나오는 사료를 엄정한 분석과정을 거치지 않은 채 모았기 때문에, 고구려의 족원에 대해 오해의 소지를 남긴 것이라 볼 수 있다. 즉 고구려와의 시간적, 공간적 거리, 당시의 사회발전 정도 등 제반 조건을 고려하지 않은 가운데 음운이나 자구의 유사성 만에 의거하여 단순 연결시켰으므로 역사의 실상과는 거리가 있게 된 것이다.

이외에 부분적 유사성을 근거로 고구려와 중원을 연결 짓는 경우도 있다. 이익은 『성호사설』 경사문 백의 혼례조에 "우리나라 사람들이 흰색을 숭상하여 흰 옷을 입고, 혼례 때 백마를 사용하는 습속을 서술하면서, 이것이 모두 기자 이후 은殷 문화가 유입된 결과"라고 서술했다.[35] 이는 흰색을 숭상하는 중국 고대의 은상족殷商族이 동쪽으로 이주하여 고구려의 족원族源을 이루었다고 한 주장을 연상시킨다.[36] 고구려의 은

---

34) 『해동역사』 제6권 世紀6 高句麗 1.

35) 韓永愚(1987), 「李瀷의 史論과 韓國史理解」 『韓國學報』 46; (1989), 『朝鮮後記史學史研究』, 212면.

36) 范梨(1993), 「高句麗族源探源」 『高句麗研究文集』, 延邊大學出版社, 254~262면; 耿鐵華(2002), 『中國高句麗史』, 吉林人民出版社.

상족殷商族 기원설[37]은 고구려사가 중국사에 속한다고 하는 근거로 제시
하는 설 가운데 하나라는 것은 잘 알려진 사실이다.[38] 이익의 서술은 기
자의 유입으로 인해 문화적 선진지역으로 발돋움하게 되었다는 점을 자
랑스럽게 여기는 조선 시기 유학자들의 전반적인 인식선상에서 이루어
진 것이다. 따라서 이를 고구려의 족원설과 직접 관련이 있다고 할 수는
없다. 하지만 백색숭상 문화를 殷문화의 유입 결과로 보는 것은 기자집
단의 동래 및 고구려의 족원 문제와 연결될 수 있다는 점에서 유의할 필
요가 있다. 이는 오늘날과 달리 고고학적 현상에 대한 고려[39]나, 과학적
검증 없이 중국 측 문헌에 나오는 관련 기사들을 그대로 전제한데서 나
온 이해라고 할 수 있다.[40]

---

37) 은상족과 고구려를 관련성은 1930년대의 傅斯年이 먼저 지적했었다. 그는
자신의 지론인 夷夏東西說을 적용, 夷族이 중원으로 들어가 殷을 구성했는
데, 殷이 周에 멸망하게 되자 일부 殷商人이 요동으로 돌아가 고구려를 세
웠다고 주장했다(傅斯年(1932), 『東北史綱』; Mark E. Byington(2004), 「解決되
지 않는 과거와 현대사의 딜레마 – 중국 역사속의 고구려」 『고구려연구』 18,
학연문화사, 391면 재인용).

38) 고구려의 족원 관련 중국학계의 연구내용은 김현숙(2004), 「고구려의 민족,
정치분야에 대한 중국학계의 연구동향」 『중국의 고구려사 연구동향 분석』,
고구려연구재단과 김현숙(2005), 「고구려의 족원문제에 대한 중국학계의 인
식」 『중국의 한국고대사연구 분석』, 고구려연구재단 참조.

39) 이와 관련 王綿厚는 유일하게 고이와 예 관련 사료들과 고고학 자료들을
함께 검토한 바 있다. 그 결과 고이는 『일주서』에만 나오고 『상서대전』부터
는 예맥관련 사료만 나온다는 점과 혼강 유역의 고이와 예맥족 고지의 고
고학문화를 보면 신석기시대 시대부터 한위시대까지 계기적인 발전을 하고
있는 점을 볼 때, 고이 – 맥족 – 고구려의 계승발전을 인정할 수 있다고 했다
(王綿厚(2002), 「高夷, 濊貊與高句麗 – 再論高句麗族源主體爲先秦之"高夷"
卽遼東"二江"流域"貊"部說」 『社會科學戰線』 2002년 5기, 168~173면). 하지만
문헌사료와 고고자료간의 관련성이 불분명하고, 각 자료들 간의 시간적 괴
리가 커 논리적 설득력이 부족하다고 본다.

40) 물론 이익이 중국사서의 기사를 사료 비판과정을 전혀 거치지 않고 모두
받아들인 것은 아니었다. 이익은 고구려의 국호는 원래 구려인데, 뒤에 주
몽의 성이 고씨이므로 고구려라고 호칭하게 되었다며, 고구려가 '山高水麗'

　　그런 반면 이종휘는 고구려의 기원을 단군으로부터 찾았다. 부여·예
맥·비류·옥저·고구려·백제를 단군의 후예로 간주함으로써, 중원으로
부터 비롯되었다고 보는 시각에서 벗어났다. 그는 우리 민족의 뿌리에
있어서 단군이 차지하는 혈통 및 문화적 위치를 격상시켰다는 점에서
차별성을 보인다. 물론 이종휘도 기자의 유입으로 우리의 문명 수준이
높아졌다는 인식을 가지고 있었다. 즉 기자로부터 중국의 이상시대인 3
대의 문화가 유입되어 소중화로서의 높은 문명 단계로 들어 간 우리나
라의 고대문화가 삼한·고구려·발해로 이어짐으로써, 명나라가 멸망한
이후 동아시아 세계에서 유일한 중화국가, 문화 국가가 되었다고 주장
했다.[41] 요컨대 중화가 조선으로 옮겨왔다고 생각하는 소중화의식에 바
탕을 둔 문화적 자부심을 가졌던 것이다. 하지만 이는 어디까지나 문화
적인 면에 해당할 뿐이고,[42] 혈연적인 면에서는 중원인의 이주가 아닌
단군으로 대표되는 이 지역 독자 세력에서 비롯되었다고 보았던 것이다.

　　고구려의 종족기원에 대한 현 한국학계의 인식은 시간적 차이와 공
간적 거리가 현격하여 고고학적으로 입증되지 않고 있는 타 지역민의

　　에서 나왔다든가, 고주몽이 중국의 高辛氏의 후예였기 때문에 고구려라고
　　했다든가 하는 설들은 모두 잘못된 것(『星湖僿說』 天地門 渤海黃龍 및 人
　　事門 和寧)이라고 했다. 또 고구려 시조인 주몽은 부여인이므로 고신씨의
　　후예가 될 수 없다고 했다(韓永愚(1987), 「李瀷의 史論과 韓國史理解」『韓國
　　學報』 46; (1989), 『朝鮮後記史學史研究』, 222면에서 재인용). 사료비판의 좋
　　은 예라고 할 수 있다.

41) 金哲埈(1974), 「修山 李種徽의 史學」『東方學志』 15.
　　李萬烈(1974), 「17, 18世紀의 史書와 古代史 認識」『韓國史研究』 19.

42) 한영우는 이종휘가 "고구려가 조선 고지에서 일어나 예악문물이 자못 華制
　　를 썼다"고 하며, "고구려는 마한에 접하고 신라는 다음이며 백제는 또 그
　　다음"이라고 한 것에 대해 고구려가 마한의 정통을 잇는다는 것은 고구려
　　가 마한의 혈통과 문화를 직접 계승했다는 뜻이 아니라, 오히려 고조선에서
　　일어나 중국 문화를 적극 계승했다는 의미이며, 문화수준으로 볼 때 고구려
　　－신라－백제의 순이라고 보는 것이라고 지적했다(韓永愚(1989), 「18세기 중
　　엽 少論 李種徽의 歷史意識」『朝鮮後記史學史研究』, 一志社, 264면).

집단이주에 주목하기보다는, 지역토착민 집단의 자체 성장을 더 중시해야한다고 보는 입장이 다수설이다.[43] 따라서 압록강 중류역에 거주하던 주민집단과 부여에서 내려온 유이민 집단이 결합해서 고구려를 건국한 것으로 보고 있다.[44] 또 고구려가 영역을 확대하며 발전해 가는 과정에서 다양한 구성원들이 영입되었지만, 주축은 예맥족이었다고 보고 있다.[45] 그러므로 중국 전설상의 인물인 전욱고양씨의 후손인 고이와 고구려를 관련짓는다든가,[46] 고구려가 은상족의 후손이었다든가 하는 설[47]은 인정하지 않고 있다.[48]

고구려와 부여의 관계에 대해서는 주몽을 부여에서 내려온 유이민이라고 보아 두 나라의 깊은 관련성을 인정하고 있다. 안정복은 부여가 너

---

43) 이런 의미에서 노태돈은 적석총의 기원과 관련하여 논의를 전개하는 것이 옳다고 했다(노태돈(1996), 「개요」 『한국사 5 - 삼국의 정치와 사회 1 - 고구려』, 국사편찬위원회, 1면).

44) 余昊奎(1992), 「高句麗 初期 那部統治體制의 成立과 運營」 『韓國史論』 27. 김현숙(1995), 「高句麗 前期 那部統治體制의 運營과 變化」 『歷史敎育論集』 20.

45) 金貞培(1968), 「예맥족에 관한 연구」 『백산학보』 5; (1973), 『한국민족문화의 기원』, 고려대학교 출판부; 楊通方(1981), 「濊貊族槪貌」 『朝鮮史通信』 1981년 3기. 박경철(1997), 「高句麗와 濊貊」 『백산학보』 48; 김현숙(2007), 「고구려의 종족 기원과 국가형성과정」 『대구사학』 89; 송호정(2007), 「고구려의 족원과 예맥」 『고구려연구』 27; 조영광(2010), 「초기 고구려 종족 계통 고찰 - 예맥족을 중심으로」 『동북아역사논총』 27; 여호규(2011), 「高句麗의 種族 起源에 대한 일고찰」 『史林』 38.

46) 姜孟山(1983), 「試論高句麗族的原流及其早期國家」 『朝鮮史研究』 5기; 李德山(1992), 「高句麗族称及其族屬考辨」 『社會科學戰線』 1기; 梁志龍(1996), 「高句麗名稱考釋」 『遼海文物學刊』 1; 張碧波(1999), 「高句麗文化淵源考」 『全國首屆高句麗學術研討會論文集』; 馬大正·李大龍·耿鐵華·勸赫秀 著(2003), 『古代中國高句麗歷史續論』, 中國社會科學出版社.

47) 閻海·孫璇(2001), 「試論高句麗與殷商的文化淵源」 『遼寧師範大學學報(社會科學版)24권 6기』.
   耿鐵華(2002), 『中國高句麗史』, 吉林人民出版社.

48) 기수연(2007), 「중국학계 고구려의 상인,은제후예설에 대한 비판적 고찰」 『고구려연구』 27.

무 먼 북방에 있었고 자료도 없어서 열국列國과 동등하게 취급할 수는 없다고 하는 등 우리 역사 속에 어떻게 서술할 것인가 고민하기도 했다. 하지만 결국 고구려와 백제의 종국宗國이므로 이를 고구려·백제사에서 건국한 예로 써준다고 하고 있다.[49] 즉 고구려와 백제가 부여를 계승했기 때문에 부여사 역시 우리 역사 속에서 서술한다는 입장인 것이다.

실학자들은 또한 『삼국지』 동이전 고구려조의 기사에 의거, 고구려와 현도군 고구려현의 관계에 대해 살폈다. 안정복은 '고구려현高句驪縣'이 '현토군치玄菟郡治'로서 요동에 있었다고 그 위치를 비정하고, '고구려'라는 이름은 한 무제 이전부터 있었는데, 이는 주몽이 세운 고구려와는 일단 구별된다고 서술했다. 『삼국사기』의 주몽 건국 이전에 이미 고구려가 존재했었음을 간파했던 것이다. 다산은 이 문제와 관련하여 독특한 해석을 내놓았다. 그는 "주몽이 앞서 졸본으로 왔는데, 아들 유리왕 말년에 이르러서 처음으로 군사를 내어 한나라의 고구려현을 습격해 빼앗고, 비로소 나라 이름을 고구려국이라 정했다. 졸본과 고구려는 비록 서로 멀지는 않으나 한 성城은 아닌데, 김부식이 졸본을 바로 고구려라고 한 것은 또한 잘못이다."라고 지적했다.[50]

고구려와 현도군과의 관계 역시 현재 주요한 쟁론 대상이 되고 있다. 중국학계에서는 고구려가 현도군 경내에서 건국했으며, 현도군 예하 고구려현령의 직접적인 통치를 받았다고 주장[51]하고 있다.[52] 그러나 한국학계에서는 압록강 중류유역의 예맥이 결집해 현도군을 공격하여 지금

---

49) 韓永愚(1988), 「安鼎福의 思想과 ≪東史綱目≫」 『韓國學報』 53; (1989), 『朝鮮後記史學史研究』, 318면.

50) 『아방강역고』 제3장 졸본고.

51) 王綿厚(2005), 「西漢時期的高句麗 "五部" 與 "第二玄菟郡" - 關于高句麗早期歷史的若干問題之三」 『東北史地』 2005年 第6期, 3~5면.

52) 余昊奎(2003), 「中國學界의 高句麗 對外關係史 研究現況」 『韓國古代史研究』 31, 한국고대사학회; 奇修延(2007), 「中國學界의 漢四郡 研究 동향과 분석」 『文化史學』 27, 한국문화사학회.

의 신빈지역으로 축출한 후 고구려를 건국한 것으로 보고 있다.[53]

이것은 고구려의 전사前史인 '구려국' 혹은 이른바 '두 개의 고구려'의 존재 문제와 관련이 있다.[54] 또 고구려의 건국시기를 둘러싼 논의와도 직접 연결된다. 『해동역사』에는 "진서鎭書가 삼가 살펴보건대, 고구려高句驪는 혹 고려高驪라고도 되어 있으며, 동사에는 고구려高句麗라고 되어 있다. 대개 구려句驪라는 칭호는 고주몽高朱蒙에게서 시작된 것이 아니다. 진한秦漢 시대에 이미 그 나라가 있었는데, 한무제漢武帝가 멸망시키고 그 나라를 강등시켜 현으로 만들어서 현도군에 예속시켰다. 원제元帝 건소建昭 2년(기원전 37) 갑신에 이르러서 고주몽이 비로소 옛 구려의 땅에다가 나라를 세우고 이어 고구려라고 이름하였다. 그렇다면 동방에 전후로 두 개의 구려란 나라가 있었음을 알 수 있다."[55]라고 서술했다. 이전까지의 사서들에서 혼동이 빚어지고 있던 주몽의 고구려와 그 전사前史에 대해 합리적으로 정리한 것이다.

현재 우리 학계에서 논란이 되고 있는 또 다른 주제로 전성기 고구려 영역의 남방한계선이 어디까지였는가 하는 것이 있다. 5세기부터 6세기 중엽까지 한강유역을 어느 나라가 영유領有하고 있었는가 하는 것과, 『삼국사기』 지리지에 나오는 것처럼 서울·경기·충북·경북 지역에 고구려가 군현을 설치하여 직접 통치한 적이 있었던가 하는 점과 관련이 있다.

이에 대해 한진서와 다산은 장수왕의 한성공격 이후에도 한강이남

---

53) 余昊奎(2005), 「高句麗의 國家形成과 漢의 對外政策」, 『軍史』 제54호, 국방부 군사편찬연구소, 11~18면.

54) 북한에서 적극적으로 주몽의 고구려 건국 이전에 이미 고구려의 전신으로서 '구려국'이 존재했다는 것을 강조했다. 이는 강인숙의 선행연구가 나온 이래 북한학계의 정설이 되었다. 2006년 북한의 고구려사 연구성과를 집대성한 『조선단대사(고구려사 1)』에서도 구려사에 대한 내용이 고구려 전대 국가사로 정리되었다. 강인숙(1992), 「고구려의 선행국가 구려에 관하여」, 『東北亞歷史與考古新息』 1992-1, 45~51면 및 손영종(2006), 『조선단대사(고구려사 1)』, 과학백과사전출판사, 19~26면 참조.

55) 『해동역사』 제6권 世紀6 高句麗 1.

지역이 여전히 백제영역이었으며, 고구려는 한강 이북지역까지만 차지
했던 것으로 보았다. 다산은 특히 이에 대해 자세히 정리했다. 즉 "개로
왕 말년에 고구려가 성을 불태우고 왕을 죽였다. 백제는 남쪽으로 돌아
가고 한성은 백제의 옛 서울이 되었다"고 했다. 그리고 동성왕 4년 말갈
의 한산성 습격 기사, 무령왕 7년과 23년 한성 관련 기사 등을 근거로
"그 후 50여 년이 지나 한성과 한강 이북의 주군이 모두 백제 소유가 되
었다."고 서술했다.[56] 다산은 "고구려가 한성을 얻었다는 말이 비록 정
문正文에는 없으나, 지리지에는 지금 경기의 한강 남·북과 충청도 동북
쪽 10여 고을이 모두 본래 고구려의 어느 어느 고을이라고 되어 있다.
이는 정인지의 지지地志에도 역시 마찬가지다. 그러나 역사와 지지가 모
두 허망하니 마땅히 사방 주위의 주군州郡을 먼저 얻고 중앙에 서울을
있게 했다는 것은 이치에 맞지 않는다."라고 했다.

그러면서 "대체로 한강 남북의 여러 땅이 삼국 말기에는 바둑판이 되
어 아침에 얻었다가 저녁에 잃고 동쪽을 잃고 서쪽을 빼앗는 형국이었
다. 이에 따라 역사책에 기록되지 않고 빠진 부분이 많아 지금 자세히
알 수 없다. 『북사北史』에 기록된 것은 고구려 사람이 잠시 이 땅을 얻었
을 때에 중국에 떠벌려 말해서 3경의 이름이 있게 된 것이 아닌가 한다.
그러나 고구려는 실제로 일찍부터 와서 도읍하지 못했고, 또한 그 글을
오래 보존하지 못했으니 이를 믿을 수가 없어 백제의 역사를 옳은 것으
로 본다."[57]라고 서술했다.[58] 한강유역 영유와 관련한 다산의 견해는 백
제의 한강유역 지속보유설을 주장하는 연구자들로부터 많은 지지를 받

---

56) 『與猶堂全書』 제6집 제1권 疆域考 漢城考.
57) 정약용 지음 이민수 옮김(1995), 『아방강역고』, 범우사, 194면.
58) 이에 대해 장지연은 "원고를 쓸 때 다산은 아직 일본 역사를 보지 못했기
때문에 옛 기록의 남평양설을 사실이 아니라 했으나, 지금 일본역사를 보면
한성이 평양임이 의심의 여지가 없으며, 또 백제가 이를 회복했다가 이내
잃은 자취가 뚜렷하다"고 서술했다. 정약용, 이민수 옮김(1995), 『아방강역고
』, 범우사, 195면.

고 있다.[59]

전성기 고구려의 남방한계선에 대해서도 조선후기 학자들 사이에 견해가 나눠졌다. 『해동역사』에는 "수·당 때 고구려는 요하를 넘어서고 북으로 개원開原, 오라烏喇 등지, 남으로 한강에 이르렀으며 총 176성을 장악했고, 유송 때에는 남으로 계령, 죽령에 이르렀다."고 서술되어 있다. 고구려 세력이 계립령과 죽령선까지만 내려온 것으로 보았던 것이다. 이와 달리 이종휘는 청송, 영덕, 괴산, 직산지역까지 고구려가 지배했던 것으로 보았다.[60] 안정복도 고구려 전성기 때의 남쪽 강역이 충청도 동북 일대인 직산·진천·청안·괴산·연풍·음성·충주·청풍·단양·제천·영춘과 신라의 북방인 순흥·봉화·영천榮川·예안·안동·청송·진보·청하·영해·영덕까지 이르렀다고 서술했다. 『삼국사기』 지리지 기사를 역사적 사실로 인정했던 것이다. 5~6세기 한강 유역의 영유국 문제와 고구려의 남방 진출선 문제는 한강유역의 고구려 성城들과 용인, 판교 등지에서 발견된 고구려계 고분 및 토기에 대한 이해를 포함, 지금까지도 논란이 계속되고 있다.[61]

경제와 사회에 대한 그들의 관심을 반영하듯 실학자들은 고구려 고국천왕대에 실시한 진대법에 대해 주목했다. 실학자들은 대부분 진대법에 대해 긍정적으로 평가했다. 안정복은 우리나라 환상還上제도의 기원이 고구려 때 시행한 진대법에서 비롯되었다고 보면서, 이러한 곡식 대여제, 즉 빈민구제를 위한 진휼은 절대 필요한 정책이지만 이를 시행하는 과정에서 백성에게 피해를 줌으로써 입법의 취지를 살리지 못했다고 지적하기도 했다. 조선후기에 환곡의 문란이 큰 사회문제로 대두했기

---

59) 朴燦圭(1991), 「百濟熊津初期 北境問題」, 『史學志』 24; 金榮官(2000), 「百濟의 熊津遷都 背景과 漢城經營」, 『忠北史學』 11·12合.

60) 이종휘 저, 김영심·정재훈 역주(2004), 『동사』, 소명출판, 170면.

61) 이에 대해서는 김현숙(2009), 「475년~551년 한강유역 領有國 論議에 대한 검토」, 『향토서울』 73과 (2009), 「고구려의 한강유역 領有와 지배」, 『백제연구』 50 참조.

때문일 것이다.

　실학자들은 중국 사서에 실린 고구려 관련 내용에서 자국에 불리하거나, 황제의 위엄을 손상시킬 만한 내용은 누락시키거나 달리 서술한 점을 지적하기도 했다. 안정복은『당서』에 연개소문淵蓋蘇文을 천개소문泉蓋蘇文이라 한 것은 당 고조의 이름을 피한 것이라 지적하고,『당서』에 성이 개蓋, 이름이 금金, 직職이 소문蘇文이라는 설도 적혀있다고 소개했다.　또 "『삼국사기』에는 유공권柳公權의 소설을 인용하여 당 태종이 보장왕 4년에 고구려를 침벌했을 때 고구려와 말갈의 연합군이 40리에 뻗친 것을 보고 구색懼色을 보였다고 썼는데,『당서』와『자치통감』에는 그런 언급이 없는 것은 기휘한 것으로 보인다."라고 했다. 그리고 당 태종이 안시성을 공격하다가 류시流矢에 눈을 맞은 사실이 세간에 전해 내려오고 있는데, 중국사와 우리 역사책에 다 같이 기록이 없다고 지적하고,『자치통감』에 "태종이 병옹病癰으로 돌아왔다"고 쓴 것은 바로 류시流矢로 다친 것을 말하는 것이라고 서술했다.[62]

　국가발전과정에 따라 서술해가는 오늘날에는 대부분의 역사서에서 고구려 → 백제 → 신라의 순으로 역사를 서술해 나간다. 하지만 조선시기에는 편찬자에 따라 삼국의 서술순서를 달리 했다. 이는『삼국사기』편찬 단계부터 지속된 삼국에 대한 정통론 논의와 관련이 있지만, 삼국의 건국시기에 대한 이해차이와 복합되어 나타나기도 했다. 태종 3년(1403) 권근 등이 찬술한『동국사략』에서는 신라가 가장 먼저 건국하고 가장 늦게 멸망했음을 이유로 들며, 신라의 연기年紀 밑에 신라 → 고구려 → 백제 순으로 사건을 서술했다.『동국사략』의 이러한 서술방법은 뒤에 많은 비판을 받았고, 이후『삼국사절요』와『동국통감』에서는 삼국을 대등하게 서술하는 방법으로 바뀌었다. 조선 중중 때 유희령柳希齡이『동국통감』을 대본으로 단군으로부터 고려시대까지를 간략히 줄여 찬술한

---

62)『東史綱目』附錄 卷上 考異; 민족문화문고간행회 번역(1979),『동사강목』 IX, 123~125면.

통사인『표제음주동국사략標題音註東國史略』에서는 고구려 → 백제 → 신라 순으로 서술했다.[63] 하지만 조선 중기에도 권근의 영향을 받아 신라 위주의 서술을 하는 경우도 있었다. 오운吳澐이 1606년(선조 39)에 지은『동사찬요東史纂要』도 신라왕을 표제로 내세우고, 그 아래 고구려·백제사를 부기하는 형식을 취했다.

　　이와 관련,『동사강목』에서는 기년별로 삼국의 역사를 정리하되, 신라왕 → 고구려왕 → 백제왕의 순으로 연대를 표기했다. 안정복은 기자조선·마한·통일신라·고려를 정통국가로, 삼국시대는 정통국가가 없는 시대로 파악했다. 이에 따라 한사군의 역사도 고조선사 속에서 다루었으며, 삼국 초기는 마한의 예속 하에 있는 것처럼 기술했다. 이와 달리『해동역사』에는 고구려 → 백제 → 신라 순으로 서술했다. 이때 정통에 대해서는 언급하지 않았다. 따라서 이 서술순서는 정통론과는 별개로, 삼국의 건국시기, 발전정도에 따른 순서라고 이해할 수 있다.『해동역사』 세기 16권의 내용은 고대부터 고려까지의 한중관계사에 국한되어 있고, 고구려와 고려의 기사에 편중되어 있다. 이런 점을 고려하면 중국사서 중심의 사료수집 결과, 사료내용과 성격상 고구려 → 백제 → 신라의 순으로 서술할 수밖에 없었다고 볼 수도 있다.[64]

---

63) 신경준도 "동방은 옛날부터 남북으로 나뉘어져 나라를 세웠는데, 북쪽은 삼조선으로부터 한사군·2부·고구려로 이어져오고, 남은 진국으로부터 삼한·신라·백제로 이어져온다. 당이 고구려와 백제를 멸망시키고 나서는 모두 신라의 영토가 되었으며, 드디어 남과 북을 통일하여 하나가 되었다. 그러므로 먼저 북쪽에 있었던 것을 서술하고, 다음으로 남쪽에 있었던 것을 서술하며, 이어 고려와 조선을 적는다."라고 했다.(박인호(1996),『朝鮮後期 歷史地理學 研究』, 96~99면; (2003),『조선시기 역사가와 역사지리인식』, 이회, 255면)

64)『해동역사』는 중국 등 외국 문헌에 실린 한국사 관계 자료를 광범위하게 수집, 정리하는 것에 집중한 결과 한국사를 체계적으로 서술할 수 없었고, 중국과 관련성이 있거나 중국이 관심을 가지는 분야에 대해서만 치중하게 되었다는 한계를 보이고 있다. 이에 따라 오늘날 학계에서의 평가가 많이 엇갈리게 나타나고 있다. 황원구(1976),「韓致奫의 史學思想」『東亞細亞史研

이 밖에 안승安勝이 보장왕의 서자였는가, 외손이었는가 하는 점을 두고 설이 나눠졌는데, 이 문제는 오늘날에도 관심을 받은 바 있다. 안정복은 안승에 대해 왕서자설王庶子說과 외손설이 있는데, 『동국통감』은 외손설, 『여지승람』과 『동사찬요』는 종실설宗室說을 따랐다고 소개하고, 본인은 왕서자설을 따르기로 한다고 밝혔다.[65]

실학자들은 고구려의 존속기간에 대해서도 관심을 보였다. 안정복은 『삼국사기』 고구려본기에 바탕을 둔 705년, 문무왕과 안승과의 대화에서 나온 800년, 가충언賈忠言이 당 고종에게 고씨가 한나라 때부터 나라를 가져 대개 900년이 되었다고 한데서 나온 900년 유국설 등이 있음을 소개하고, 이 가운데 고구려 900년 유국설에 지지를 보냈다.[66] 그는 또 삼국의 발전 과정에 대해 고구려, 백제, 신라 모두 사로국 같은 소국이었다가 이웃의 작은 나라를 정복하여 강역을 넓힘으로써 발전한 나라라고 설명하였다. 이는 고대국가의 발전과정을 정확하게 간파한 것으로 대단히 발전적인 이해체계를 가지고 있었음을 보여준다. 삼국의 발전과정에 대한 이런 이해는 유형원의 설을 발전시킨 것으로, '고증이 철저한 실학의 대표작'으로 평가받는데 손색이 없다고 할 수 있겠다.

2) 실학자들의 백제사 연구

실학자들의 백제에 대한 관심은 고구려에 비해 약한 편이었다. 따라

究』, 일조각)와 한영우(1989, 「19세기초 『海東繹史』의 歷史敍述」 『朝鮮後期 史學史研究』)는 『해동역사』를 매우 높게 평가한 반면 이성규((1982), 「海東 繹史의 綜合的 檢討」 『震檀學報』 53 · 54합집; (1991), 『韓國古典 심포지움』 제3집, 일조각)는 낮게 평가했다.

65) 『東史綱目』 附錄 卷上 考異; 민족문화문고간행회 번역(1979), 『동사강목』 Ⅸ, 131면.

66) 『東史綱目』 附錄 卷上 雜說; 민족문화문고간행회 번역(1979), 『동사강목』 Ⅸ, 196~198면.

서 서술의 양이나 사론의 숫자에서 고구려와 큰 차이를 보인다.[67] 그중 관심을 가진 점으로는 백제의 멸망원인, 시조문제, 국호의 유래, 온조가 도읍한 위례성의 위치, 한성 함락 이후 한강유역 영유문제, 백제의 요서 경략설 등을 들 수 있다. 이 가운데 한강유역 영유문제는 고구려사에서 정리했으므로 다른 사안들에 대한 실학자들의 서술내용을 살펴보기로 하겠다.

첫째, 도덕적인 기준에 입각하여 백제의 멸망 원인을 찾던 것에서 벗어났다. 『삼국사기』 이래로 백제는 풍속이 교사驕詐하고 이웃과 화목하지 못해서 멸망했다고 보는 것이 통설처럼 되어 있었다. 조선후기의 유학자들 역시 그런 입장을 취하는 경우가 많았다. 동시대의 다른 사람들에 비해 독특한 역사인식을 보여준 이종휘조차도 이를 두고, "온조의 후예는 동성부터 의자에 이르기까지 거짓과 속임수 때문에 이웃나라에게 천하게 여겨져 신라, 고구려보다 앞서 망하였으니, 나라를 세운 것이 선하지 못하여 그런 결과에 이르게 된 것이다. 후대에 나라를 다스리는 자는 거울로 삼아야 할 것이다."라고 하며, 좋지 않은 감정을 드러냈다.[68]

그러나 다산은 이런 해석을 따르지 않고 천부금탕天府金湯의 요새지인 위례성, 즉 한성을 버리고 큰 평야지대인 부여로 천도한 것을 멸망의 근본원인으로 지적했다.[69] 이와 함께 백제가 마한을 멸망시킨 것을 두고 비판을 가해오던 것도 달라졌다. 『해동역사』에서는 "진서가 삼가 살펴보건대, 동사를 보면, 백제의 시조 온조는 고구려에서 남쪽으로 도망쳐 한성제漢成帝 홍가鴻嘉 3년에 한수의 남쪽에 나라를 세웠다. 초기에는 십제十濟라고 하였다가 다시 백제로 고쳤으며, 마한에 대하여 신하로서 복종하였다. 뒤에 마한의 여러 나라를 병합하여 드디어 해동성국海

---

67) 이에 따라 실학자들의 백제사 인식에 대한 연구성과도 고구려에 비해 적은 편이다. 실학자들의 백제사 연구에 대한 전론으로는 조성을(2009), 「정약용의 백제사 연구」『한국사시민강좌』44가 있다.

68) 이종휘, 김영심·정재훈 역주(2004), 『동사』, 소명출판, 122~123면.

69) 『與猶堂全書』1집 제12권 百濟論.

東盛國이 되었다"70)며, 백제의 성장, 발전을 객관적으로, 또 긍정적으로 서술했다.

둘째, 백제의 시조에 대해『동사강목』에서는 "『삼국사기』백제본기에 온조와 비류 형제의 부가 주몽이라는 설과 비류의 부가 우태優台라는 설이 실려 있다"고 소개하고, "이는 모두 고기古記에 의거해서 쓴 것인데, 우태설이 맞다"고 지적했다. 그리고 그 근거로『통전通典』,『책부원구册府元龜』,『북사北史』,『수서隋書』등에 우태를 시조로 모셨다는 기사가 나오는 것을 들었다. 또 "백제의 동명묘東明廟는 별묘로 보아야 한다"고 하고, "『북사』와『통전』에서 백제가 시조 구태묘仇台廟를 세웠다고 한 것은 우태를 잘못 쓴 것"이라며, 구태仇台는 부여왕이라고 서술했다. 구태를 백제의 선조로 보는 것은 같으나『해동역사』에서는 "부여 동명왕의 후손 가운데 구태란 자가 있었는데, 어질고 신의가 있어 대방帶方의 옛 땅에 나라를 세웠다. 그러자 한漢나라의 요동 태수 공손도公孫度가 그에게 딸을 보내 아내로 삼게 해주었다."71)라고 하여 대방과의 관련성을 강조했다.

셋째, 백제 국호의 유래에 대해서도 관심을 기울였다. 안정복은『삼국사기』의 '십제十濟'에서 커진 후 '백제'로 국호를 삼았다는 설명과『북사』의 백제 명칭 유래에 대한 설명을 모두 믿을 수 없다는 입장을 취했다. 그리고『후한서』에 삼한 78국,『삼국지』에 마한 54국에 속하는 것으로 나오는 '백제伯濟'로부터 '백제百濟'가 유래했다고 보는 것이 옳다고 했다. 이에 비해『해동역사』에서는 "당초에 백가百家를 거느리고 바다를 건넜으므로 인하여 백제百濟라 불렀다"72)고 했다.

넷째, 백제의 온조가 처음 도읍한 위례성에 대해, 안정복은 위례성은 직산稷山이며, 뒤에 한산漢山(광주廣州) 아래로 도읍을 옮겼다고 했다. 이 문제에 대한 본격적인 검토는 다산이 했다. 다산은 온조가 처음 도읍한 위

---

70)『해동역사』제9권 世紀 9 百濟.
71) 위와 같음.
72) 위와 같음.

례는 서울의 혜화문 밖 10리 지점이고, 온조 13년에 이도한 하남위례성은 광주고읍廣州故邑이라고 고증[73]하여, 지금까지 직산을 위례로 본『삼국사기』,『고려사』,『여지승람』,『동국통감』 등의 위치비정을 비판했다. 종전 설에 따르면 백제는 직산에 도읍했다가 거꾸로 한성으로 북상하여 천도하고, 다시 웅진으로 재천한 것이 되므로 이는 매우 불합리하다는 것이다. 다산은 또『삼국사기』,『고려사』,『여지승람』에서 한성을 고구려 땅(북한산군)으로 보고, 온조왕이 이를 빼앗아 축성했다고 한 것을 망설이라고 단호히 규정했다. 온조왕 때는 고구려의 유리왕 때로서 이때는 고구려가 만주의 졸본을 떠나지 않았고, 압록강 이남은 일보도 밟지 않았기 때문에 한성을 영토로 할 수 없었다는 것이다.『해동역사』에도 다산의 설과 동일하게 온조의 첫 도읍지는 한강 북쪽(한양, 위례성)이었고, 뒤에 광주(하남위례성)로 이도移都했다고 서술되어 있다.

초기 적석총의 분포를 근거로 현재의 북한 땅인 독로강 등지까지 포함한 압록강 중류역 지역이 고구려 건국 당시의 영역범위였다고 보고 있는 연구현황[74]에서 볼 때, 유리왕대에 고구려가 압록강 이남 지역을 일보도 밟지 않았다고 하는 다산의 설명에는 과한 점이 있다. 하지만 건국 당시 백제가 고구려 땅을 빼앗아 축성한 것이 아니라고 본 것은 타당한 논증이다.

다섯째, 백제의 요서경략설에 대해 신경준의『강계고』에서는 이를 사실로 인정했다. 그러나『동사강목』에서는 "『남사』에 백제가 요서의 진晉·평平 2군을 점거했다고 한 것과『자치통감』에 부여가 백제의 침략을 받았다고 쓴 것은 모두 잘못이다."라고 하여 부정적인 입장을 보였다.『해

---

73)『與猶堂全書』권6 疆域考3 漢城考.
74) 池炳穆(1987),「高句麗 成立過程考」『白山學報』 34호, 25~35면; 余昊奎 (1997),「1·4세기 고구려 政治體制 연구」, 서울대학교 박사학위논문, 221~228 면; 東潮(1997),『高句麗考古學研究』, 吉川弘文館, 46~97면; 姜賢淑(2000),「高 句麗 古墳 研究」, 서울대학교 박사학위논문, 46~87면; 池炳穆(2004),「墓制를 通해 본 高句麗의 正體性」『高句麗研究』 18, 947~948면.

동역사』에도 "『송서』, 『양서』, 『문헌통고』에 백제가 요서를 점령하여 진평晉平 두 군에 백제군을 두었다고 한 것은 근거없는 주장"[75]이라고 했다. 이에 대해서는 오늘날 학계에서도 여전히 논란이 계속되고 있다.[76] 긍정론에서는 요서지역에서의 백제의 활동상을 확인하거나,[77] 385년 북중국의 혼란을 활용해 여암 세력과 백제 침류왕이 연합, 요서지역을 장악한 것으로 보았다.[78] 반면 부정론에서는 당시 국제상황으로 보아 백제의 요서진출이 불가능했다고 보거나,[79] 부여계 인물의 활동상을 요서진출로 바꾸어 기술한 것으로 해석하기도 했다.[80]

이외에 무왕과 선화공주 설화에 대해 관심을 보이면서 이를 부정하는 사론을 단 것과 탐라의 백제부용설과 신라부용설에 대한 검토가 눈에 띈다. 안정복은 "『삼국유사』에는 무왕의 비 선화부인이 신라 진평왕의 딸이라 하고 왕명이 서동薯童이라 했는데, 『삼국사기』에 없을 뿐 아니라 말이 불경不經하여 취하지 않는다"고 했다. 설화의 사실성을 부정한 이유가 과학성과는 거리가 있다. 하지만 2009년 1월 익산 미륵사지 석탑에서 수습한 금제사리봉안기金製舍利奉安記[81]에 백제 왕후인 좌평 사택적

---

75) 『해동역사』 제9권 世紀9 百濟.

76) 한국고대사학회(2007), 『한국고대사연구의 새동향』, 서경문화사, 61면.

77) 김상기(1967), 「백제의 요서경략에 대하여」 『백산학보』 3.

78) 강종훈(2003), 「4세기 백제의 요서 지역 진출과 그 배경」 『한국고대사연구』 30.

79) 유원재(1995), 「백제의 요서영유설」 『한국사 6-삼국의 정치와 사회 Ⅱ: 백제-』, 국사편찬위원회; 김기섭(1997), 「백제의 요서경략설 재검토-4세기를 중심으로」 『한국 고대의 고고와 역사』, 학연문화사.

80) 여호규(2001), 「백제의 요서진출설 재검토-4세기 후반 부여계 인물의 동향과 관련하여」 『진단학보』 91.

81) 金製舍利奉安記는 2009년 1월 14일 국립문화재연구소(소장 김봉건)가 미륵사지 석탑 1층 중심기둥 윗면 중앙의 사리공에서 수습했다. 가로 15.5cm, 세로 10.5cm 크기의 이 금제사리봉안기는 금판에 음각하고 주칠을 해 글씨가 선명하다. 봉안기에는 미륵사의 창건 목적과 시주자, 석탑의 건립연대 등을 정확히 기록돼 있는데, 백제 왕후인 좌평 沙宅積德의 따님이 재물을 희사해 가람을 창건하고 기해년(693)에 사리를 봉안해 왕실을 안녕을 기원한다는 내용이 담겨 있다.

덕沙宅積德의 따님이 재물을 희사해 가람을 창건하고 기해년(693)에 사리를 봉안했다는 내용이 담겨있어, 선화공주와 서동의 설화가 단지 설화로 그칠 수 있는 가능성이 생겼기 때문에, 이 문제에 대한 안정복의 지적이 새삼 주목되게 되었다. 안정복은 또 탐라에 대해서도 관심을 보였다.[82] 『동국통감』에는 탐라가 처음 신라에 예속되었던 것처럼 썼으나, 『북사』 백제전에 나오는 탐라가 백제에 부용되어 있었다고 하는 기사를 근거로 백제부용설을 지지했다.[83]

4. 맺음말

조선후기 실학자들의 고구려·백제에 대한 인식과 그 역사 연구에 대해 정리해보았다. 지금까지의 검토를 통해 실학자들의 역사인식에도 화이관과 유교적 도덕주의에 입각한 단순한 역사해석 등의 전근대적인 면이 여전히 잔존한다는 것을 확인할 수 있었다.[84] 그러나 그럼에도 불구하고 이들이 서술한 역사서에서는 이전의 역사서에 비해 발전적인 모습이 보이며, 근대적인 역사의식의 일면도 또한 발견된다. 중국 문헌과 국내사서들에 대한 종합적 검토 끝에 보다 과학적인 결론을 내리는 모습이라든가, 중화주의적 면모를 간직하면서도 한편으로는 우리의 특수성을 반영하려는 노력을 한다든가, 중국 중심의 세계관을 탈피하려는 모습을 보인다든가, 우리 역사와 문화에 대한 자부심을 바탕으로 나라의

---

82) 이도학(2005), 「한성 몰락 이후 고구려와 백제의 관계 – 탐라와의 관계를 중심으로」, 『전통문화논총』 3.
  이근우(2006), 「탐라국 역사 소고」, 『부대사학』 30, 부산대학교사학회.
83) 『東史綱目』 附錄 卷上 考異; 민족문화문고간행회 번역(1979), 『동사강목』 Ⅸ, p.126.
84) 이전 시기의 역사인식의 많은 부분이 조선후기에도 계승되고 있었다는 것은 후기 학자들이 김부식, 권근 및 『동국통감』 찬자들의 史論을 상당부분 그대로 자신들의 사론으로 수용하고 있는 것에서도 드러난다. 이에 대해서는 李萬烈(1984), 「朝鮮後期의 高句麗史 硏究」, 『東方學志』 43, 190~195면 참조.

독립성을 침해하는 중원세력에 대해 강하게 비판한다든가 하는 내용들이 역사서들에 담겨져 있다. 자국중심적, 주체적, 자주적, 독립적, 실학적인 역사인식이 성장했음을 보여준다.[85]

그런데 실학자들의 역사서에 최근 한중간에 논란의 대상이 되고 있는 내용들이 나타나고 있어 주의를 끌었다. 고조선 · 부여 · 발해 · 고구려 역사의 귀속문제, 기자조선의 문제, 고구려 족원문제, 현도군과 고구려의 관계 등이 그것이다. 현재 한 · 중 학계 사이에 논란이 되고 있는 이런 문제들에 대한 서술이 실학자들의 역사서에 담겨있다는 것은 관련 내용에 대한 논란이 향후에도 계속될 수 있다는 것을 보여준다. 이는 관련 문제에 대한 심도 있는 연구가 더 진행될 필요가 있다는 것을 상기시켜 준다.

실학자들의 연구를 통해 우리의 역사영역 문제에 대해 본격적으로 검토해볼 필요가 있겠다는 생각이 들었다. 이는 일반적인 역사서술에서도 감안해야할 문제지만, 역사지리학에 관심이 집중될 때 보다 직접적으로 검토대상이 되는 문제다. 조선후기에는 역사지리학 연구가 성행하던 시기였기 때문에 역사서술에 앞서 역사영역에 대한 입장을 먼저 정리해야 했을 것이다. 따라서 어떤 방향의 결론을 내리든 조선후기의 역사서에서는 일단 역사영역에 대한 고민 끝에 나름의 기준과 원칙에 따라 서술범위를 정했다.

그런데 광복 이후 한국사학계에서는 그 이전에 비해 역사지리 방면에 대한 관심이 줄어들었다. 지리학과 역사학의 분화와 연구자 소속의 분리로 인해 그런 현상이 더 가중되었을 것이다. 이처럼 역사학과 지리학이 분리되고, 역사지리에 대한 관심이 줄어든 가운데, 역사영역에 대한 고민이 소홀해졌고, 그런 와중에 한국학계와 중국학계, 그리고 학계와 재야사학계 간에 학문적 차원을 넘어서는 갈등이 야기되고 있는 것 같다. 향후보다 적극적인 관심이 필요하다고 본다.

---

85) 李萬烈(1974), 「十七 · 八世紀의 史書와 古代史認識」『韓國史研究』 10, 115~119면.

실학자들의
신라사 연구 방법과 그 해석

채미하 | 경희대학교 인문학연구원 학술연구교수

1. 머리말

일제시기 신채호를 비롯한 민족주의 사학자나 1920대 이후의 실증사학자, 현대의 연구자들은 실학자들의 견해를 인용하거나 비판하고 있다. 이로 볼 때 실학자들의 역사 연구가 차지하는 의미는 상당하다고 생각한다. 실학자들은 역사를 도덕이나 윤리적인 측면 보다 강역을 중심으로 이해하고 그 강역의 역사적인 연원에 관심을 가졌다. 즉 기왕의 사서는 왕위의 계승을 포함한 정치적 사건, 관제, 인물의 성쇠 등이 중심이었으며 정치적 교훈을 얻으려는 목적의식으로 서술되었고 사론은 위정자를 논하는 윤리적인 주관적 가치 평가였다. 반면 실학자들은 국가의 성쇠, 국가 강역의 변천, 국도國都의 이전 등에 관심을 가지면서 사실의 진위를 논하였고 사론 역시 객관적으로 논증하였다.[1]

이러한 실학자들의 역사에 대한 인식과 연구 방법은 한국 고대사에도 그대로 반영되어 있다. 그리고 실학자들은 한국 고대사 체계를 남북일원론[2]으로 보기도 하고 남북 이원론[3]으로 보기도 하였다. 우선 남북일원론적 시각은 삼국시대를 무통無統으로 보고 문무왕 19년 이후 부터를 정통正統으로 보는 것이다. 그리고 남북 이원론적 시각은 북쪽과 남쪽에서 별개의 정치세력이 성장하였다는 것으로, 고조선사를 비롯한 고구려, 발해에 대한 인식이 확대되었다. 이로 볼 때 실학자들의 신라사에 대한 관심은 그 전과 비교해 볼 때 상대적으로 적었다고 할 수 있다.[4]

---

1) 이상의 연구 성과와 관련해서는 이하의 諸 논문 참조.
2) 삼국 무통론을 처음 주장한 것은 홍만종이며 이후 임상덕, 이익, 안정복으로 이어진다.
3) 남북이원론적 시각은 한백겸의 南自南 北自北에서 시작되었으며 허목, 이종휘, 유득공, 남구만, 신경준, 홍양호, 정약용 등으로 이어진다.
4) 조선시대 신라사에 대한 인식과 그 연구와 관련해서는 조광(1982), 『조선왕

그렇지만 실학자들의 역사서술이나 연구 방법 등은 신라사 연구에도 그대로 나타나고 있다.

본 논문은 실학자들의 신라사 연구가 현재에도 어떠한 점이 유효한지를 생각해 보고자 하는 것이다. 이를 위해 본 논문에서는 한백겸韓百謙(1552~1615), 유형원柳馨遠(1622~1673), 이익李瀷(1681~1763), 신경준申景濬(1712~1781), 안정복安鼎福(1712~1791), 이긍익李肯翊(1736~1806), 한치윤韓致奫(1765~1814), 정약용丁若鏞(1762~1836), 한진서韓鎭書(?~?), 김정희金正喜(1786~1856) 등을 중심으로 이들의 신라사 연구에 대해 알아보려고 한다. 우선 이들이 역사지리적 관점에서 신라사를 어떻게 이해하고 있는지를 살펴볼 것이다. 그리고 신라사에 대한 실학자들의 연구 방법과 그 해석을 검토할 것이다. 이를 통해 실학자들의 신라사 연구가 근·현대 신라사 연구의 토대로서 그 의의가 있음을 알 수 있을 것으로 기대한다.

2. 역사지리적 관점에서 서술한 신라사

조선후기 사서 중 안정복의 『동사강목東史綱目』은 지리 문제를 가장 광범하게 다룬 것으로 한백겸 이래의 역사지리고증의 축적된 성과들을 총정리하였다.5) 『동사강목』 지도는 전도(조선시대 전도), 조선사군삼한도朝鮮四郡三韓圖, 삼국초기도三國初起圖, 고구려전성도高句麗全盛圖, 백제전성도百濟全盛圖, 신라통일도新羅統一圖, 통일신라도統一新羅圖, 고려통일도高麗統一圖로 구성되어 있다.6) 이 지도들은 안정복의 강역에 대한 관심의 반영

선조시대의 신라인식 - 동사강목을 중심으로」『민족문화연구』 16; 정구복(2007), 「조선시대 지식인들의 신라사인식」『신라사학보』 10; 박인호(2008), 「전통시대의 신라인식」『역사교육논집』 40 참고.

5) 이와 관련해서 조광(1982), 앞의 글; 한영우(1988), 「안정복의 사상과 동사강목」,『한국학보』 14-4; 강세구(1990), 「안정복의 역사고증방법 - 동사강목 고이를 중심으로」『실학사상연구』 1; 차장섭(1992), 「안정복의 역사관과 동사강목」,『조선사연구』 1.

인 동시에『동사강목』지리고를 지도화한 것이다.『동사강목』지리고는
『동사강목』본문 집필에 앞서 가장 먼저 완성해 놓은 부분으로, 안정복
은 지리고를 가장 먼저 쓴 이유에 대해 역사란 강역이 확정되어야만 그
강역 위에서 이루어진 사건들을 이해할 수 있는데, 우리나라 역사는『삼
국사기』나『고려사』가 강역문제를 확실히 해 놓지 않았고 원근을 뒤바
꾸고 남북을 이환시켜 갈피를 잡을 수 없게 되었기 때문이라고 하였다.[7]
이러한 이유에서 집필된 지리고를 보면 50개항의 지명이 고증되어 있는
데, 한강 이북이 주요 대상이고 한강 이남을 다룬 것은 6개 항으로, 여기
에 신라 강역고가 있다.[8] 신라강역고에 따르면 신라는 진한의 사로국에
서 발전하였으며 시간이 지남에 따라 강역을 넓혔고 통일신라의 강역은
북으로 정천군井泉郡을 경계로 하여 발해와 접했다고 한다.[9]

　이처럼 안정복은 시간의 변화에 따른 강역의 변동을 염두에 두고 신
라의 역사를 서술하였다. 이것은 지금까지 역사를 정통론이나 도덕명
분론과 같은 관점에서 서술했던 것과는 다른 모습이다. 역사를 지리적
관점에서 서술하기 시작한 것은 한백겸의『동국지리지東國地理誌』부터이
다.[10] 한백겸은『동국지리지』에서 삼국을 다루면서 국도國都, 강역封疆,

---

6) 이것은『동사강목』本編 序頭에 그려져 있으며, 移都의 내력을 한쪽에
　　附記하고 있다.『해동역사속집』지리고 1 고금강역도, 고금지분연혁표도
　　참고.
7) 按讀史者 必先定疆域 然後可以知占據之形便 審戰伐之得失 考分合之沿革
　　無是 昧矣 … 金文烈修史 去古未遠 庶可博考古籍 而只憑新羅斷爛文字 苟
　　且成編 鄭河東亦踵謬而成麗史 使國邑山川 幷無可據 甚者顚倒遠近 移換南
　　北 而謂之信史可乎(『동사강목』부록 하권, 지리고 서문). 그리고『順菴集』
　　10, 書, 東史問答, 上星湖先生書 乙亥를 보면 "史家는 반드시 疆域을 먼저
　　정해야 하는데, 우리나라 사서의 지리지에는 근거할 만한 것이 거의 없다"
　　(作史者 必先定疆域 而東史地誌 專無可據)고 지적하고 있다.
8)『동사강목』부록 하권, 지리고.
9)『동사강목』부록 하권, 지리고, 신라강역고.
10) 정구복(1978),「한백겸의 동국지리지에 대한 일고」『전북사학』2; 윤희면
　　(1982),「한백겸의『동국지리지』」『역사학보』93; 윤희면(1987),「한백겸의 학

형세·관방關防이라는 새로운 분류방식을 적용하여 국가의 도읍, 강역, 국방상 중요한 지역을 기술하였다.[11] 이러한 한백겸의 연구는 유형원의 『동국여지지東國輿地志』, 신경준의 『강계고疆界考』, 안정복의 『동사강목』 지리고, 정약용의 『강역고疆域考』, 한진서의 『해동역사속집海東繹史續集』 지리고 등에 영향을 주었으며 근·현대 한국사학과도 밀접한 관련을 가지고 있다.[12]

한백겸은 시조에 대한 전설을 사서에서 그대로 인용하고 몇 대 몇 년만에 신라가 멸망하였는가를 적고 있으며[13] 당병이 철수하고 돌아간 후에 경덕왕이 국내를 나누어 9주 450여 군현을 설치하였을 때 영역이 가장 넓었다[14]고 하였다. 유형원은 기존의 지리지에는 없었던 본국총서本國總敍를 책머리에 수록하여[15] 우리나라의 "강리疆理의 나누어지고 합하여짐의 대개를 요약"[16]한다고 하였고, 『동국여지지』 총서에서 신라의 강역과 변천을 서술하고 있다. 즉 신라는 한나라 선제宣帝 오봉五鳳 원년에 진한에서 일어나 변한을 영유하였으며 그 판도는 서쪽으로는 지리산, 북으로는 한수漢水에 이른다고 한다.[17] 신경준은 국도, 강계의 두 항목을

문과 『동국지리지』 저술동기」, 『진단학보』 63.

11) 『동국지리지』 신라 참고.

12) 정구복(1978), 앞의 글, 62~71면; 정구복(1987), 「한백겸의 사학과 그 영향」, 『진단학보』 63, 183~186면; 박인호(1993), 「남구만과 이세구의 역사지리 연구」, 『역사학보』 138, 45면.

13) 金城(漢宣帝五鳳元年 … 敬順王乙未 後唐潞王淸泰二年 降于高麗 朴氏十王 昔氏八王 金氏三十七王 合五十五王 共九百九十二年)(『동국지리지』신라, 국도 금성).

14) 文武王以後百濟高句麗統合爲一(愚按 唐兵撤還之後 景德王 分國置九州 … 九州所管 無慮四百五十餘郡縣 新羅幅員之廣 斯爲極矣)(『동국지리지』신라, 봉강).

15) 유형원의 역사지리인식에 대해서는 양보경(1992), 「반계 유형원의 지리사상」, 『문화역사지리』 4; 박인호(2003), 「유형원의 역사지리인식」, 『조선시기 역사가와 역사지리인식』, 이회 참고.

16) 『동국여지지』 수정동국여지지 범례.

17) 『동국여지지』 동국여지지 총서, 「三韓說後語亦附呈」, 『磻溪雜藁』.

설정하고 신라의 강역은 북쪽 경계의 득실이 분명하지 않아 상세上世에
는 계립령에 이르고 중엽에는 한수에 이르렀으며 삼국 정립시에는 비열
홀을 지나지 못하였고 삼국을 통합한 뒤에도 정천군을 지나가지 못하였
다고 하였다.[18]

　한진서는 강역총론, 성읍 항목을 설정하고 있으며 신라는 진한의 사
로국에서 출발하여 경상좌도를 차지하였으며 조위曹魏 때 조령 이북을
개척하고 양진梁陳 때는 함흥 일대와 가야를 합하여 동쪽으로 바다와 서
쪽으로는 지리산을 경계로 백제와 접경을 이루는 것으로 정리하였다.
당 때에는 백제와 고구려 남계를 차지하여 9주를 설치하고 북쪽으로는
대동강을 경계로 하였음을 적고 있다.[19] 정약용은 항목의 구분 없이 강
역고를 편찬하였는데,[20] 신라는 처음 경주에 국한되었다가 점차 확대되
어 갔으며[21] 진흥왕 때 한강 지역을 차지하였다고 보았다.[22] 그리고 통
일신라의 영역은 동쪽은 니하泥河를 경계로 하였으며 당나라 현종玄宗
천보天寶 연간 이후에는 철령 이남이 신라의 영토가 되었으며[23] 서쪽 영
역은 평양 이남 지역으로 보았다.[24]

　이상에서 실학자들은 지역을 바탕으로 하여 시대적인 변화를 추적하
고 있는데,[25] 이것은 기왕의 사서가 시간을 축으로 역사의 변화를 추적

---

18) 『旅菴全書』 6, 강계고3, 신라국 강계 및 『여암전서』 4, 강계고1, 樂浪四界
　　樂浪南界.

19) 『해동역사속집』 7, 지리고7, 신라, 疆域總論.

20) 정약용의 역사지리인식과 관련해서는 조성을(1992), 「아방강역고에 나타난
　　정약용의 역사인식」 『규장각』 15, 83~84면 참고.

21) 辰韓弁辰 幷爲新羅所統(『與猶堂全書』 6, 강역고1, 三韓總考).

22) 至新羅眞興王之時 漢城爲新羅之所得(『여유당전서』 6, 강역고3, 漢城考).

23) (鏞)又按 泥河者 我江陵之北 泥川水也 … 渤海新羅旣以泥河爲界 則襄陽
　　以北 皆渤海之所得也 我邦之襄陽以北 蓋自武后末年入于渤海 至玄宗天寶
　　以後 鐵關以南 復爲新羅所有(『여유당전서』 6, 강역고2, 발해고).

24) 句麗旣滅 唐司漸遠 洪西之地 淪爲賊藪 二百餘年(二百三十年)(『여유당전
　　서』 6, 강역고4, 西北路沿革續).

25) 한편 이익은 신라가 제일 먼저 나라를 세웠고 가장 늦게 망하였는데, 처음

한 것과는 구별되는 것이다. 그리고 실학자들은 국가의 발전과 지리는 불가분의 관계에 있다고 하였다. 이와 관련해서 우선 다음이 주목된다.

> A. 내가 생각건대, 나라를 세우고 도읍을 정할 때에 규모를 크게 아니할 수 없고 형세를 살피지 않을 수 없다. 신라가 통합한 처음과 당나라 군대가 철수하여 돌아간 뒤에 곧바로 도읍을 국토의 중앙에 옮겨 사예(四裔, 사방의 국경)를 제어하였다면 고구려의 옛 영토를 수합(收拾)할 수가 있어서 요동·심양·부여 땅이 우리의 판도에 들었을 것이다. 저 거란·여진이 어찌 홀로 국경 밖에서 웅강함을 다투게 하였는가? 신라의 군신이 남의 힘으로 일을 이룩하여 뜻이 쉽사리 만족하였기 때문에, 한 쪽 모퉁이에서 안일함을 탐한 나머지 서북의 땅을 이웃 적에게 주기를 헌신짝처럼 하였다. 진나라를 생기게 하여 신라가 멸할 때까지, 그리고 고려까지 700년 동안 강역 내에서 골칫거리[荊棘]가 제거되지 않아 하루도 편안하지 못했으니, 한탄스럽다.[26]

에는 강토가 가장 작았으며 지금의 경상도가 옛 강토라고 적고 날마다 점점 개척해 나가서 낙동강의 서쪽에 이르고 육가야의 땅을 병탄하여 마침내 삼국을 통일하기에 이른 것이 신라가 나라를 세운 시말이라고 적고 있다(『성호사설』2, 天地門, 新羅始末). 이긍익은 "신라가 처음 일어날 때는 그 땅이 매우 작았다. 후에 이웃을 병탄하여 마침내 국토를 개척하여 서쪽으로는 지리산에 이르러 백제와 접하고 서북쪽으로는 한강에 이르렀으며 북쪽으로는 정천군에 이르러 고구려와 접했고 동남쪽으로는 대해에 이르러 왜와 통하니 이것이 그 땅의 대략이다(『연려실기술』별집 19, 歷代典故, 신라)"라고 하였다.

26) 愚按 立國定都之時 規模不可以不大 形勢不可以不審 當新羅統合之初 唐兵撤還之後 旋即移都土中 拱制四裔 則高句麗故疆 可以收給而遼瀋扶餘之地 爲我版籍矣 彼契丹女眞 豈獨擅雄疆於境外哉 置之君臣 因人成事 忠意易滿 倫安一隅 姑息度日 擧西北一半之地帶 輪與隣敵 有同弊屣 亡一秦又生一秦 遂使終羅之世 迄于王氏七百餘年間 封疆之內 荊棘未除 無日小安 可勝歎哉(『동국지리지』신라, 형세·관방).

위의 사료 A에 따르면 한백겸은 나라를 세우고 도읍을 정할 때 그 규모와 형세를 살펴야 한다고 하면서 신라가 수도를 국토의 중앙으로 옮기지 않았기 때문에 고구려의 영토를 상실하게 되었고 그 결과 외적의 침입을 끊임없이 받게 되었다고 하였다. 이것은 국가의 발전에 도읍의 위치가 중요함을 말한 것으로 국력 내지 국세는 강역의 크기에 비례한다는 것이다.[27] 이러한 한백겸의 견해를 안정복은『동사강목』신문왕 5년조에 적고 있다.[28]

그리고 유형원은 중국의 기록에 백제를 먼저 적고 신라를 기술한 것은 백제가 신라보다 더 크고 또 바다를 건너 통교를 하였으며 신라는 영남의 일대에 국한되어 있기 때문[29]이라고 하였다. 이처럼 유형원은 강역의 크기에 따라 국제질서를 파악함으로써 신라보다 백제를 더 강대한 국가로 이해하고 있는 것이다. 이익은 국운의 융성함이 지리적 조건과 관련 있다고 보았는데, "신라만은 동남쪽은 바다가 막혀 있고 북쪽은 큰 산을 기대고 있어서 우리 지역 안에 특별한 지역을 이루었으므로 그 방어선을 구축하고 나라를 가장 오랫동안 누렸으니, 국운의 융성함이 덕과 은혜를 베풀었던 관계도 있겠지만, 지리적인 조건을 과소평가할 수는 없다. 삼국을 통합한 뒤에도 전쟁은 비교적 적게 일어났다"고 하였다.[30] 정약용은 역사의 발전을 자연환경과 연결 지어 이해하고 있는데,[31] 가라는 해구海口에 직거直居하여 선박舟楫의 일을 잘 알고 있었으나, 신

---

27) 이와 관련해서 윤희면(1982), 앞의 글, 41면; 윤희면(1987), 앞의 글, 167~168면; 정구복(1987), 앞의 글, 175면 및 181면; 조성을(2004), 「실학자의 역대 수도ㆍ천도론」『한국사연구』127, 286~287면 참고.
28) 『동사강목』제4하, 신라 신문왕 5년(을유) 봄.
29) 或又曰中國所記 每先百濟而後新羅何也 日濟羅其初雖皆微眇 然百濟比新羅則稍大 其越海相通亦稍易 新羅則尤微側 今之嶺南一道(『磻溪雜藁』, 「三韓說後語亦附呈」).
30) 『성호사설』2, 천지문, 春川保障.
31) 한영우(1983), 「다산 정약용의 사론과 대외관」『김철준박사화갑기념 사학논총』, 지식산업사, 642면.

라는 육지에 심거深居하여 피폐皮弊를 바칠 뿐이었으니, 그 형세가 부득
불 가라를 주인으로 할 수 밖에 없었다32)고 한데서 알 수 있다.

이상에서 실학자들은 국가의 발전은 지리와 밀접한 관련을 가지고
있다고 보았다. 그리고 이들 실학자들은 삼국을 다루는 순서가 그 전과
는 다르다. 우선 한백겸은 고조선 지역을 점유한 고구려, 마한 지역을
차지한 백제, 진한·변한 지역을 차지한 신라 순으로 기술하였다.33) 그
렇지만 건국 연대는 그대로 따르고 있다.34) 유형원은 고구려, 신라, 백제
순으로 삼국을 서술하였는데,35) 김부식이 신라 위주로『삼국사기』를 찬
술한 것은 신라가 삼국을 통일하였다거나 고려가 신라를 계승했기 때문
이 아니라 김부식이 이용할 수 있었던 자료가 신라 위주로 되어 있었기
때문이라고 하였다.36)

신경준은 삼국의 순서를 고구려, 백제, 신라 순으로 정리하였고,37) 안
정복은 고구려의 건국이 삼국 가운데 가장 먼저였음을 지적하였다.38)

---

32) 鋪案 … 且自辰弁水路朝天 則迦羅直居海口 習知舟楫之事 新羅深居陸地
但輸皮幣之供 其勢不得不迦羅爲主 而新羅附庸也(『여유당전서』6, 강역고2,
弁辰別考).
33)『동국지리지』참고.
34) 윤희면(1982), 앞의 글, 23~24면.
35)『동국여지지』16면.
36) 三國史 以新羅爲主者 以新羅並合濟麗 高麗又承新羅 而其所撰述 皆因新
羅遺籍故也 是以富軾之史 於新羅則稍爲備形 而百濟則僅記世代 多所脫漏
如溫祚襲馬韓(「三韓說後語亦附呈」,『磻溪雜藁』).
37)『여암전서』4·5·6, 강계지1·2·3 고구려국, 백제국, 신라국 참고.
38)『한서』지리지의 현토군조의 주에 "武帝 元封四年 開高句麗 莽曰下高麗"
라는 기록을 기준으로 고구려는 최소한 기원전 108년 이전에 건국되었다고
파악하였다(以三國史觀之 高句麗歷年 七百五年 新羅文武王謂麗安勝曰 公
之太祖立功 子孫相繼 將八百云 則古人言事 雖擧大數 然何可以七百五年謂
將八百耶 自漢武元封三年癸酉 至建昭二年甲申爲七十二年 則自麗上距直
玄菟時 爲七百十六年矣 麗興在是前 明矣(『동사강목』부록 상권(하), 잡설,
三國始起)). 그리고 고구려의 강대함은 백제 신라에 비할 바가 아니며 백제
는 신라보다 강했으며 신라는 건국 후에는 영남 일대에 조그만 나라가 허

정약용은 『북사』와 『수서』의 기록을 통해 초기의 신라가 백제 혹은 가야에 부용했다고 하였다.[39] 한치윤은 고구려가 삼국 중 가장 앞섰다고 하였는데, 고주몽이 세운 고구려 이전에 주周 무왕武王 극상克商 후 주와 통교했다는 구려駒麗(尚書傳)와 한사군에 속했던 고구려현의 존재, 『수서』의 기록, 신라는 나라가 작아서 스스로 사빙使聘하지 못하고 문자와 어훈語訓이 없어서 백제를 기다린 후에 중국과 통했다고 한 『양서』의 기록을 통해[40] 삼국의 서술 순서를 고구려, 백제, 신라로,[41] 한진서는 고구려, 신라, 백제의 순으로 정리하였다.[42]

이처럼 실학자들은 『삼국사기』이후의 사서에서 신라를 앞세웠던 역사서술을 극복하였음을 알 수 있다.[43] 이것은 실학자들이 지역을 바탕으로 한 시간의 변화와 국가의 발전은 지리와 관련이 있다는 것을 염두에 둔 결과로, 실질적인 국가성립연대를 생각하여 신라를 고구려 또는 백제 뒤에 서술하였다고 볼 수 있는 것이다.

3. 신라사에 대한 사실 고증

다 알다시피 실학자들은 국·내외의 광범위한 자료를 수집하였는데, 이 중 안정복은 중국인이 쓴 사서와 문적들, 『일본서기』에서도 새로운

다하게 존립해 있다가 수백 년이 지난 뒤에 평정하고 국호도 20대가 지난 뒤에 신라라 정할 만큼 황누했다고 인식하였다(『동사강목』부록 상권(하), 잡설, 三國始起). 그러나 본문에서는 우리나라 本史에 삼국의 건국연대가 분명함으로 그에 따른다고 하여 반영하지 않고 있다.

39) 『여유당전서』 6, 강역고2, 弁辰別考.
40) 한영우(1985), 「해동역사의 연구」, 『한국학보』 11-1, 152~153면.
41) 『해동역사』 世紀 참고.
42) 『해동역사속집』 7, 지리고 7.
43) 이전의 史書에서 고구려, 백제, 신라 순으로 서술한 사서로 유희령의 『표제음주동국사략』이 있는데, 이 책의 범례에 고려와 연결시키기 위해서라고 밝히고 있으나, 이에 대해서는 아직 문제가 있다고 한다(정구복(1977), 「16~17세기의 사찬사서에 대하여」, 『전남사학』 1, 68-69면).

자료를, 이긍익은 잡서와 잡록, 문집 등 400여 종에 이르는 각종 서적에서 자료를 발굴하였고, 한치윤의 『해동역사』에는 540여 종의 서목이 인용되어 있다. 이러한 실학자들의 광범위한 자료 수집으로 신라사는 보완되었다.[44] 실학자들은 금석문에도 관심을 가졌는데, 이익은 동방석각東方石刻이라는 글에서 고비들을 정리하였다.[45] 다음 사료는 실학자들의 금석문에 대한 이해이다.

B-1) 우리나라 지리서에 '함흥 황초령 및 단천에 순수비가 있다' 하였다. …
   신라가 지금의 안변과 덕원으로 경계를 삼았으나, 그 순수비를 세운

---

44) 『동사강목』 부록 상권(상), 考異를 보면 『삼국사기』에는 빠져 있으나, 『승람』과 『파한집』에 보이는 김유신과 天官妓의 내용을 첨가하고 있으며 헌강왕 8년 김직량의 입당 사실과 헌덕왕 9년 왕자 張廉의 朝唐 사실, 그리고 진성여왕 11년에 추증을 요청한 표문을 『최치원집』에서 보충하고 있다.

45) 『성호사설』 30, 詩文門, 東方石刻. 금석학과 관련해서 주목되는 인물은 홍양호와 유득공, 박지원, 이덕무 등이 있다. 홍양호(1724~1802)는 신라 관계 비문의 글들이 많은데, 평제탑비를 통해 신라가 삼한을 비로소 하나로 합치했음을 언급하였고 신라 태종왕릉비의 제문에서도 태종이 고구려와 백제를 평정하여 삼한을 하나로 하였으니 만세의 공이 있다고 하였다. 특히 홍양호는 북방 영토를 개척할 때에 고대의 북방 경영의 흔적이었던 진흥왕 북순비가 발굴되는 것은 국가 문명의 운이 드러나는 증거라고 하였다(조성산(2010), 「18세기 후반~19세기 전반 조선의 碑學 유행과 그 의미」, 『정신문화연구』 119, 138~140면). 홍양호의 영향으로 유득공(1748~1805) 또한 조선의 고비를 깊이 연구하였고(유득공은 羅麗古碑라는 글을 남겼다. 유득공(1986), 『고예당필기』, 아세아문화사, 216면. 이에 대해 박철상(2007), 「조선 금석학사에서 유득공의 위상」, 『대동한문학』 27, 57~68면 참고) 박지원(1737~1805)의 三韓叢書에는 저자 미상의 『金石錄』이 있으며 이 저작에는 신라태종릉비액, 낭공대사비음 김생서창림사비, 유인원기공잔비 평제탑 등이 실려 있다(박현규(2005), 「박지원 초록본 『금석록』 분석」, 『대동한문학』 23). 이외 이덕무(1741~1793)는 흥덕사비의 신라ㆍ고려의 석각 등에 대해 정리한 글들을 남겼다(이덕무, 『청장관전서』 55, 盎葉記 「흥법사비후」, 68, 寒竹堂涉筆(상) 「신라명승비」, 69, 한죽당섭필(하) 「나려석각」). 이러한 작업은 박제가를 통하여 김정희에게 많은 영향을 주었다(조성산(2010), 위의 글, 140~141면 및 147면).

것이 함흥·단천에 이르렀으니 단천 이남은 일찍이 신라의 판도에 들어갔던 것이다. 그러나 국사에 전해지지 않고 유독 먼 곳의 편석이 천고의 고사를 지니고 있으니, 실로 기이한 일이다. 그러나 정사에 보이지 않으므로 취하지 않고 이에 나타내어 이문을 넓힌다(『동사강목』부록 상권(상), 고이, 신라진흥왕정계비).

2) 대개 이 비는 단지 우리 동방 금석의 비조(鼻祖)가 될 뿐만이 아닙니다. 신라의 봉강(封疆)을 국사로써 상고해 보면 겨우 비열홀(比列忽)까지에만 미쳤으니, 이 비를 통해서 보지 않으면 어떻게 신라 영역의 넓이 황초령까지 미쳤던 것을 다시 알 수 있었겠습니까! 금석이 역사서보다 나은 점이 이와 같으니 고인들이 금석을 귀중하게 여긴 이유가 어찌 하나의 고물(古物)에 그쳤을 따름이겠습니까(『완당전집』3, 서독, 여권이재돈인(與權彝齋敦仁) 32).[46]

위의 사료 B-1)을 보면 안정복은 황초령과 단천에 진흥왕정계비가 있는 것으로 보아서 신라의 영토가 이곳에까지 미친 것을 알 수 있다고 하였으나, 문헌에는 보이지 않아 취하지 않는다고 하였다. 반면 B-2)에서 김정희는 국사에는 신라의 영토가 비열홀까지로 되어 있지만, 진흥왕순수비를 보면 황초령까지로 금석문이 사서보다 사료적 가치가 우수하다고 하였다. 여기에서 김정희는 고비와 강역 나아가 역사의 문제를 긴밀하게 연결시키고 있는 것이다.[47]

---

46) 『완당전집』 6, 題跋, 題北狩碑文後에는 "이는 바로 신라 진흥왕의 낡은 비이다. 비는 함경도 함흥 황초령에 있었는데 … 비는 심지어는 古蹟을 모으고 찾는 데까지 미치어 이 비를 흙 속에서 얻었는데 이 비는 곧 우리나라 금석의 으뜸으로서 이천 여년의 묵은 자취가 다시 세상에 밝혀졌으니"라고 하였다.

47) 신경준 역시 문헌기록으로는 삼국 통합 후에도 정천을 넘지 못하였으나 진흥왕 순수비로 본다면 단천 이남은 일찍 신라에 편입되었음을 증거 한다고 적고서 문헌자료로는 알 수 없었던 역사적 사실을 금석문으로 밝힐 수 있

　이처럼 실학자들은 문헌자료뿐만 아니라 금석문 자료를 통해 신라사의 내용을 보완하였다. 그리고 실학자들은 사실을 고증하고 있다. 조선 전기『동국여지승람』을 보면 지역의 역사적 유래를 설명하는 과정에서 지명고증이나 역사고증의 형태를 보여주고 있다. 하지만 본격적이고 체계적인 형태의 고증은 한백겸 이후로 대체로 보고 있으며, 안정복의『동사강목』부록인 고이考異, 괴설변증怪說辨證, 잡설雜說, 지리고地理考는 역사적 사실을 고증한 것이고『동사강목』의 사론 중 절대 다수는 역사적 사실을 고증한 것이거나 사실 설명을 보충한 것이다.48) 이러한 안정복의 고증 내용은 이익과의 편지를 통해 논의를 거친 것이 많으며49) 고증의 기준은 전거를 중시하는 증거주의, 정사正史의 중시, 불승佛僧 기록 배척, 기록의 합리성 중시, 교훈적 내용의 수용 등이었다.50)

　실학자들의 신라사와 관련된 사실 고증 중 지명 고증과 관련해서는 다음이 주목된다.

　C-1) 골벌국이 계림에 항복하였다(안按) 골벌(骨伐)은 지금의 영천군 임천

게 되었다고 적고 있다(當三國鼎峙之時 新羅之地 不得過比列忽 … 三國統合之後又不能泉井 … 咸興在安邊之北二百餘里 端川在咸興之北三百六十里 而以巡狩碑觀之 端川以南 嘗折入於新羅者可知 此國史野乘皆不著者 而獨荒裔片石留作 千古故事奇哉太史公之抽金櫃石室之藏 羅一國倣佚舊聞者 誠得史家之體也(『연암전집』 6, 강계고3, 新羅國 疆界 草坊院)). 신경준의 역사지리인식과 관련해서는 이상태(1984),「신경준의 역사지리 인식」,『사학연구』 38; 박인호(2003),「신경준의 역사학과 역사지리인식」,『조선시기 역사가와 역사지리인식』, 이회; 박인호(1996),『조선후기 역사지리학 연구』, 이회문화사 참조.
48) 한영우(1988), 앞의 글, 152~153면 및 167~170면 및 184면.
49) 안정복이 이익에게 질문한 설화나 지리에 관한 내용은 東史問答에, 이익의 답변은『성호집』 25 書, 答安百順問目; 同26 書 答安百順 丙子 別紙 등에 자세히 나오고 있다(강세구(1995),「유형원, 이익과 안정복의 학문적 계승관계」,『실학사상연구』 5·6, 139면).
50) 강세구(1990), 위의 글, 56~66면.

현인데, 군의 동남쪽 5리에 있고 역시 골화(骨火)라고 부른다. 신라의
지명에 화(火)를 칭함이 많은데, 방언에 화를 불(弗)이라 하고 또한 불
이 바뀌어 벌로도 되니 모두 방언이 변한 것이다)(『동사강목』제2상, 신
라 조분왕 7년(병진) 봄2월).

2) 삼가 살펴보건대 고구려의 온달이 말하기를 "계립현(鷄立縣) 죽령 서
   쪽 지역은 우리의 땅이다"하였다. 대개 마목현(麻木縣)은 바로 계립현
   으로, 방언으로 마(麻)를 겨릅(鷄立)이라고 한다(『해동역사속』7, 지리고
   7, 신라).

위의 사료 C-1)을 보면 안정복은 화火를 방언에서 불이라 하고 불이
벌로 바뀌니 골벌은 골화와 같은 것이라고 하였다. 신경준 역시 방언을
이용하여 음즙벌국과 음즙화국은 같은 것으로 비정하였다.[51] 사료 C-2)
에서 한진서는 마麻는 방언으로 계립이라고 한다고 하면서 마목현과 계
립현은 같은 것으로 보았다.[52]

이처럼 지명 고증에 실학자들은 방언을 이용하고 있는데, 이외에도
다양한 방법으로 고증하고 있다.[53] 특히 김정희는 기존의 사료에만 의

---

51) 그리고 다음도 참고 된다. 按…新羅方言野爲之伐 火謂之弗 伐弗音相似 故
    伐轉而爲弗 弗書之則爲火也 新羅地名多稱火 其實指野爲名者也(『여암전서
    』6, 강계고3, 신라국 강계 음즙벌국).
52) 鷄立嶺俗號麻骨山 … 新羅時舊路方言 呼麻木爲鷄立也(『여암전서』4, 강계
    고1, 낙랑남계 계립령).
53) 한백겸과 신경준은 여러 고증 방법을 사용하고 있다. 한백겸의『동국지리지
    』를 보면 여러 기록을 비교하여 고증하는 방법, 지역의 형세로 위치를 고증
    하는 방법, 형세에다 다른 증거를 보완하여 위치를 고증하는 방법, 음사를
    이용하여 고증하는 방법 등(윤희면(1982), 앞의 글, 30~35면)을, 신경준의『
    강계지』는 한백겸의『동국지리지』와 유형원의『동국여지고』에 큰 영향을
    받고 있는데 그는 단순사료 취합에서 벗어나 각종 사서 기록을 비교하고
    역사적 사실로 지역을 비정하는 방법, 音似나 吏讀에 의한 방법, 지세를 연
    구하여 위치를 파악하는 방법, 금석문의 내용을 분석하는 방법 등을 동원하
    여 고증을 시도하였고 여기에 按이라 하여 자신의 견해를 밝히고 있다(이

존한다면 신라의 동북 영역은 비열홀(안변)에 그치나 금석문에 의거하여
신라의 영역이 황초령까지 미쳤음을 주장하고 있다. 즉 황초령 진흥왕
순수비의 비문에 보이는 '巡狩管境'은 함흥지방이 진흥왕 때 신라의 영
토였음과 '四方託境 廣獲民土 隣國誓言 和使交通'은 진흥왕 때 고구려로
부터 새로 획득한 것이라고 하였다. 이것에 대한 방증자료로『문헌비고』
에 인용된『동국지리지』에서 함흥을 순수한 사실, 비문의 '朕', '帝王建
號' 등의 칭제稱帝 사실과『삼국사기』의 기록을 들고 있다.[54]

한편 한백겸은 당항진薰項津이 남양부인 듯지만 뚜렷한 명문이 없
기 때문에 "不敢强解"한다고 하였다.[55] 이것을 한진서는 "당항성은 신라
에서 당나라로 통하는 길이다. 당시에 당나라로 통하면서 매번 남양부
의 앞바다를 경유하였은 즉 당항성은 마땅히 남양 근처에 있어야 한다.
『삼국사기』지리지를 근거로 보면 지금의 안산군은 본디 장항구현獐項口
縣인데, 당棠과 장獐은 음이 비슷한바 이른바 당항이란 것은 안산인 듯하
다"고 하였다.[56]

다음으로 인명에 대한 고증과 관련해서 안정복은 효성왕비는『삼국
사기』에 보이는 순원의 딸이 아니고『삼국유사』의 각간 진종의 딸이
며,[57]『고기』의 연화부인은 경신의 모가 아니고 주원의 모이며,[58] 헌덕
왕비 장화는『통감』에 보이는 소성의 딸이 아니라『삼국사기』에 보이는
김충공의 딸이라고 하였다.[59] 한치윤은 애장왕의 이름이『신당서』와『구
당서』에는 모두 김중흥金重興으로 나오는데, 이것은 틀린 것으로『동사東

상태(1984), 앞의 글, 410~416면).
54)『완당전집』1, 攷, 眞興二碑攷.
55) 愚按 蘇定方之來 新羅太宗王 出次南川 卽今利川 世子法敏 以兵舡迎定方
於德物島 以此見之 所謂薰項津 似在今南陽府 無明文可考 不敢强解(『동국
지리지』신라, 형세·관방, 당항성).
56)『해동역사속집』7, 지리고 7, 신라 城邑.
57)『동사강목』부록 상권(상), 고이, 효성왕비.
58)『동사강목』부록 상권(상), 고이, 연화부인.
59)『동사강목』부록 상권(상), 고이, 부인 김 씨가 졸하다.

史』에 따라 김중희金重熙로 바로 잡는다고 하였다.[60]

그리고 사건(사실)의 연대 및 사실에 대한 고증도 이루어지고 있다. 이익은 당 태종이 소릉昭陵에 장사지낼 때 신라의 왕녀 진덕이 배종하였다는『문헌통고』에 보이는 기사가 잘못된 것임을 지적하고 있다. 즉 이때는 정관 23년인 신라 진덕여주 3년(649)으로, 김춘추가 그의 아들 문왕을 당나라 숙위군으로 머물러 있게는 했으나, 왕녀가 들어가 조견朝見했다는 글은 없다. 또 진덕여주의 시대라면 왕녀 진덕이란 말도 의심할만하다고 하였다.[61]

사실 고증과 관련해서는 안정복의 경우가 주목되는데, 우선 안정복은『삼국사기』와『삼국유사』기사 중『삼국사기』기사를 취신하고 있다. 『삼국유사』에 박제상이 복호와 더불어 고구려에 들어가서 돌아오지 못했다는 기사는『삼국사기』와 다르기 때문에 취하지 않는다고 하였다.[62] 하지만 합리적인 서술이라면『삼국유사』기록을 취하고 있는데,『삼국사기』에서 시조 5년에 알영이 태어나 이해에 비가 된 것으로 쓴 것은 잘못이고『삼국유사』에서 왕과 비가 같은 해에 태어나 비妃가 되었다고 한 것이 옳다고 하였다.[63] 다음으로 안정복은『삼국사기』와『삼국유사』기록의 착오를 지적하고 있다.『삼국사기』에 보이는 길선의 일이 백제기에는 개루왕 28년에 있고 신라기에는 아달라왕 12년에 있으나, 아달라왕 12년은 곧 개루왕 38년이고 28년이 아니라고 하였다. 이것은 30의 3자가 잘못 쓰인 것이라고 하고 여러 사책도 모두 이를 인습하였으므로 잘못되었다고 하였다.[64] 고려 초에 영일현迎日縣을 처음으로 설치한 것으로

60)『해동역사』10, 世紀10, 신라.
61)『성호사설』22, 경사문, 신라진덕.『동사강목』부록 상권(상), 고이, 신라의 왕녀 진덕이 소릉 장사 때에 배종하다.
62)『동사강목』부록 상권(상), 고이, 박제상이 복호와 함께 돌아오다 · 신라에서 얼음을 저장하다 · 진지왕 · 唐帝가 牧丹花 그림을 하사하다 등.
63)『동사강목』부록 상권(상), 고이, 알영.
64)『동사강목』부록 상권(상), 고이, 백제가 신라의 반인 길선을 받아들이다 · 눌지왕 때 양이 사신을 보내 향을 주다 등.

볼 때 아달라왕 4년에 연오·세오의 일로 연일현延日縣을 설치했다는 『삼국유사』의 기록은 잘못이라고 하였다.[65] 그리고 안정복은 여러 기록의 이설을 고증하고 있다. 『해동제국기』에서 비미호卑彌呼가 한 헌제獻帝 건안建安 6년(200)에 즉위했다는 것은 잘못이고 『통전』의 기사가 『삼국사기』와 부합된다고 하였다.[66]

한편 한치윤은 동사를 보면 신라는 박·석·김이 서로 이어서 왕위를 전하였다고 하는데, 중국 측의 기록에는 박씨와 석씨는 나타나지 않고 김씨가 30여 대를 서로 전했다고 하는 것을 비판하면서 신라는 시조 때부터 수나라 양제 대업 원년(605)인 진평왕대까지 총 25대라고 하고, 『양사』에 신라왕의 성을 모씨慕氏라고 잘못 쓴 것을 『통지』, 『남사』, 『문헌통고』에서 그대로 따라 쓴 것은 잘못이라고 하였다.[67] 그리고 『구당서』를 보면 김흥광의 본명이 태종과 같았기 때문에 선천先天 연간에 측천무후가 고치게 하였다고 하는데, 이것은 잘못된 것이라고 하였다. 동사를 보면 성덕왕의 본명은 김융기이며 『자치통감』에는 김숭기로 되어 있다. 이로 볼 때 당 현종의 휘諱를 피하여 김흥광으로 고친 것이며 선천은 현종 원년 2년(712)이라고 하였다.[68]

김정희 역시 철저하게 증거를 중요시하였다. 황초령 진흥왕 순수비와 관련해서 『동국지리지』, 『해동집고록』의 단천비 존재사실과 『문헌비고』의 행수, 자수 해석에 이견을 말하고, 연도라든가, 역사적 사실의 혼동 등을 지적하고 있다.[69] 이 중 황초령 진흥왕 순수비가 세워진 연대를

---

65) 『동사강목』 부록 상권(상), 고이, 연일현을 설치하다. 『동사강목』 부록 상권(중), 괴설변증.
66) 『동사강목』 부록 상권(상), 고이, 왜의 여왕 비미호가 신라에 빙문하다. 그리고 孫仁師가 사십만의 군사를 거느리고 덕물도에 이르다·速含郡太守 令忠·이찬 尹興이 거문고를 배우다·탐라국이 와 조회하다 등도 참고.
67) 『해동역사』 10, 世紀10, 신라; 『동사강목』 부록 상권(상), 고이, 남사에 말한 백제왕의 牟都·牟大와 신라왕 募秦.
68) 『해동역사』 10, 世紀10, 신라.
69) 『완당전집』 6, 題跋, 題北狩碑文後에 따르면 "나는 일찍이 이 탁본을 얻어

비문의 '八月二十一日癸未'와 '歲次戊子秋八月'을 단서로 『북사』와 『남사』를 이용하여 진흥왕 29년(568)이라고 하였다. 이것은 북한산비 발견 직후 기왕의 견해를 수정한 것으로, 조운영에게 주는 서찰에는 남천南川 2자와 거칠부의 상대등 재임 시기를 단서로 하여 진지왕 재위(576-579)로 보았었다.[70]

이러한 입비연대 고증의 일환으로 김정희는 신라 시법諡法을 고증하고 있다. 『삼국사기』, 『북제서』, 『수서』, 『당서』를 이용하여 진흥은 시호가 아니라 생시의 칭호요, 태종무열왕 이후 시법이 시작되었다고 밝히고 있는 것이다. "이 비석은 진흥왕이 스스로 만들어 세운 것인데도 엄연히 진흥대왕이라 칭하였고 북한산의 비문에도 진흥이란 두 글자가 있다. 이것으로 볼 때 진흥은 시호가 아니라 생존 시에 부른 칭호이고, 신라의 시법은 태종무열왕대부터 시작되었다"고 하였다. 하지만 김정희는 황초령비의 존재 사실은 확인했지만, 『동국지리지』에 비열홀이 안변이라고 기록한 점만으로는 행정구역상으로 비열홀이 함흥까지를 포함하는지 명확하지 않다고 지적하였다. 이와 같이 김정희는 황초령비의 존재 사실은 확인했으나, 행정구역은 확인하지 못하고 있으며 단천비 존재사실에 대해서는 명확한 증거明據가 없다는 점을 들어 이를 부인하였다.

또한 김정희는 현재 북한산 진흥왕 순수비가 무학비無學碑가 아닌 진흥왕의 순수비임을 밝히고 있다. 『삼국사기』에서 비를 세운 장소인 북한산의 역사적 지리적 환경을 알아보고 비문을 참고하여 비가 세워진 이유가 정계임을 밝혔고 비가 세워진 연대는 황초령비와 내용 및 글씨가 같으므로 같은 시기에 세워진 것이라고 하였다.[71]

연월, 지리, 인명, 직관 등을 證定하여 써서 비의 考를 만들어 『해동금석록』과 『문헌비고』의 그릇됨을 시정한 바 있었는데"라고 하였다. 『완당전집』 1, 攷, 眞興二碑攷 및 김남두(1990), 「예당금석과안록의 분석적 연구」『사학지』 23도 참고.

70) 『완당전집』 2, 書牘, 與趙雲石(寅永).

71) 千二百年古蹟 一朝大明 辨破無學碑弔詭之說 金石之學有補於世 乃如是也

이상에서 실학자들은 신라의 역사에 대한 사실을 고증하고 있다. 이러한 실학자들의 사실 고증은 현재까지도 시사해주는 바가 크다. 그리고 실학자들의 신라 역사에 대한 해석 역시 지금 현재에도 유효한 것이 대부분이다. 이에 대해서는 다음 장에서 살펴본다.

4. 실학자들의 신라사 해석

앞에서 살펴본 바와 같이 실학자들은 신라 역사에 대한 사실을 고증하였다. 이것은 실학자들의 합리적인 역사해석과 불가분의 관계에 있는 것이다. 이러한 실학자들의 역사 해석 중 안정복의 신라사 해석이 관심을 끈다. 우선 안정복은 신라 문화의 형성과 발달에 있어서 불교가 끼친 긍정적인 요소를 부정하고 있지만,[72] 삼국 가운데 신라에서 불교가 가장 성행했음을 인정하고 있고[73] 신라 불교의 연원을 소급시키고 있다. 즉 법흥왕 15년 불교를 공인하기 이전부터 신라에 불교가 있었다는 사실을 강조하고 있는데, 소지왕 때의 분수승과 법흥왕 이전의 자비왕이라든지 소지왕과 같은 칭호가 모두 불佛의 용어임을 지적하고 있는 것이다.[74] 원성왕의 즉위와 관련해서는 『삼국사기』 원성왕의 즉위기사와 다른 『동국여지승람』의 내용을 따르고 있다. 즉 『삼국사기』에는 중의衆議

是豈吾輩一金石因緣而止也哉(臺本 Ⅱ-5). 김남두(1990), 앞의 글, p.28에서 재인용. 『완당전집』 2, 書牘, 與趙雲石(寅永) 및 『완당전집』 1, 攷, 眞興二碑 攷도 참고. 한편 한진서는 "북한산은 지금의 삼각산으로 삼각산의 승가사 북쪽 산봉우리 위에 진흥왕 순수비가 있다. (중략) 생각건대 이는 진흥왕 16년에 강역을 획정할 때 세운 것이며, 이곳이 고구려와 국경을 나눈 것이다"고 하였다(『해동역사속집』 7, 지리고 7, 신라 강역총론).

72) 按 (중략) 此時 東俗荒陋 及自奉佛 以後誕妄之說 無所不至 此聖人之道不行 人之燭理不明 故也 悲夫(『동사강목』 제2하, 신라 실성왕 12년(계축) 가을 8월).

73) 春二月 新羅作興輪寺 度人爲僧尼(新羅自此廣興寺刹 奉佛之勤 最於三國矣)(『동사강목』 제3상, 신라 진흥왕 5년 갑자).

74) 『동사강목』 부록 상권(상), 고이, 신라가 비로소 불법을 시행하다.

추대로, 『승람』에는 무리를 위협하여 왕위에 즉위하였다고 하였는데, 원성왕은 비정상적인 방법으로 왕위에 즉위한 것이 맞다는 것이다.[75]

이상의 안정복의 역사 해석과 관련해서 한치윤은 석지釋志를 독립된 지로 처음으로 설정하였고 석교釋敎에서는 최치원의 지증대사비문을 들어 서진西晉(266~316) 때 이미 신라에 불교가 전해졌다고 해석하고 있다.[76] 이긍익은 헌덕왕(14년) 임인년(822)에 김헌창과 김범문의 난으로 결국 명주국溟州國이 멸망하였다고 한다.[77] 이러한 명주국에 대해서는 신경준도 주목하고 있으며[78] 안정복은 그것의 멸망과 관련해서는 헌덕왕 14년 주원의 아들인 웅주도독 김헌창이 군사를 일으켜 반역하자, 장웅 등을 보내 토벌하여 그의 목을 베었다고 하였다.[79]

그리고 안정복은 재이를 당시의 정치 변화와 연관 지어 이해하기도 하였다.

D-1) 여름 4월 계림에서는 용이 궁의 동쪽 못에 나타나고, 금성 남쪽의 넘어진 버들이 저절로 일어났다(안按) 국가가 흥기할 때에는 반드시 좋은 징조가 있고 국가가 장차 망하려 할 때에는 반드시 재앙의 징조가 있다. 초목은 만물의 미미한 것이기 때문에 누운 버들이 저절로 일어나는 것은 그 점괘가 서인(庶人)이 왕이 된다는 것이다. 신라의 김씨는 말할 만한 공덕이 없고 다만 금독(金櫝)과 백계(白鷄)의 기이함을 가지고 탈해의 아들이 되었고 미추에 이르러서 일국(一國)을 차지하니, 김씨가 나라를 갖게 된 시초가 되었다. 지금 이러한 변고는 박씨 ·

---

75) 『동사강목』 부록 상권(상), 고이, 원성왕립; 이기백(1999), 「순암 안정복의 합리주의적 사실 고증」 『한국실학연구』 1, 62~64면
76) 『해동역사』 32, 釋志, 釋敎.
77) 『연려실기술』 별집 19, 歷代典故, 신라.
78) 『여암전서』 6, 강계고3, 신라국 강계 명주국. 그리고 長安國도 하나의 항목으로 잡아 설명하고 있다.
79) 『동사강목』 제5상, 신라 헌덕왕 14년(임인) 3월.

석씨에겐 요망한 징조요 김씨에겐 상서로운 징조인가.)(『동사강목』 제
2상, 점해왕7년 계유 하4월).

2) 여름 계림에 큰물이 졌다. 가을 7월 성패가 동방에 나타났다(안(按) 선
　　유(先儒)는 수재(水災)가 일어나면 음기가 성하니 신라가 강하게 되는
　　징조이고 혜성은 옛것을 제거하고 새것을 펴는 현상이라고 하였으니,
　　신라가 이때에 큰물이 지고 무너진 산이 40여개소나 되며 혜성이 동방
　　에 나타났다가 25일 만에 사라졌으니, 동방은 곧 진한의 분처(分處)인
　　지라, 다음해에 김미추가 왕이 되었으니, 하늘의 경고 또한 깊고 절실
　　하다 하겠다)(『동사강목』제2상, 점해왕 14년 경진).

위의 사료 D-1)을 보면 내해왕 3년에 시조묘 앞의 누운 버들이 저절로
일어났고 점해왕 7년에 다시 일어났는데, 누운 버들이 저절로 일어난 것
은 서인庶人이 왕이 되는 것이라고 하였다. 그리고 사료 D-2)를 보면 점
해왕 14년의 수재와 혜성이 나타난 것은 신라가 강하게 되는 징조로 보
았고 혜성이 나타난 것은 옛 것을 제거하고 새 것을 펴는 현상이라고 하
였다. 이러한 여러 현상에 대해 안정복은 내해왕 다음에 등장하는 김성
시조인 미추와 관련지어 이해하고 있다.

한편 안정복 이외의 여타 실학자들의 신라사 해석과 관련해서는 우
선 다음이 주목된다.

E-1) 어떤 이는 "여주의 혼암한 정사를 춘추가 개혁해 다스렸으나, 혜공이
　　어려서 즉위하여 사직은 거의 망하다시피 되었고 끝내 난병(亂兵)에게
　　죽었다. 선덕은 비록 유신의 정사는 없었다고 할지라도 공경하고 삼가
　　므로 위(位)를 유지했으며 나중에 원성에게 이르러 비로소 문치로 떨
　　치게 되었다고 하였으니, 삼대로 구분된 것이 혹 이 때문이었던가"(『
　　성호사설』22, 경사문, 신라삼대(新羅三代)).

2) ① "이성(異姓)을 추존하여 모두 갈문왕이라 칭하였다"고 하고 "본종

(本宗) 정통은 마립간이라 칭했는데, 갈(葛)과 마(麻)는 질대(経帶)를 말한 것이다"(『성호사설』23, 경사문, 갈문왕).

② 『삼국사기』에는 "신라의 추봉한 왕은 모두 갈문왕이라 한다"고 하였으나, 그 뜻이 명확하지 못하다. 역사를 상고하면 비후(妃后)의 아버지를 갈문왕이라 일으켰다. …『주례』의 말은 동성에는 마(麻), 이성에는 갈(葛)을 뜻함이다. 이것을 갈문왕이라 하여 본종과 분별한다고 한다(『동사강목』부록 상권(상), 고이, 갈문왕).

3) ① 화랑은 원화에서 근원하였고 원화는 풍월주에서 근원하였다. 법흥왕 때 동남(童男)으로 용모와 거동이 단정한 사람을 선발하여 이름을 풍월주라 하였고 … 진흥왕대에 이르러서는 … 미녀 두 사람을 간택하여 받들어 원화로 삼았고 … 뒤에 다시 미남자를 뽑아 그들을 단장하고 꾸며서 이름을 화랑이라 하였다. … 반드시 미남자로 한 것은 또한 옛 사람이 말한 남색의 유라 하겠다(『성호사설』18, 경사문, 화랑).
② 법흥왕 때 동남(童男)으로 용모와 거동이 단정한 사람을 선발하여 이름을 풍월주라 하였다는 『여지승람』에는 이것을 법흥왕 원년에 있었던 일이라 하나, 고증할 수 없다고 하였다(『동사강목』부록 상권(상), 고이, 신라가 화랑을 두다).

4) 김유신은 남가야 수로왕의 자손이다. 그런데 그의 비(碑)에는 헌원의 후예요, 소호의 자손이라고 하였다. 신라 사람은 자칭 금천씨 소호의 후예라고 하니, 가야와 신라는 동성(同姓)인 것이다(『성호사설』20, 경사문, 기화(氣化)).

다 알다시피 신라 삼대三代(상·중·하대)는 신라인들의 시대적 변화에 대한 인식으로 왕통의 변화에 따른 것이다. 그리고 여기에는 정치적, 사회적 변화도 반영하고 있는데, 위의 사료 E-1)을 보면 이익은 신라 삼대를 정치적인 변동과 연관 지어 이해하고 있다. 그리고 사료 E-2) ①에서 『삼국사기』와 『삼국유사』에 갈문왕은 추봉된 왕으로 나오지만, 이익은 이성異姓을 추존한 것으로 E-2) ②에서 안정복은 비후妃后의 부를 칭하는 것으로 해석하고 있다. E-3) ①에서 이익은 화랑은 원화에서, 원화는 풍월주에서 근원하였다고 한다. 즉 풍월주-원화-화랑으로 변화하는 것으로 보았다. 이에 대해 E-3) ②에서 안정복 역시 동의하고 있으나, 법흥왕 원년의 풍월주는 고증할 수는 없다고 하였다. 또한 E-4)에서 이익은 신라와 가야를 동성으로 보고 있다.

　신경준은 신라의 국도 서나벌은 국호였는데 후에 서벌徐伐이라고 칭했으며 이것이 전화되어 서울徐鬱이 되었다고 설명하고 있다.[80] 이것은 안정복도 언급하였는데, 신라의 국명은 본래 사로인데 『삼국사기』에서 국호를 서라벌徐那伐로 적은 것은 왕도王都의 뜻이 잘못 전해진 것이라고 하였다.[81] 그리고 신경준은 신라의 소경은 오소경이 아니라 명주소경까지 합하여 육소경으로 보았는데,[82] 이러한 명주소경에 대해 한백겸은 선덕(여)왕 때 설치되었다가 말갈의 위협 때문에 태종 5년 폐지되어 명주도독진(부)을 설치하였다고 하였다.[83]

　한치윤은 혜공왕 16년(780)에 김지정이 난을 일으켜 왕궁을 포위하자, 김양상이 김지정을 죽이고 이어 왕을 시해한 다음 왕이 되었다고 하였다.[84] 그리고 『수서』에 보이는 "新羅 田甚良沃 水陸兼種"이라는 기사에 대해서는, 영남은 비옥한 땅이 많아서 봄에는 보리를 심고 여름에는 물을 대어 벼를 심는다고 보았다.[85] 즉 수륙겸종을 도맥이모작稻麥二毛作으

---

80) 按徐耶伐非古州名 而乃國號也 以國都在於其地 故後因以國號名其地也 後東人稱他京都 亦曰徐伐 今轉爲徐鬱(『여암전서』 6, 강계고3, 신라국 국도 徐耶伐).

81) 『동사강목』 부록 상권(상), 考異, 徐那伐.

82) 善德王置溟州所京 太宗王五年以地連靺鞨罷京爲州置都督鎭 景德王改今名 今江陵府(『여암전서』 6, 강계고3, 신라국 국도 小京 溟州小京).

83) 溟州小京(善德王置小京設官屬 太宗王五年以地連靺鞨罷置都督鎭 今江陵府)(『동국지리지』 신라 봉강).

84) 『해동역사』 10, 세기10, 신라.

85) 『해동역사』 25, 食貨志 農桑.

로 해석한 것으로, 이모작의 기원을 신라에서 찾은 것이다.[86] 한진서는 신라 9주와 관련해서 『삼국사기』에서 한주, 삭주, 명주가 고구려 지역이라고 한 것은 잘못된 것이라고 하였다. 왜냐하면 "『삼국사기』신라본기와 백제본기를 두루 상고해 보면 삭주는 혹 고구려의 옛 지역이라고 할 수 있으나 한주의 경우에는 본디 백제에 속해 있었고 명주는 본디 신라에 속해 있었다. 간혹 고구려의 침입을 받아 잠시 잃기는 하였으나 곧바로 수복하였는바, 고구려의 강역은 일찍이 한수 남쪽 대관령 동쪽 지역까지 미치지 못하였다. 그런즉 강릉과 광주를 어떻게 고구려 지역이라고 할 수 있겠는가. 대개 신라가 9개주를 나누어 설치하고서는 세 주가 관할하는 바가 대부분 고구려의 남쪽 경계 지역임을 말한 것인데, 김부식이 이를 제대로 고찰하지 않고서 마침내 세 주의 관내를 모두 고구려 지역이라고 한 것이다. 이에 영남의 순흥 등 9개 고을이 명주에 예속되어 있자, 이 곳을 그대로 고구려 지역이라고 하였다. 그리고 한수 남쪽의 수원 등 10개 고을이 한주에 예속되어 있자, 이곳을 그대로 고구려 지역이라고 하였다. 고구려의 경계는 본디 한수 남쪽을 넘어오지 않는데, 더구나 조령의 남쪽이겠는가?"[87]라고 하였다.

　김정희의 신라사 연구는 『금석과안록』을 통해 살펴볼 수 있는데, 『금석과안록』은 『완당전집』 1권에 실려 있는 「진흥왕이비고眞興王二碑考」의 견해를 수정·보완한 것이다. 여기에서 김정희의 신라의 불교, 관직과 관등, 6부 및 인명에 대한 연구를 알 수 있다.[88] 불교 연구와 관련해서 『삼국사기』신라본기 진흥왕조와 직관지의 승관제도를 통해 신라 불교의 성행사실을 확인하고 비문의 법장·혜인은 사문도인沙門道人으로 이들이 대신 위에 기록된 것은 그들을 높였기 때문이라고 하였다. 관직과 관련해서는 우선 『삼국사기』신라본기와 직관지, 색복지를 통하여 대등

---

86) 한영우(1985), 앞의 글, 162면.
87) 『해동역사속집』 7, 지리고7, 신라(강역총론).
88) 이와 관련해서 『완당전집』 1, 攷, 眞興二碑攷 및 김남두(1990), 앞의 글 참고.

은 상대등上大等(상신上臣), 사신仕臣(사대등仕大等), 대등大等 3종이 있음을 밝히고 있다. 그리고 『삼국사기』를 통하여 비문의 종인從人은 대사大舍의 종인이고, 비문의 사간조인沙干助人은 사찬의 보조자라고 하였다. 관등과 관련해서는 『삼국사기』 직관지, 색복지 등의 기사를 통해서 찬飡과 간干이 서로 혼용되었으며 잡迊과 잡帀은 같은 것으로 보았고 급벌간及伐干은 급간級干, 길사吉士는 길주吉主, 길차吉次이며 지之와 지知는 음이 서로 비슷하다고 하면서 길지吉之는 길사吉士라고 하였다.

6부와 관련해서는 비문의 훼부喙部와 사훼부는 양부, 사량부의 변칭이라고 하면서 『문헌비고』에 인용된 최치원의 말과 『문헌비고』 편자의 말을 인용하여 이를 확인하고 있다. 즉 최치원은 진한 풍속에 거주지를 훼로 칭하는데, 『문헌비고』 편자는 신라인들의 방언에 훼의 독음이 도道이며 지금 양梁도 도로 칭한다고 하였다. 그리고 『양서』에 보이는 육탁평은 6부와 근사하고 『당서』에 탁평이 훼평으로 기록되어 있는 것으로 보아 훼자와 탁자가 비슷하다고 하였다. 아울러 훼부와 사훼부는 존비에 따라 기록하는 비문의 문장식 원칙에 위배되는 것으로 보아 거주부명으로 이해하고 있다. 김정희는 비문에 보이는 인명도 연구하였는데, 『삼국사기』를 통하여 거칠부를 확인하고 대등의 설치연대, 임명 규정을 알아본 뒤 이를 통해 거칠부의 승진 연대를 고증하였다. 그리고 신라 인명의 끝은 지知로 끝나는 경우가 많은데, 이는 방언으로 북한산비와 비교하여 인명의 지知와 지智는 같은 것으로 보았다.

또한 김정희는 태종무열왕릉 위에 4대릉이 있는데 읍인들이 이를 조산造山이라고 하지만, 김정희는 공동空洞과 석축으로 되어 있는 것으로 보아 조산이 아닌 왕릉이라고 하였다. 그리고 문헌상의 기록을 검토하여 이른바 4대릉은 진흥, 진지, 문성, 헌안 4왕의 능이라고 하였다. 이어서 후대 왕의 무덤이 전대 왕보다 위에 있다는 반론이 있을 것을 생각하여 도장倒葬(후손의 묘를 선조묘 위에 쓰는 것)의 법은 후세사람들이 금기했던 것이지 옛날에는 그러하지 않았으며 또 태종릉과 4대릉의 거리가 비록

한 기슭이기는 하나 약간 우측으로 간격을 두었기 때문에 서로 방해될 것이 없다고 하였다.[89] 현재 고고학적 성과에 따르면 진흥왕릉의 능은 서악동고분군 오른쪽 날개 자락에 있다. 그러나 김정희의 진흥왕릉 고증은 문헌 검토와 현장 답사를 통해 이루어진 것으로 현재 고고학의 지표조사와 같은 연구방법을 동원하고 있음을 알 수 있다.

이상에서 실학자들의 신라사 해석 중 현재까지도 유효한 것에 대해 살펴보았다. 이로 볼 때 실학자들의 신라사 연구는 하나의 중요한 연구성과로 그 의미가 있다고 생각된다. 한편 실학자들은 신화·전설과 같은 비합리적 역사서술을 비판하고 있다. 특히 안정복은 고기古記에 전해져 내려오는 고대 신화와 중세 전설들을 '이의전의以疑傳疑'의 뜻으로 후세에 남기기 위해서 혹은 합리적 시각에서 그것을 비판하기 위해서 「괴설변증」을 쓴다고 하였다.[90] 이에 삼국의 시조에 관한 기록을 유교적 합리주의 사관에 의해 비판하고 올바른 사실과 믿을만한 사실만을 기록하였는데, 신라 시조인 박혁거세에 대한 기록을 보면 "양산부에 지덕이 뛰어나고 조숙하여 신성한 자질이 있는 박혁거세라는 사람이 있었는데, 고허촌장인 소벌공이 육부사람들과 함께 그를 추대하였다"[91]고 기록하였다. 이것은 신라의 알영부인, 석탈해, 김알지에 대한 기록에서도 나타난다.

이러한 안정복의 신화·전설에 대한 비판은 유형원의 영향을 받은 것으로,[92] 유형원은 각 시조의 탄생 설화는 괴이할 뿐만 아니라 거짓을 만드는 술책 또한 조잡하다고 하였다.[93] 그리고 이익은 "나는 먼 조상에

---

89) 『완당전집』 1, 攷, 新羅眞興王陵攷.

90) 按東國古初 怪說甚多 作史者悶前代載記闕漏 無事可稱 遂取俚俗不經之說 編入正史 有若實有是事者 然今一切刊正 作怪說辨證(『동사강목』 부록 상권(중), 괴설변증).

91) 『동사강목』 제1상, 신라시조 박혁거세 원년(갑자) 여름 4월 및 『동사강목』 부록 상권(중), 괴설변증.

92) 강세구(1990), 앞의 글, 68면.

93) 余讀東史 三國之際 怪異之事 甚多 … 無不荒怪 … 自檀君以至三國麗祖

대해 신성하다는 이야기도 다 믿을 필요가 없고 국사에 전하는 허황하고 괴상한 말도 역시 없애버려야 한다고 생각한다"고 하였다.[94] 정약용은 석탈해와 수로왕의 출생에 관한 독난櫝卵 설화를 믿지 않는데, 그 설화는 신라와 백제가 뒤에 구극仇隙이 생기면서, 신라인이 백제로부터 수명受命했던 것을 부끄럽게 생각하여 조작해 낸 설화라고 한다. 이러한 위항委巷의 설은 믿을 것이 못되는데도 『삼국유사』와 『고려사』에 이를 병재한 것은 잘못이라고 한다.[95] 김정희는 신경준의 지리고에서 "더욱 빨리 고쳐야 할 것은 인가人家의 시조가 처음 탄생할 때의 신화적인 자취를 물이고物異考 속에 끼워 넣은 것인데, 매양 이것을 열람할 적마다 두렵고 경탄스러움을 감당하지 못합니다. 어찌 이런 일들이 있겠습니까"[96]라고 하였다.

실학자들의 이상과 같은 신화·전설에 대한 인식은 김부식 이래 유교적 합리사관의 발전이라고 할 수 있다.[97] 그러나 근대사학에서 신화와 전설은 역사적 사실이 내포되어 있다고 한다. 이로 볼 때 앞서 언급한 실학자들은 신화나 설화 속에서 역사적 의미를 추출해 낼 수 있다는 생각을 갖지 못하였다고 할 수 있다.[98]

王者之興多矣 而不出於卵 則必出於金櫝 王妃不是河伯之女 則必是龍女 二者之外 更無他端 其造詭之術 亦狹而不博矣(『磻溪雜藁』「東史怪說辨」).

94) 『성호사설』 22, 經史文, 高金二姓 ; 『성호사설』 20, 경사문, 氣化도 참고.

95) 又按鄭史 有金櫝金卵之說 妄誕鄙俚 今竝刪之 余謂漢史魏志 皆云辰韓弁辰之王 皆以馬韓人爲之 此當時之實聞 也 辰韓之昔脫解 弁辰之金首露 皆係西韓之人 而新羅·百濟後世 竟成仇隙 新羅之人 恥其前代受命百濟 諱其根本 遂造櫝卵之說 以欺愚俗 而三國遺事 竝載委巷之說 鄭公不知刪落耳(『여유당전서』 6, 강역고2, 弁辰別考).

96) 『완당전집』 3, 書牘, 與權彝齋敦仁 32.

97) 그렇지만 안정복은 도덕적 견지에서 긍정적으로 보아야 할 것은 살리고 있는데, 죽장릉설화, 장의사축조설화, 천사옥대, 만파식적 등이 그것이다. 이것은 안정복의 합리주의적 한계성이라고 하였다(강세구(1990), 앞의 글, 64면; 이기백(1999), 앞의 글, 64~70면).

98) 이긍익의 『연려실기술』 別集은 문화 전반에 대한 내용을 다룬 것이고, 앞

5. 맺음말

이상에서 실학자들의 신라사 연구방법과 그 해석을 살펴보았다. 한 백겸 이래 실학자들은 우선 시간의 변화에 따른 강역의 변화를 염두에 두고 신라의 역사를 서술하였는데, 대체로 신라는 진한의 사로국에서 발전하였으며 시간이 지남에 따라 강역을 넓혔고 통일신라의 영역은 동으로는 철령 이남, 서로는 평양 이남, 북으로는 발해와 접하였다고 하였다. 이러한 이해는 지역을 바탕으로 하여 시대적인 변화를 추적했기 때문에 가능했던 것으로 기왕의 사서가 시간을 축으로 역사의 변화를 추적한 것과는 구별되는 것이었다. 그리고 실학자들은 국가의 발전과 지리는 밀접한 관련을 가지고 있다고 보았는데, 신라의 도읍이 경주에 치우쳐 있어 고구려의 영토를 상실하였다고 했으며 강역의 크기에 따라 국제관계를 파악함으로써 신라 보다 백제가 강성하였다고 보았다. 이러한 이해를 바탕으로 실학자들은 『삼국사기』이후의 사서에서 신라를 앞세웠던 역사서술을 극복하였고, 삼국의 성립을 고구려, 백제, 신라 내지는 고구려, 신라, 백제 순으로 정리하였다.

다 알다시피 실학자들은 국·내외의 광범위한 자료뿐만 아니라 금석문 자료를 통해 신라사의 내용을 보완하였다. 특히 김정희는 금석문 자료를 통해 고비古碑와 강역 나아가 역사를 긴밀하게 연결시켰다. 그리고 조선 전기 『동국여지승람』에서 지명고증이나 역사고증의 형태를 보여주고는 있지만, 한백겸 이후 본격적이고 체계적인 사실 고증에 입각한 역사 기술이 강조되었다. 이에 우선 실학자들은 사서(사료)를 비판하였으

에서 언급한 실학자들이 비합리적이라고 하였던 신화나 전설에 대한 일을 기술하고 있다(『연려실기술』 별집 19, 역대전고, 신라; 조은희(1986), 「이긍익의 역사인식에 대한 일고찰」, 『대구사학』 29, 18면). 그런데 이긍익, 『연려실기술』 별집 19권 역대전고 「氣化를 논하다」에서 "그러나 신라 시조 이후로 말하면 곧 중국의 西漢 시대이므로 우리나라에 인간이 생긴 지도 이미 천년이 되었으니, 어찌 알에서 인간이 나올 리가 있겠는가"라고 하였다.

며 사실을 고증하였다. 이와 관련해서 안정복의 고증 기준이 주목되는데, 안정복은 전거 · 정사正史를 중시하였고 기록의 합리성을 강조하였으며 불승 기록을 배척하였고 교훈적 내용을 수용하였다. 그 하나의 예로 안정복은『삼국사기』와『삼국유사』중『삼국사기』의 기록을 우선시하였지만, 합리적인 기록이라면『삼국유사』의 내용을 받아들였다. 그리고 김정희 역시 고증에 철저하였는데, 황초령 진흥왕 순수비가 건립된 연대와 북한산 진흥왕 순수비가 무학비無學碑가 아닌 진흥왕의 순수비임을 밝혔다.

이상과 같은 실학자들의 신라 역사에 대한 사실 고증은 신라사에 대한 실학자들의 합리적인 역사 해석과 불가분의 관계에 있었다. 이러한 실학자들의 역사 해석 중 안정복은 신라 문화의 형성과 발달에 있어서 불교가 끼친 긍정적인 요소를 부정하고 있지만, 법흥왕 15년 불교를 공인하기 이전부터 신라에 불교가 있었다는 사실을 강조하여 신라 불교의 연원을 소급시켰다. 그리고 한진서는『삼국사기』에서 한주, 삭주, 명주가 고구려지역이라고 한 것은 잘못된 것이라고 하였다. 즉 삭주는 고구려 옛 지역이라고 할 수 있으나 한주는 원래 백제에 속해 있었고 명주溟州는 신라에 속해 있었다고 하였다. 김정희는 황초령비와 북한산비를 통해 신라의 불교, 관직과 관등, 6부 및 인명에 대한 탁월한 연구 성과를 냈으며 또한 진흥왕릉 고증은 문헌 검토와 현장답사를 통해 이루어진 것이었다.

이상의 실학자들의 신라 강역에 대한 관심과 사실 고증이라는 연구 방법, 그리고 신라사에 대한 해석은 지금 현재까지도 대부분 유효하다고 보았다. 그렇지만 실학자들은 신화 · 전설과 같은 역사서술을 비판하고 있다. 이것은 신화와 전설에도 역사적 사실이 내포되어 있다는 것을 간과한 것으로 실학자들의 한계라고 할 수 있다고 하였다.

조선후기 실학자들의
발해사 연구 성과

김 종 복 | 성균관대학교 박물관

1. 머리말

고구려 유민이 말갈족을 규합하여 세운 발해는 멸망한 이후 후속 국가도 등장하지 않고 그 자신이 남긴 역사서도 전하지 않는 상황에서 오랫동안 역사에서 잊혀졌다. 역사에서 망각된 발해라는 존재를 다시 불러낸 것은 바로 조선후기의 실학자들이었다.

실학자들은 당면한 사회 현실을 직시하고 그 문제점을 개혁하려고 노력하였던 만큼 자국사에 대한 관심도 높았다. 자국사에 대한 관심은 자의식의 반영인 동시에 현실 문제에 대한 역사적 접근이기 때문이다. 이들이 발해사에 주목하게 된 단초는 한백겸韓百謙의『동국지리지東國地理志』(1615)에서 엿볼 수 있다. 임진왜란에 뒤이어 북방으로부터 후금後金의 위협이 등장하는 가운데 그는 조선이 약소국이 되어 외침을 받게 된 역사적 원인을 고구려 멸망 이후 신라가 북방의 영토를 차지하지 못함으로써 영역이 축소된 데에서 찾았다. 여기서 고구려 고토 회복의식이 싹트게 되었고, 나아가 고구려 옛 땅에서 일어난 발해에도 관심을 갖게 되었던 것이다.[1]

또한 백두산정계비白頭山定界碑 설치(1712)를 전후하여 고조된 국경문제에 대한 관심은 고토故土 의식, 실지회복失地回復 의식과 결부되어 발해사에 대한 보다 적극적인 인식을 낳게 되었다.[2] 그 결과 이종휘李種徽 (1731~1797)의『동사東史』는 자국사에서 고구려보다 더 넓은 영역을 차지한 발해에 주목하였고, 유득공柳得恭의『발해고渤海考』(1784)는 신라와 발해가 병립한 남북국론南北國論을 제창하기에 이르렀다. 발해사에 대한 적극적

---

1) 宋基豪(1991),「조선시대 史書에 나타난 발해관」,『韓國史研究』72, 76면.
2) 李萬烈(1981),「朝鮮後期의 渤海史認識」『韓㳓劤博士停年紀念史學論叢』, 467면.

인 평가는 오랫동안 한국중세사회에서 부동의 지위를 누리고 있던 신라 정통론에 대한 문제 제기였다.

한백겸 이후로 많은 실학자들은 현실과 관련된 문제의식에서 역사지리에 관심을 가졌다. 지리에 대한 관심의 출발점은 역사적 사건의 단서를 정확히 파악하고자 하는 데 있었지만, 이들에게 역사지리는 역사 현상에 대한 도덕적 해석으로부터 점차 탈피해 나갈 수 있는 또 다른 계기를 마련해 주었다.3) 그 결과 발해를 포함한 역사지리 고증의 학문적 수준은 근대역사학의 그것에 비해 결코 손색이 없었다.

이처럼 발해사에 대한 적극적 인식과 수준 높은 지리고증으로 인해 실학자들의 역사연구는 근대 역사학의 효시로서 강조되었다. 그렇지만 발해사 인식의 획기적 전환을 이룬『발해고』는 그 문제의식과 달리 실제 서술 내용은 빈약한 편이고, 특히 지리고증에 있어서『요사遼史』지리지나『대청일통지大淸一統志』의 오류를 답습하였다는 지적이 있었다. 이와 함께 조선후기 대표적인 실학자인 이익과 안정복이 발해사를 자국사로 인식하는 데 회의적이었던 점은 남북국시대론을 지지하는 견해를 곤혹스럽게 하였다.

그런데 전자에 대해서는 최근 유득공이『발해고』를 수정하면서 지리고증에서의 오류를 극복하였음이 밝혀졌다.4) 한편 발해사를 자국사로 볼 수 없다는 의견을 피력한『동사강목』이 막상 본문에서 서술한 발해사 내용은 상당히 풍부한 편이다. 이 점에서 조선후기 실학자들의 저술에 나타나는 발해사 서술내용의 확대와 지리고증의 심화 과정에 주목하고 싶다. 이 글은 실학자들의 발해사 인식보다 연구 성과를 정리하는 데 초점을 두었다. 발해사에 대한 인식의 전환은 이미 언급되었듯이 현실

---

3) 趙珖(1985),「朝鮮後期의 歷史認識」『韓國史學史의 研究』, 乙酉文化社, 181면.
4) 박인호(2002),「『발해고』에 나타난 유득공의 역사지리인식」,『韓國史學史學報』6; (2003),『조선시기 역사가와 역사지리인식』, 이회문화사 및 宋基豪 (2002),「柳得恭의『渤海考』와 成海應」『朝鮮의 政治와 社會』, 집문당.

에 대한 문제의식에서 비롯되었지만, 그것이 실제 역사서술에 적용되는
일련의 과정, 즉 간과된 사실의 재발견, 사료의 광범한 섭렵, 치밀한 사
실 고증 등에서 역사가로서의 진면목이 발휘되기 때문이다.

2. 『동사강목』과 발해사 서술의 증가

조선후기 실학파의 대표적인 역사서의 하나인 안정복의 『동사강목』
(1759)은 범례의 통계統系 조목에서 "발해는 우리 역사에 기록하는 것이
부당하다. 그러나 본래 고구려의 옛 땅으로 우리의 국경과 인접하여 의
리가 순치脣齒의 관계에 있으므로, 『동국통감』에서 갖추어 썼다. 이제 그
대로 따른다"라고 하였다.5)

조선 전기의 관찬 사서인 『동국통감』은 사마광의 『자치통감』을 전범
으로 삼은 편년체 사서이다. 그러나 역사의 계통을 의미하는 정통론의
경우 주자의 『자치통감강목』의 무통無統을 채택하였다. 그래서 외기外
紀·삼국기三國紀·신라기新羅紀·고려기高麗紀의 체재를 갖추었다. 삼국기
는 신라·고구려·백제를 무통으로 처리한 결과이며, 신라기는 고구려
멸망 이후의 669년(문무왕 9년)부터 신라를 정통으로 인정한 결과이다. 신
라기의 설정을 통해 이미 발해는 자국사의 인식 체계에서 배제되었으
므로, 이를 따른 『동사강목』도 발해를 주변국의 역사로 취급하였던 것
이다.

이러한 인식은 그의 스승 이익도 마찬가지였다. 『동사강목』은 고려
태조 25년(942)조에서 만부교萬夫橋 사건을 서술한 뒤, 『성호사설』의 사론
을 인용하였다. 그 요지는 신라 말기의 혼란한 틈에 발해가 요동 지역[전
요全遼]을 차지한 탓에 고조선과 고구려 영역의 태반이 상실되었으며, 발
해의 흥망이 우리와 관계가 없으므로 고려가 거란과 외교를 단절한 것

---

5) "渤海 不當錄于我史 而本爲高句麗故地 與我壤界相接 義關脣齒 故通鑑備
書之 今從之"(『東史綱目』 凡例)

은 지나쳤다는 두 가지로 요약될 수 있다.

이익과 안정복의 발해사 인식은 이미 지적되었듯이 정통론과 밀접한 관계가 있었다.[6] 이익은 단군, 기자에 뒤이은 위만을 참위僭位라는 이유로 부정하고 그 정통은 마한으로 계승되었다는 삼한정통론을 제기하였다. 이는 주자성리학처럼 소속 왕조에 대한 의리에서 나온 것이 아니라 자국사의 일정한 계통을 세우려는 의도에서 나온 것으로서, 고조선에서 시작된 조선의 역사가 한사군에 의해 단절된 것이 아니라 마한으로 계승되었음을 밝힌 점에서 그 의의를 찾을 수 있다.[7]

이 점은 『동국통감』의 인식 체계와 다르지만, 그 다음 단계는 거의 동일하다. 즉 역사의 계통이라는 점에서 삼국 및 후삼국 시기는 무통으로 처리한 반면, 고구려 멸망 이후의 신라와 후삼국 통일 이후의 고려는 정통으로 취급하였던 것이다. 『동국통감』의 인식체계에 따라 이른바 '통일신라'를 정통으로 취급할 때, '발해는 우리 역사에 기록하는 것이 부당'하게 된다.

그럼에도 불구하고 『동사강목』에 수록된 발해사 내용은 『삼국사절요 三國史節要』(1476)나 『동국통감』(1485)보다 훨씬 풍부하다. 이에 대한 언급은 이미 있었지만,[8] 빠진 부분도 보충할 겸 논의의 전개를 위해 다시 도표로 간략히 정리하여 소개하면 다음과 같다. 다만 발해 멸망 이후의 유민 기사는 생략하였으며, 원문은 말미에 첨부하였다.

〈표 1〉 『삼국사절요』, 『동국통감』, 『동사강목』의 발해사 서술 내용

기년	삼국사절요(11건)	동국통감(13건)	동사강목(22건)
文武王 15년(675)	2월, 劉仁軌가 靺鞨渤海에게 신라 공격 지시	左同(1-②)	

---

6) 李萬烈, 앞의 글, 460면.
7) 李佑成(1966), 「李朝後期 近畿學派에 있어서의 正統論의 展開」『歷史學報』 31; (1982), 『韓國의 歷史像』, 創作과批評社, 82~83면.
8) 李萬烈, 앞의 글, 452~453면 및 455~456면.

기년	삼국사절요(11건)	동국통감(13건)	동사강목(22건)
	(1-①)		
神文王 2년(682)	고구려 영역의 대부분을 발해말갈이 차지하고 신라는 그 남쪽을 차지하여 3주 설치(2-①)		
神文王 6년(686)	고구려와 백제의 옛 영역은 신라와 발해말갈이 분점(3-①)	左同, 단 신라를 我國으로 표현(3-②)	
孝昭王 8년(699)			按에서 고구려의 땅은 모두 발해가 차지(4-③)
孝昭王 9년(700)			大祚榮이 신라에 사신 파견 및 건국 과정(5-③, ④)
聖德王 12년(713)		대조영의 渤海郡王 책봉, 발해의 건국 과정(6-②)	左同, 단 발해의 사방 경계 중 泥河는 德源에 비정(6-③)
聖德王 18년(719)	대조영 사망. 발해 건국의 과정. 高王 시호. 大武藝의 영역 확장, 仁安 연호. 海東盛國의 영역 5경 15부 62주(7-①)	봄, 대조영 사망 및 高王 시호. 대무예의 영역 확장(7-②)	左同(7-③)
聖德王 25년(726)		발해의 黑水靺鞨 토벌로 인한 大門藝 망명 사건(8-②)	左同(8-③)
聖德王 32년(733)	7월, 발해말갈의 登州 공격, 당의 신라에게 지원 요청, 신라의 공격 실패(9-①)	左同(9-②)	左同, 단 대문예 암살 사건 추기(9-③)
聖德王 33년(734)	1월, 신라가 당에 발해 공격 요청(10-①)	左同(10-②)	左同(10-③)
聖德王 34년(735)	2월, 당이 신라에게 浿江 이남 하사. 6월 신라의 謝恩使 파견(11-①)	左同(11-②)	左同, 단 그 이유로 발해의 강성 서술(11-③)
景德王 21년(762)		大欽茂의 발해국왕 책봉. 武王과 文王 시호. 문왕 때 上京 천도(12-②)	左同, 단 大興 연호와 당에 39회 조공 추기(12-③)

기년	삼국사절요(11건)	동국통감(13건)	동사강목(22건)
元聖王 6년(790)	3월, 北國에 사신 파견 (13-①)		左同, 단 북국이 발해임 을 명시(13-③)
元聖王 11년(795)			大嵩璘 책봉, 문왕 시 호, 문왕 사후의 혼란 서술(14-③)
哀莊王 10년(809)			康王 대숭린 사망, 大元 瑜 즉위 및 永德 연호 (15-③)
憲德王 4년(812)	9월, 북국에 사신 파견 (16-③)		左同(16-③)
憲德王 5년(813)			定王 대원유 사망, 大言 義 즉위 및 朱雀 연호 (17-③)
憲德王 10년(818)			僖王과 簡王의 사망 이 후 從兄 大仁秀 즉위 및 建興 연호(18-③)
興德王 5년(830)		대인수 사망. 5경 15부 62주 서술(19-③)	宣王 대인수 사망, 손자 大彝震 즉위, 선왕 때 영역 확장. 按에서 발해 의 문물제도 서술(19-③)
憲安王 2년(858)			3월, 대이진 사망, 아우 處[虔]晃 즉위(20-③)
憲康王 11년(885)	3월, 崔致遠의 「上太師 侍中狀」을 인용하여 발 해의 건국 내력 및 등 주 공격 서술(21-①)	左同(21-②)	烏光贊과 崔彦撝의 賓 貢科 합격 및 爭長(21- ③)
晋聖王 7년(893)			최치원의 「上太師侍中 狀」을 인용하여 발해의 건국 내력과 등주 공격 서술(22-③)
孝恭王 1년(897)			6월, 최치원 「讓位表」의 '黑水侵疆'을 발해로 해석 7월, 최치원의 「謝不許北 國居上表」 인용(23-③)
景明王 8년(924)			거란의 발해 공격 (24-③)

기년	삼국사절요(11건)	동국통감(13건)	동사강목(22건)
景哀王 2년(925)		3월 고려 궁성 동쪽의 지렁이 출몰은 발해가 의탁할 징조(25-②)	
景哀王 2년(925)	9월과 12월에 발해 장군과 대신이 고려로 망명(26-①)		
景哀王 3년(926)		봄, 발해의 멸망으로 세자 大光顯을 비롯한 장군과 대신이 고려로 망명, 고려는 王繼라고 성명 하사(27-②)	7월 거란이 발해 멸망시키자, 장군과 대신들이 망명, 이에 앞서 고려 궁성에서 나온 지렁이가 발해가 투항할 징조(27-③)

　『삼국사절요』와 『동국통감』에 기재된 발해사 내용은 각각 11건과 13
건으로 그리 많지 않다. 특히 전자는 대조영大祚榮 사망과 관련하여 발해
사를 개괄한 719년조(7-①)와 발해 지배층의 고려 망명을 전하는 925년조
(26-①)를 제외하고는 모두 『삼국사기』의 내용을 전재하였다. 반면 후자는
전자를 토대로 하면서도, 전자의 719년조를 대조영의 발해군왕渤海郡王
책봉 및 발해의 건국 과정(6-②)과 대조영의 사망 및 대무예大武藝의 영역
확장(7-②)으로 분리 서술하고, 나아가 전자에서 다루지 못한 대문예大門藝
망명 사건(8-②), 대흠무大欽茂와 대인수大仁秀의 즉위 사실(12-②, 19-②), 발해
멸망 및 발해 유민의 고려 망명(25-②, 27-②) 등을 추가함으로써 발해사의
흐름을 파악할 수 있도록 한 점이 눈에 띈다.
　이러한 차이에 대해서는 『삼국사절요』가 신라의 입장에서 발해를 응
시한 데 비하여 『동국통감』은 자국사의 전체적인 맥락에서 발해사를 수
용하려는 태도와 관련이 있다는 지적이 있었다.[9] 양자에 나타난 발해사

────────────

9) 李萬烈, 앞의 글, 452면. 일찍이 鄭求福은 "(『동국통감』은) 『삼국사절요』에
　는 별로 강조되지 않은 발해 기사가 많이 나오고 있어 발해사를 처음으로
　우리나라 역사에 편입한 사서가 되었다고 할 수 있다"고 지적한 바 있다(鄭
　求福(1976), 「朝鮮前期의 歷史敍述」 『韓國의 歷史認識』 上, 創作과 批評社,

에 대한 관심은 『삼국사기』에 비해 진일보한 것이지만, 그 내용은 빈약하다고 하지 않을 수 없다. 기초적인 정보인 발해 왕계에 대해서조차 전자는 고왕 대조영과 대무예만, 후자는 여기에 문왕 대흠무와 대인수까지 언급하였기 때문이다. 또한 발해 연호에 대해서도 전자는 무왕 때의 연호인 인안仁安만 수록하였을 뿐, 후자는 아예 누락시켰다.

또한 675년에 말갈발해靺鞨渤海가 신라를 공격한 기사(1-①, 1-②)는 명백한 사실의 오류이다. 이는 당과 거란·말갈이 칠중성七重城을 공격한 『삼국사기』의 기록을[10] 오해한 것이다. 그 원인은 고구려 멸망 이후 그 영역을 발해·말갈과 신라가 분점하였다는 인식(2-①, 3-①, 3-②)과 발해의 건국 시점에 대한 무지가 결합된 데서 찾을 수 있다. 이렇게 볼 때, 신라가 북국에 두 차례 사신을 파견한 사실(13-①, 16-①)이 『동국통감』에서 사라진 것도 북국이 발해와 무관하다는 인식에서 나온 것인지도 모른다.

이상과 같은 내용의 빈약함과 사실의 오류는 『동사강목』에서 극복되었다. 먼저 『동사강목』에 수록된 발해사 내용은 22건으로 대폭 증가하였다. 서술 내용이 증가한 것은 『삼국사절요』와 『동국통감』이 언급하지 않은 발해 왕계 및 연호를 『신당서』 발해전에 의거하여 최대한 수록하였기 때문이다. 나아가 『삼국사기』에도 인용되지 않은 『최치원문집』을 이용하여 700년 대조영이 신라에 사신을 파견한 사실(5-③), 9세기 후반 당 빈공과 합격을 둘러싼 신라와 발해의 알력(21-③), 897년 당 조정에서 발생한 신라와 발해의 쟁장爭長 사건(23-③) 등을 처음으로 밝힌 점은 『동사강목』이 발해사 연구에 끼친 최대 공적이라고 할 수 있다.

또한 『동사강목』은 사실 고증과 사료 해석에서도 장점을 유감없이 발휘하고 있다. 우선 기존 사서에 수록된 675년 말갈발해의 신라 공격

---

p.248).

10) "十五年 … 二月 劉仁軌破我兵於七重城 … 秋九月 … 靺鞨入阿達城劫掠城主素那逆戰 死之 唐兵與契丹·靺鞨兵來圍七重城 不克 …"(『三國史記』권7, 新羅本紀7, 文武王 下)

기사를 삭제하였다. 사실 고증의 차원에서 대조영이 진국震國을 세운 것이 700년 직전인 이상, 그로부터 20여 년 전에 말갈발해가 존재할 수 없기 때문이다. 한편 735년 당이 신라에게 패강 이남 지역을 할양한 이유가 발해의 강성 때문이라고 한 점(11-③), 790년 신라가 사신을 파견한 북국北國의 실체가 발해라는 점(13-③), 924년에 거란이 발해를 공격한 이유가 중원 공략을 위한 선행 조치였다는 점(24-③) 등은 현재까지도 통용되는 탁월한 사료 해석이다.

요컨대 발해사에 관한 한 『동사강목』은 『삼국사절요』나 『동국통감』보다 많은 사실을 수록하고 합리적인 고증과 해석을 가함으로써 발해사를 개관할 수 있게 하였다. 더구나 「지리고」에 「발해국 군현고」를 실어 발해 지명까지 비정하였다. 그 범례에서 발해를 "우리 역사에 기록하는 것이 부당한" 주변국의 역사로 파악한 인식이라면, 굳이 이처럼 발해사 서술에 상당한 공력을 기울일 필요는 없었을 것이다.

여기서 『동사강목』에서 말한 "우리 역사[我史]"에 주목할 필요가 있다. 강목이란 제목에서 알 수 있듯이 그것은 정통론에 입각한 왕조의 계통을 의미한다. 『동사강목』은 『동국통감』과 마찬가지로 고구려·백제·신라가 병립한 삼국을 무통無統, 문무왕 9년 이후의 신라를 정통으로 처리하였다. 그런데 무통의 고구려를 뒤이은 나라이면서, 그 영역의 일부가 당시 조선의 북부 지역에 있었던 발해를 왕조의 정통에서 제외되었다고 단순히 주변국의 역사로 치부하기에는 문제가 있다고 인식하였던 것을 아닐까? 나아가 안정복이 강목체를 취하지 않고 다른 역사 서술 방식을 취했더라도 과연 발해사를 주변국의 역사로 취급하였을까? 『동사강목』이 발해사의 자국사 편입에 대해 회의적인 견해를 표명하면서도 다른 한편으로 그에 관한 가장 많은 정보를 수록하고, 나아가 수준 높은 사실 고증과 해석을 취하였던 것은 이러한 고민의 발로가 아닐까 싶다.

한편 발해로 인해 고조선과 고구려 영역의 절반을 신라가 차지하지 못해 이후 영역이 축소되었다고 본 이익과 달리 신경준과 이종휘는 발

해가 고구려의 계승국임을 명시함으로써[11] 신라정통론을 부정할 소지
를 마련하였다. 여기에『동국통감』을 뛰어넘는 역사서인『동사강목』에
발해사 서술이 풍부하였던 점은 당시 지식인들에게 발해의 존재를 환기
시키는 효과를 가져왔다. 이러한 토대 위에서 비로소 유득공은 남북국
시대론을 제기하며『발해고』를 저술할 수 있었을 것이다.

『발해고』의 내용은 당연히『동사강목』보다 훨씬 풍부하다. 분량의 증
가뿐만 아니라 단독 저술이라는 사실 그 자체가 조선후기 발해사 인식
의 획기적 전환을 의미한다.『발해고』이후『해동역사』,『아방강역고』
등 발해사를 비중 있게 다룬 저술들이 연이어 나오게 되었기 때문이다.
이러한 인식 전환의 사학사적 의미는 이미 언급되었으므로, 여기서는
단독 저술을 가능하게 한 측면 즉 인용 자료의 증가라는 점에 주목하고
싶다.

3. 『발해고』와 『해동역사』의 인용 자료

『삼국사절요』와『동국통감』의 발해 기사는 대부분 신라와 관계가 있
으므로『삼국사기』신라본기 및 열전(김유신, 최치원)을 이용하였다. 다만
발해의 건국 과정, 고왕高王 사망과 무왕武王 즉위(6-②, 7-①, 7-②), 대문예大
門藝 망명(8-②), 문왕文王의 발해국왕 승진 책봉 및 상경上京 천도(12-②), 대
인수大仁秀 사망 및 발해의 지방제도(19-②) 등에 대해서는『신당서』발해
전을 부분적으로 이용하였다. 그러나『동사강목』은『신당서』발해전을
대부분을 이용하고, 그 밖의 서적까지 참조하였다. 광범위한 자료 섭렵
은『발해고』를 거쳐『해동역사』에서 최대로 증가하였다. 참고로『강역
고』까지 포함하여 조선후기 역사서가 발해사 서술을 위해 인용한 서적
의 목록을 제시하면 다음과 같다.

---

11) 宋基豪(1991), 앞의 글, 59~60면 및 62~64면.

〈표 2〉 조선후기 역사서의 발해사 관련 인용 자료

		東史綱目	渤海考(초고본)	海東繹史	疆域考
한국자료	史書	三國史記 高麗史 高麗史節要 東國通鑑	삼국사(기) 고려사 동국통감	삼국사기 고려사	삼국사기 고려사, 東史(綱目) 해동역사
	地理書		(東國)興地勝覽		동국여지승람
	類書		(東國)文獻備考		
	기타	崔致遠文集	永順太氏族譜		
중국자료	사서	新唐書 資治通鑑	舊唐書 신당서, (舊)五代史 宋史 遼史 자치통감	後漢書 晉書 구당서 신당서 오대사 송사 요사 遼史考證 金史 元史 자치통감	후한서 진서 北史 隋書 신당서 요사 구당서 오대사 송사 금사 자치통감
	지리서	盛京通志	성경통지 大明一統志 (大)清一統志	성경통지 대명일통지 대청일통지, 全遼志 山海經 水經	산해경 수경 성경통지 대청일통지
	유서	通典 文獻通考	통전 通志 문헌통고	册府元龜 文苑英華 玉海 續通典 통전 문헌통고 通志略 續文獻通考	통전 문헌통고 책부원귀
	기타		萬姓通譜 全唐詩	松漠紀聞 杜陽雜編 전당시	송막기문

		東史綱目	渤海考(초고본)	海東繹史	疆域考
				急就篇 姓氏 注 歷代建元考 愛日齋叢鈔 遺山集 畫史會要	
일본자료	사서		續日本記 日本逸史	日本紀 속일본기 일본일사 類聚日本國史 日本三代實錄 日本史	

〈표 2〉 가운데『동사강목』과『발해고』(초고본),『해동역사』는 서두에 채거서목採據書目 또는 인용서목을 제시하고 있다. 그리고『해동역사』와 『강역고』는 본문에서 다시 인용 사료의 전거를 밝히고 있지만,『동사강목』과『발해고』는 그렇지 않다. 다만『동사강목』은 채거서목에 없는 자료를 인용한 경우에 본문 기사 말미에『최치원문집』처럼 그 출전을 밝히기도 하였다. 한편『발해고』의 경우 지리서로서 인용서목에『(동국)여지승람東國輿地勝覽』이 있지만, 본문에서 확인되지 않는다. 위의 도표는 서목과 본문 등에서 출전을 명기한 자료로만 작성하였음을 미리 밝혀둔다.

『동사강목』의 인용 자료에서 우선 주목되는 것은『최치원문집』이다. 앞에서 언급하였듯이, 700년 대조영이 신라에 사신을 파견하여 대아찬大阿湌을 제수 받은 사실(5-③,④), 897년 당 조정에서 발생한 신라와 발해의 쟁장爭長 사건(21-③), 그리고 9세기 후반 당 빈공과 합격을 둘러싼 신라와 발해의 알력(23-③) 등의 사실을『동사강목』이 처음으로 밝혔기 때문이다. 그 출전은 최치원의「사불허북국거상표謝不許北國居上表」와「여례부배상서찬장與禮部裴尙書瓚狀」이다.[12] 또한『자치통감』을 이용하여 거란이 발해

---

12) 최치원의 문집은 이미 고려시대에 30권, 1459(세조 5)에 12권으로 편찬한 바 있지만 모두 전하지 않는다. 現傳하는 문집은 1926년에 후손인 崔國述이 편

를 공격한 이유를 분석하였다(24-③). 그리고 「지리고」의 「발해국 군현고」
는 조선시대 사서로는 처음으로 발해 지명을 비정했다는 점에서 의의를
둘 수 있는데, 이는 『성경통지盛京通志』를 이용하였기 때문에 가능하였던
것이다.[13]

고려가 『삼국사기』에 이어 『남북국사』를 찬술하지 않은 점을 애석히
여긴 유득공은 『발해고』를 저술하였다. 새로운 저술이 등장하기 위해서
는 기존 역사서가 참고하지 못한 새로운 자료가 있어야 한다. 〈표 2〉에
서 보듯이 『발해고』가 『동사강목』에 비해 새롭게 인용한 자료는 중국
사서로서 『구당서』·『구오대사舊五代史』·『송사』·『요사』, 중국 지리서로
서 『대명일통지大明一統志』·『대청일통지大淸一統志』, 그리고 일본 사서로
서 『속일본기續日本紀』·『일본일사日本逸史』 등이다. 새로운 자료의 이용
은 역시 서술 내용의 확대를 가져와 결과적으로 발해사에 대한 이해를
심화시켰다. 이에 대해 살펴보면 다음과 같다.

먼저 『동사강목』은 『신당서』 발해전을 이용하여 1대 고왕 대조영에
서 12대 대건황大虔晃까지의 즉위년과 몰년까지 모두 망라하였지만, 문왕
文王 대흠무大欽茂의 경우 762년에 발해국왕으로 승진 책봉된 사실만 기
록하였다. 즉 문왕의 즉위 시점이 빠져있는 것이다. 그 이유는 『신당서』
발해전에 문왕의 즉위 시점이 적혀있지 않기 때문이다.[14] 그런데 『발해
고』는 『구당서』 발해말갈전을 이용하여,[15] 그가 738년에 당의 책봉을 받
은 사실을 밝혔다.[16] 또한 『신당서』 발해전 말미에 보이는 13대 대현석大

찬한 3권본이다(李基白(1972), 「解題」『崔文昌侯全集』, 成均館大學校 大東
文化硏究院).

13) "今以唐書爲主 以盛京志註之 唐書不錄者 以志補 其未詳者闕之 而可知其
大略矣"(『東史綱目』 附卷 下, 地理考, 渤海國郡縣考)

14) "武藝死 其國私諡武王 子欽茂立 改年大興 有詔嗣王及所領 欽茂因是赦境
內"(『新唐書』 권219, 列傳 144, 渤海)

15) "渤海靺鞨二十五年(737) 武藝病卒 其子欽茂嗣立 詔遣內侍段守簡往册欽茂
爲渤海郡王 仍嗣其父爲左驍衛大將軍·忽汗州都督 欽茂承詔赦其境內 遣
使隨守簡入朝貢獻"(『舊唐書』 권199下, 列傳 149下)

玄錫의 존재도『동사강목』은 빠뜨렸는데,『발해고』는 이를 수록함으로써
14대 대위해大瑋瑎를 제외한 역대 발해 국왕의 사적을 모두 망라하였
다.17)

『발해고』는 또한『요사』와『송사』,『구오대사』를 이용하여 발해의 멸
망 과정을 소상히 전할 뿐 아니라, 발해유민의 부흥운동까지 서술하였
다. 특기할 점은 발해와 활발한 교섭을 벌인 일본 측 사료를 처음으로
활용하였다는 점이다.『속일본기』와『일본일사』에는 발해가 일본에 파
견한 사신들에 관한 기록들이 풍부하게 서술되어 있다. 이를 토대로『발
해고』는 일본에 파견된 발해 사신들을 신고臣考라는 열전의 형식을 통해
대부분 망라하였다.

한편『발해고』는 무왕이 영역을 확장한 후 도독·자사를 두었다고 서
술하였는데,18) 이는『일본일사』를 인용한 것이다. 그런데 후자에 발해의
건국 연대가 668년이라고 밝히고 있음에도 불구하고,19) 이를 수록하지

---

16) "文王名欽茂 武王子也 改元大興 開元二十六年 唐遣內侍段守簡 册王左驍
衛大將軍忽汗州都督渤海郡王 王承詔赦境內 遣使隨守簡入朝"(『渤海考』,「
君考」文王)

17) 大瑋瑎의 존재는『唐會要』권57, 翰林院 "乾寧二年十月 賜渤海王大瑋瑎敕
書 翰林稱加官合是中書撰書意 諮報中書"에 보이는데, 이를 처음으로 밝힌
것은 金毓黻의『渤海國志長編』(1934)이다. 한편『해동역사』는『당회요』를
두 차례 인용하였지만, 역시 이 사료는 발견하지 못하였다.

18) "王遂改元仁安 開斥土宇 因其俗不立館驛 處處置村落 以靺鞨爲民 大村置
都督 次日制史 其下日首領 東北諸夷皆畏而臣之"(『渤海考』(초고본) 君考,
武王)
  "王遂改元仁安 開斥土宇 置州郡 大州有都督 次日刺史 東北諸夷皆畏而臣
之"(『渤海考』(수정본) 권1, 君考, 武王)

19) "四月 戊子 渤海遣使獻方物 … 又傳奉在唐學問僧永忠等所附書 渤海國者
高麗之故地也 天命開別天皇七年(668) 高麗王高氏爲唐所滅也 後以天之眞
宗豊祖父天皇二年(698) 大祚榮始建渤海國 和銅六年(713) 受唐册立 其國延
袤二千里 無州縣館驛 處處有村里 皆靺鞨部落 其百姓者 靺鞨多 土人少 皆
以土人爲村長 大村曰都督 次曰刺史 其下百姓皆曰首領 土地極寒 不宜水田
俗頗知書 自高氏以來 朝貢不絕"(『日本逸史』권4, 延曆 十五年(796))

않은 것은 한계이다.

유득공이 1784년에 일단 완성한『발해고』는 이러한 장점에도 불구하고, 사료의 누락과 지리 고증의 오류라는 문제점이 드러났다. 그래서 그는 1790~1795년 무렵에 이러한 문제점을 대폭 수정하였다. 뒤이어 1800년 이후에는 수정된 체제를 토대로 부분적인 삭제·가필 및 사료 추가와 함께 새로 오경도五京圖·오경표五京表를 작성하였다. 따라서 세 종류의『발해고』는 각각 초고본, 1차 수정본, 2차 수정본이라고 할 수 있다.[20]

흥미로운 점은『동사강목』이『최문창후집』을 인용하여 처음으로 서술한 사실들, 즉 700년 대조영의 사신 파견과 9세기 후반 당 빈공과 합격을 둘러싼 신라와 발해의 알력이라는 두 가지 사건이 초고본에는 없었지만, 1차 수정본에는 수록되었다는 사실이다.[21] 다만 897년의 쟁장爭長 사건은 빠져있지만, 유득공이 수정 작업 중에『동사강목』을 참고하였음을 보여주는 사례이다. 또한 2차 수정본의「예문고藝文考」에는 〈당현종 칙무왕서唐玄宗勅武王書〉 4수가 수록되었다. 이것은 732년 발해의 등주 공격을 전후하여 당 현종이 발해 무왕에게 보낸 칙서인데, 원사료는『문원영화文苑英華』에 실려 있다. 그런데 수정본은 원사료와 달리 4수의 순서도 다르고 오자는 물론이고 누락된 부분도 상당하다.[22] 이런 문제점에

---

20) 일반적으로 알려진『발해고』는 1911년 朝鮮古書刊行會에서 간행한 활자본으로 9考로 구성된 1권이다. 그런데 이를 수정·보완한 필사본들이 최근 학계에 보고되었는데, 그것은 모두 5考로 구성된 4권이다. 이를 각각 9考本·5考本 또는 1卷本·4卷本으로 부르기도 하는데, 여기서는 초고와 수정·보완이라는 성격을 분명히 하기 위하여 초고본·수정본으로 부른다. 이에 대해서는 김종복(2010),「수정본 ≪渤海考≫의 내용과 집필 시기」『泰東古典硏究』 26 참조.

21) "新羅孝昭王九年 遣使聘新羅"(『渤海考』 권1 君考, 高王)
  "炤度諲譔時宰相也 新羅人 崔彦撝 入唐禮部侍郎薛庭珪下及第 炤度子光贊名在彦撝下 炤度時以使在唐見之 表請云 臣昔年入朝登第名在李同之上 今臣子光贊宜居彦撝上 唐朝以彦撝才學優贍不許"(『渤海考』 권2 臣考, 烏炤度子 光贊)

22) 김종복, 앞의 글, 74면.

도 불구하고 유득공이 『발해고』 수정 과정에서 더 많은 자료를 섭렵하였던 점은 부정할 수 없다. 다만 수정본에는 인용서목이 없다.

『발해고』에서 늘어난 인용 자료는 『해동역사』에서 비약적으로 증가하였다. 『해동역사』는 자국 사료의 부족이라는 한계를 극복하기 위하여 주로 외국 자료를 참조하였으므로, 이용한 자료가 방대하다.

『해동역사』에서 특히 주목되는 자료는 『책부원귀冊府元龜』이다. 『책부원귀』 외신부外臣部에는 당대唐代 주변국과의 사신 왕래 기사가 풍부하게 수록되어 있는데, 『해동역사』 권34 「교빙지交聘志」 2는 당의 기년을 중심으로 신라와 발해가 당에 사신을 파견한 기사를 함께 서술하였다. 이러한 서술 방식은 결과적으로 독자들에게 이 시기를 신라와 발해가 양립한 남북국시대로 파악하는 효과를 불러일으켰을지도 모른다.

한편 『해동역사』 권54, 예문지 13에는 『문원영화』를 인용하여 〈당현종칙발해국무왕서唐玄宗勅渤海國武王書〉 4수를 수록하였다. 수정본 『발해고』가 발견되기 전까지는 『해동역사』가 이 자료를 처음으로 수록한 것으로 알려졌다. 그런데 원사료와의 순서 차이, 오자, 누락 부분 등이 수정본 『발해고』와 동일하다. 후술하듯이 오효신烏孝愼을 마효신馬孝愼으로 오기한 점도 수정본 『발해고』와 『해동역사』가 똑같다. 양자의 관계는 앞으로 검토할 과제로 남겨둔다.[23]

그 밖에 『송막기문松漠紀聞』과 『두양잡편杜陽雜篇』도 중요한 사료이다. 전자는 이른바 발해의 대성大姓, 즉 대大 · 고高 · 장張 · 두竇 · 오烏 · 이李씨의 존재를 알려주고, 후자는 발해의 공예품으로 유명한 마노궤瑪瑙櫃 · 자자분紫瓷盆의 존재를 전하고 있다.

한편 일본 측 자료는 『발해고』가 이용한 『속일본기』 · 『일본일사』를

---

23) 〈唐玄宗勅渤海國武王書〉와 관련하여, 유득공이 『해동역사』 서문을 작성할 때 이 자료를 열람하고 『발해고』 수정본에 추가하였을 것이라는 추정(박인호, 앞의 책, 274면)도 있지만, 오히려 반대일 가능성도 있다(김종복, 앞의 글, 75면).

넘어 『유취일본국사類聚日本國史』·『일본삼대실록日本三代實錄』까지 활용
하였다. 『일본삼대실록』에는 859년 오효신烏孝愼이 일본에 선명력宣明曆
을 전달한 사실을 전하고 있는데, 당시 동아시아의 문물 교류에서 발해
의 역할을 보여주는 좋은 사례이다. 『해동역사』「성력지星曆志」와 「교빙
지交聘志」는 이 기사를 중복하여 수록하였지만, 오효신을 마효신馬孝愼으
로 잘못 옮겨적었다.[24] 또한 『유취일본국사』는 『유취국사類聚國史』를 가
리키는데, 여기에도 『일본일사』와 마찬가지로 발해의 건국 연대가 698년
이라는 기사가 있다. 그러나 『발해고』에 이어 『해동역사』에서도 여전히
수록하지 못하였다.

　『강역고』의 「발해고」는 1811년, 「발해속고渤海續考」는 1833년 저술되었
다. 전자는 발해 지리 고증이 중심이며, 후자는 발해 왕계에 대한 저술
이다. 여기에는 『해동역사』가 참조하지 못한 새로운 자료는 보이지 않
는다. 그만큼 『해동역사』는 당대에 수집 가능한 자료를 망라했던 것이
다. 발해사에 대한 자료가 어느 정도 축적된 이상, 그 다음 단계는 자료
의 분석을 통한 이해의 심화라고 할 수 있는데, 그 대표적인 분야가 바
로 지리 고증이다.

　발해 지리에 관한 한 『동사강목』은 『성경통지』를 이용하였는데, 『발
해고』부터 『대청일통지』를 이용하기 시작하였다. 그리고 이를 토대로
지리 고증이 좀 더 치밀해지기 시작하였다. 이 부분에 대해 다음 장에서
고찰하기로 한다.

　그에 앞서 마지막으로 실학자 사이의 학술적 교류 및 영향에 대해 언
급하고 싶다. 『발해고』 수정본은 『동사강목』을 참조하여 700년에 대조영
이 신라에 사신을 파견한 사실을 추가하였다. 한편 『강역고』「발해속고」
역시 『동사』를 인용하며 이 사실을 서술하였는데,[25] 이때의 『동사』는 『동

---

24) 이 점은 수정본 『발해고』도 마찬가지이다(김종복, 앞의 글, 65~66면).
25) "東史云 大祚榮本句麗舊將 唐滅句麗 徙其人於隴右河南 祚榮收逋殘 保太
　　白山 又附新羅 受五品大阿湌之秩 … 案大祚榮無遠仕新羅之理 大阿湌之說

사강목』임에 틀림없다.

한편 『발해고』를 『해동역사』나 『강역고』가 인용하였다는 언급은 없다. 그러나 『해동역사』 서문을 유득공이 지었다는 점, 『발해고』가 처음으로 『속일본기』·『일본일사』를 이용하였으며 『해동역사』는 이를 포함하여 『유취국사』, 『일본삼대실록』까지 이용하다는 점, 『발해고』와 『해동역사』가 똑같이 인용한 자료가 동일한 오류를 반복하고 있다는 점 등을 감안할 때, 『발해고』가 『해동역사』에 일정한 영향을 끼쳤을 받았을 가능성은 높다. 이는 후술하듯이 발해 지리고증에서도 확인된다. 한편 『강역고』는 『해동역사』를 15회 인용하였음이 확인된다.[26]

4. 발해 지리 고증의 심화

조선후기 발해사에 대한 새로운 인식은 북방영토에 대한 관심에서 비롯되었기 때문에, 실학자들은 발해의 지리 고증에 가장 역점을 두었다. 이 부분은 아직까지도 발해사에서 가장 논란거리 중의 하나인데, 그 이유는 기본 사료인 『신당서』 발해전과 『요사』 지리지의 자료적 성격 때문이다.

『신당서』 발해전은 5경 15부 62주라는 발해의 행정 구역의 명칭만 전할 뿐 그 위치에 대해서는 옛 부족의 연고지만 밝히고 있다. 한편 거란은 발해 멸망 후 그 유민을 요동으로 강제 이주시키며 원 거주지 명칭을 그대로 사용하였는데, 『요사』 지리지는 이를 구분하지 않았다. 따라서 두 사료를 무매개적으로 결합하면 잘못된 지리 비정을 낳게 된다. 실제로 『동사강목』이나 『발해고』 초고는 이런 오류를 답습하였다. 그러나 인용 자료의 증가와 치밀한 고증 방법을 통해 이런 오류는 점차 극복되기에 이르렀다.

似係東人夸誕也"(『與猶堂全書』 6, 地理集 4, 疆域考, 渤海續考)

26) 丁若鏞, 丁海廉 역주(2001), 『아방강역고』, 現代實學社.

이에 대해서는 이미 자세한 선행 연구가 있으므로,[27] 이를 토대로 지리 비정에 관한 실학자들의 견해를 소개함으로써 지리 고증의 심화 과정에 대해 살펴보기로 한다. 먼저 발해의 지방 행정구역인 5경 15부의 위치 비정에 대한 견해들을 도표로 정리하면 〈표 3〉과 같다. 참고로『동사강목』,『발해고』수정본,『해동역사』의 지도를 말미에 첨부하였다.

먼저『동사강목』이 비정한 중경·동경·남경의 위치와『발해고』초고본이 비정한 동경·남경의 위치는 현재의 통설에 비추어 볼 때 명백한 오류이다. 모두 북류 송화강 동쪽에 위치한 것을 요하 일대로 비정하였기 때문이다. 이는『요사』지리지의 오류를 답습한『대명일통지』와『성경통지』,『대청일통지』를 무비판적으로 인용하였기 때문이다. 그러나 이들은 인용 자료의 문제점을 어느 정도 인식하고 있었다.

『동사강목』은 불열拂涅·철리鐵利·월희越喜 고지故地에 설치한 동평부東平府·철리부鐵利府·회원부懷遠府를 요동 지역에 비정한『성경통지』를 일단 따랐다. 그러면서도 이들 부족은 모두 여진女眞의 가장 동쪽 끝에 있었으며, 발해가 5천리를 개척한 후 이들을 복속시켜 군현을 설치하였을 텐데, 그 위치를『성경통지』가 요동 지역에 비정한 것은 의문이라고 하였던 것이다.[28]

<표 3> 조선후기 역사서의 발해지명 비정

5경 15부 (신당서)	동사강목 지리고 (1756)	발해고 (초고본) (1784)	발해고(수정본) (1790년대 후반)	강역고 발해고 (1811)	해동역사 지리지 (1823)	현재의 통설
上京龍泉府 (肅慎故地)	混同江 서쪽	寧古塔	寧古塔 서남쪽	寧古塔과 虎兒河 사이	영고탑 虎爾哈河 동쪽	寧安 東京城
中京顯德府 (肅慎故地)	廣寧· 義州	吉林 烏喇城 동남쪽	吉林 烏喇城 동남쪽	額敦山	烏喇 동남쪽	和龍 西古城

---

27) 宋基豪(1991), 앞의 글 및 (2002), 앞의 글.
28)『국역 동사강목』Ⅸ(1967), 민족문화추진회, 281면.

東京龍原府 (濊貊故地)	鳳凰城	鳳凰城	鏡城府	鐘城·慶興·穩城	鏡城·富寧	琿春 八連城
南京南海府 (沃沮故地)	海城縣	海城縣	咸興府	咸興	北青府	北青 青海土城
西京鴨淥府 (高麗故地)	鴨綠江 상류, 甲山·三水	압록강 근처	江界府 동북쪽 200리 압록강 밖	虞芮·慈城 북쪽강 건너	江界府 서북쪽 강 건너	臨江
長嶺府 (高麗故地)	永吉州		吉林 지방	興京 동쪽경계	永吉州	樺甸 蘇密城
扶餘府 (扶餘故地)	開原縣	開原縣	開原縣	開原縣	開原縣	農安 四面城
鄭詰府 (扶餘故地)	개원현 서북쪽		開原縣 북쪽	扶餘 서북쪽	開原縣 동북쪽	阿城 五常
定理府 (挹婁故地)	興京	奉天府	奉天府	瀋陽	寧古塔 지방	蘇城 우수리강
安邊府 (挹婁故地)			奉天府 지방	興京 북쪽	寧古塔 지방	하바로프스크 올가
率賓府 (率賓故地)	永吉州 남쪽~鳳凰城		三水·甲山	興京 서남쪽 靉河 동쪽	三水府 서쪽 압록강 내외	우수리스크, 東寧
東平府 (拂涅故地)	開原 동쪽		黑龍江 지방	烏喇 동쪽, 영고탑 서쪽	寧古塔 동북쪽 黑龍江 지방	呼蘭, 興凱湖, 依蘭
鐵利府 (鐵利故地)	承德縣		黑龍江 지방	豆滿江 북쪽, 興開湖 남쪽	寧古塔 동북쪽 黑龍江 지방	依蘭, 하바로프스크
懷遠府 (越喜故地)	鐵嶺縣	鐵嶺縣	黑龍江 지방	寧古塔 좌우 이북	黑龍江 지방 서쪽	依蘭, 연해주 바닷가
安遠府 (越喜故地)			黑龍江 지방		黑龍江 지방 서쪽	송화강 하류, 흥개호

*『동사강목』의 경우 정리부定理府와 회원부懷遠府의 지명 비정이 없지만 그 휘하의 심주瀋州와 부주富州를 각각 봉천부奉天府와 철령현鐵嶺縣로 비정한 것이 있으므로, 여기서는 이것으로 대체하였다.

또한『발해고』 초고본도 5경의 위치를『대청일통지』를 따르면서도, 동경東京을 봉황성(鳳凰城, 중국 요녕성 봉성현)에 비정하면 압록강 근처에 있었을 서경西京과 모순이 된다고 지적하였다. 즉 봉황성 서쪽에 또 압록강이 있었다는 말이 되기 때문이라는 것이다.[29]

이런 문제점에 대한 인식을 토대로 유득공은『요사』 지리지의 잘못을 파악하기 시작하였다. 여기서 18세기 후반 조선에 널리 보급된『대청일통지』의 영향을 지적하지 않을 수 없다.『대청일통지』는『요사』 지리지의 지리 비정을 처음으로 비판하였기 때문이다.[30] 그런데 유득공은『발해고』를 수정하면서『대청일통지』의 잘못까지 지적하였다. 이는 정약용과 한진서도 마찬가지였다. 바로 이 점에 조선후기 실학자들의 지리 고증의 탁월함이 드러난다.

유득공의 견해가 수정본에서 어떻게 바뀌었는지 동경과 남경의 사례를 살펴보면 다음과 같다.[31] 동경에 대해서는 먼저『요사』 지리지의 오류를 답습한『대청일통지』를 비판하고, 신라 천정군泉井郡에서 발해의 동경 용원부龍原府 즉 책성부柵城府까지 39역이 있다는 가탐군국지賈耽郡國志의 기록에 주목하였다. 그리고 30리마다 1역을 설치한 당제唐制에 의거하면 39역은 1,170리이며, 천정군이 있던 덕원부德源府에서 북쪽으로 1,170리는 경성부鏡城府이므로, 이곳이 동경 용원부라고 비정하였다.

또한 동경 용원부가 일본으로 가는 길[일본되이라는『신당서』 발해전 기록과 발해 사신이 하이蝦夷·출우出羽·능등能登에 빈번하게 도착한다는『일본일사』의 기록을 통해, 하이 등의 지역과 바다를 사이에 둔 지역이 조선의 함경북도라고 함으로써 위의 비정을 방증하였다. 결국 원사료를 중심으로 후대 자료를 비판적으로 검토함으로써 실제에 가까운 지리 고증을 해나갔던 것이다.

---

29) 柳得恭, 송기호 옮김(2000),『발해고』, 홍익출판사, 103~104면.
30) 박인호, 앞의 책, 276면 및 송기호(2002), 앞의 글, 809면.
31) 이하의 서술은 김종복, 앞의 글, 71~72면을 재인용하였다.

한편 옥저 고지에 설치된 남경 남해부를『삼국지』위지 동이전의 '동 옥저가 개마대산蓋馬大山 동쪽에 위치하며 큰 바다를 접하는데, 남북으로 1,000리이다. 북쪽으로 부여·읍루, 남쪽으로 예맥과 접한다'는 기록을 중 시하여 함경도 함경부咸興府로 비정하였다. 이러한 관점에서 볼 때, 남경 을 요동 해성현海城縣에 비정한『요사』지리지와『대청일통지』의 견해는 해성현海城縣의 남·서·동쪽에 예맥·고구려·바다가 있어야 하는데, 사 실과 부합하지 않으므로 황당무계하다고 비판하였다. 아울러 남해부南海 府라는 명칭은 발해의 수도인 상경에서 볼 때 함경도의 바다는 정남쪽이 라는 점을 지적함으로써 이 비정을 방증하였다.

정약용도 동경 용원부에 대해서는 유득공과 같은 사료와 논리에 입 각하였지만, 천정군(덕원)에서 1,200리로 계산하여 그 위치를 종성鐘城으로 비정하였다. 이는『동국여지승람』에 종성부 북쪽 동관진강潼關鎭江 밖에 남경南京이라고 불리는 옛 성터가 있다는 기록을 중시하였기 때문이다. 물론 남경이라는 명칭은 잘못이지만 옛 도읍임은 틀림없다는 것이다. 그리고 남경 남해부에 대해서는 유득공과 같은 결론을 내렸다.[32]

『아방강역고』에는 유득공의『발해고』에 대한 언급이 없다. 그런데 정 약용은 1796년(정조 20)에 규장각에 근무하며 검서관 유득공과 교유한 바 있었다.[33] 이 무렵에는 유득공이『발해고』초고를 수정하였을 것으로 추정되는데, 그렇다면 유득공의 수정 견해를 정약용이 접하였을지도 모 른다.

한편 유득공의 지리 고증은 성해응成海應(1760~1839)과 한진서韓鎭書에 영향을 끼쳤다. 성해응은 유득공과『사군지四郡志』를 공동으로 저술하였 으며, 그는『발해고』수정본의 서문을 썼다. 뿐만 아니라「발해강역변渤 海疆域辯」을 비롯하여 발해 지리 고증과 관련된 논설을 9편 썼는데, 관련 사료와 고증에서『발해고』수정본과 동일하거나 유사한 내용이 상당수

---

32) 丁若鏞, 丁海廉 역주(2001), 앞의 책, 170~171면 및 186~187면.
33) 金文植(1996),『朝鮮後期 經學思想硏究』, 一潮閣, 179면, 주 38).

발견된다. 그런데 서경 압록부과 철리부를 각각 압록강 남쪽과 철령위鐵
嶺衛로 비정한 것은 사실 고증에서 퇴보한 측면이 있다.[34]

앞에서 언급했듯이 유득공이『해동역사』서문을 썼으며, 더구나『해
동역사』가 유득공의『사군지』를 네 차례 인용한 점을[35] 감안하면,『해동
역사』지리지 역시『발해고』수정본의 영향을 받았을 가능성이 높다. 그
런데『아방강역고』가 다만 정리부·안변부·동평부·철리부를 요동지역
에 가까운 지역에 비정한 데 반해,『해동역사』지리지는 흑룡강 지방으
로 비정하였다. 현재의 통설에 후자가 가깝다는 점에서 조선후기 실학
자의 지리 고증은 한진서의 단계에서 만개하였다고 할 수 있다.[36] 이 점
은 남경남해부의 경우도 현재의 통설이 한진서가 비정한 북청토성北靑土
城에 비정되는 점에서도 엿볼 수 있다.

조선후기 실학자들은 발해 지리에 대해서 처음에는『요사』지리지의
문제점을 인식하였지만 그대로 수용하였다. 그러나 그 오류를 처음으로
지적한『대청일통지』를 접하면서 새로운 돌파구를 마련하였다. 그 다음
단계에서는 가급적 원사료를 이용하여『대청일통지』의 오류까지 비판
하기에 이르렀다. 그 과정에서 서로 영향을 주고받으며 이견을 노출하
기도 하였지만, 점차 현재의 통설에 가까운 방향으로 지리 고증을 발전
시켜 나아갔던 것이다.

5. 맺음말

조선후기 실학자들은 사회현실의 문제점을 직시하고 이를 개혁하려
는 노력의 일환으로 자국사에 깊은 관심을 가졌다. 특히 조선이 약소국
이 되어 외침을 받게 된 역사적 원인을 추구하는 과정에서 고구려를 계

---

34) 宋基豪(2002) 앞의 글, 820면.
35)『국역 해동역사』, Ⅲ, 131~132면 및 Ⅷ 399면.
36) 宋基豪(1991), 앞의 글, 72~73면.

승한 발해에 관심을 갖기 시작하였다. 나아가 백두산 정계비 설치를 전후하여 북방에 대한 관심이 고조되며 당시 조선 북부까지 영역을 뻗쳤던 발해에 주목하였다. 그러나 문제는 오랜 기간 지속된 관심의 부재와 사료의 부족으로 발해의 실체를 파악하기 어려웠다는 점이다.

실학자로서 보수적인 색채가 짙은 안정복은 정통론에 입각하여 자국사를 정리한『동사강목』을 편찬하였다.『동사강목』은 범례에서 발해를 자국사와 무관한 주변국으로 인식하였지만, 막상 본문 서술의 분량은 조선 전기의 대표적인 사서인『동국통감』을 훨씬 뛰어넘었다. 새로운 자료 발굴과 사실 고증 및 해석,「발해국 군현고」라는 지리 고증이 이후의 발해사 연구에 끼친 공적은 매우 컸다. 이 점에서 발해의 자국사 편입에 부정적인 범례의 서술은『동사강목』이 정통론에 입각한 강목체를 채택한 결과일 뿐 그의 발해관은 그렇지 않았을 가능성이 높다.

『동사강목』에 의한 사실의 축적은 다른 한편 이종휘李種徽의『동사』에 의한 고구려와 발해의 계승 관계에 대한 강조와 결부되어 보다 적극적인 발해사 인식을 낳게 되었다. 그것이 바로 신라와 발해가 양립한 남북국론을 제기한 유득공의『발해고』이다.『발해고』는 발해사에 대한 최초의 단독 저술인 만큼 분량도 증가하였다.『동사강목』이 빠뜨린 문왕의 즉위 시점과 大玄錫의 존재를 밝히는 한편, 발해 유민의 부흥운동과 발해와 일본의 교섭 관계까지 망라하였다. 이는『동사강목』보다 더 많은 자료를 섭렵한 결과이다. 그럼에도 불구하고 자료의 누락도 적지 않고, 특히 지리 고증에서 범한 오류는『발해고』의 한계로 지적되었다.

그러나『발해고』는 두 차례 이상 수정되면서 누락된 자료를 보충하였고, 지리 고증의 오류도 극복하였다. 물론 이 과정에서『요사』지리지의 문제점을 지적한『대청일통지』의 영향을 부정할 수 없지만, 실학자들은 후자의 잘못된 비정까지 극복해 나갔다는 데 학문적 의의가 있다. 이처럼 조선후기 실학자들은 현실에 대한 문제의식에서 출발하여 발해사에 관심을 갖고 조선은 물론 중국과 일본의 각종 자료까지 광범하게 섭렵하였으며, 지리 고증을 포함하여 이 과정에서 거둔 학문적 성과는 뛰어났다.

실학자에 의해 제기된 남북국으로서의 발해사는 이후 근대역사학으로 무장한 일제의 만선사학에 의해 왜곡되었으며, 최근 중국에서 주장되고 있는 동북공정의 도전을 받고 있다. 여기에 실학자들의 문제의식과 그 학문적 성과를 다시 진지하게 살펴보아야 이유가 있다.

〈부록 1〉『삼국사절요』,『동국통감』,『동사강목』의 발해 관련 기사

1-① 文武王十五年(675) 二月 劉仁軌破我兵於七重城 又使靺鞨渤海略我南境
　　 斬獲甚衆 …(『三國史節要』 권11)

　② 文武王十五年 二月 … 先是 劉仁軌破我兵於七重城 又使靺鞨渤海略我
　　 南境 斬獲甚衆 …(『東國通鑑』 권9)

2-① 神文王二年(682) … 高句麗王臧卒於邛州 … 餘衆散入靺鞨及突厥 高氏
　　 遂絶〈渤海人武藝曰 昔高句麗盛時 士三十萬 抗唐爲敵 則可謂地勝而兵
　　 强 至于季末 君臣昏虐失道 大唐再出師 新羅援助討平之 其地多入渤海
　　 靺鞨 新羅亦得其南境 以置漢朔溟三州及其郡縣 以備九州焉〉(『三國史
　　 節要』 권11)

3-① 神文王六年(686) … 武后以高臧孫寶元爲朝鮮郡王 又以義慈孫敬襲百濟
　　 王 其舊地已爲新羅·渤海靺鞨所分 (『三國史節要』 권11)

　② 神文王六年 … 武后以高臧孫寶元爲朝鮮郡王 又以義慈孫敬襲百濟王
　　 其舊地已爲我國·渤海靺鞨所分 (『東國通鑑』 권9)

4-③ 孝昭王八年(699) … 是歲 唐武曌 以高德武爲安東都督〈德武 臧之孫也
　　 後稍自國 …)[按 高句麗之地 盡爲渤海大氏所並 高氏雖欲復國 宜無可
　　 據之地 豈非若定安·鐵利之屬 自牽部落 保守一隅 附于渤海 而歲通
　　 上國耶 (『東史綱目』 권4하)

5-③ 孝昭王九年(700) … 是歲 唐武曌 擊契丹餘黨平之 靺鞨大祚榮 遁去〈初
　　 契丹之亂 有乞乞仲象者 與高句麗別種·靺鞨粟末部落乞四比羽 及高
　　 句麗餘種 東走渡遼水 保太白山(今白頭山) 東沮奧婁河(在今寧古塔界)

樹壁自固 武后 封比羽爲許國公 仲象爲震國公 赦其罪 比羽不受命 詔
李楷固擊斬之 時仲象已死 其子祚榮 驍勇善騎射 引殘衆遁去 楷固 窮
躡度天門嶺 祚榮因高句麗·靺鞨兵拒之 楷固敗還〉靺鞨酋大祚榮 遣
使來附〈時 契丹附突厥 唐兵道絶 不克討 祚榮卽幷比羽之衆 恃荒遠
乃建國 自號震國王 欲憑隣援 遣使來附 授以第五品大阿湌之秩〉(『東
史綱目』 권4하)

④ 此不見於三國史 而崔致遠集 唐乾寧四年 謝不許北國居上表云 渤海初
建邑居 來憑鄰援 其酋長大祚榮 始受臣第五品大阿湌之秩 以此見之則
史闕文也 … 故今從崔集而 附于嗣聖庚子年(700) 以著其實事"(『東史
綱目』附卷 上, 考異, 大祚榮初附新羅〈孝昭王八年(699)〉)

6-② 聖德王十二年(713) … 唐以大祚榮爲渤海郡王 渤海本粟末靺鞨 卽高句麗
別種 祚榮父乞乞仲象 與其徒渡遼水 保太白山東 仲象死 祚榮嗣 驍勇善
騎射 高句麗餘燼 稍稍歸之 乃建國 自號震國王 遣使交突厥 地方五千里
戶十餘萬 勝兵數萬 頗知書契 盡得扶餘·沃沮·弁韓·朝鮮諸國 中宗時
遣子入侍 至是拜爲左驍衛大將軍·渤海郡王 以所統爲忽汗州 領忽汗州
都督 自是始去靺鞨之號 專稱渤海 (『東國通鑑』 권10)

③ 聖德王十二年 … 唐以靺鞨大祚榮爲渤海郡王〈時 祚榮漸强 遣使交突厥
地方二千里 戶十餘萬 勝兵數萬 頗知書契 盡得扶餘·沃沮·弁韓·朝鮮
海北諸國 地直營州東北千里 南與新羅 以泥河一名泥川 今未詳 按 新
羅慈悲王十一年(468) 徵何瑟羅人 築城泥河 何瑟羅 今江陵 炤知王三年
(481) 高句麗進彌秩夫 賊敗 追破之泥河西 彌秩夫今興海 又十八年(496)
句麗攻新羅牛山城 將軍實竹 出擊泥河上破之 牛山城 疑牛頭 今春川 新
羅北界 止井泉郡 今德源 疑是德源近處]爲界 東窮海 西契丹 築城郭以
居 高麗逋殘稍歸之 中宗時遣子入侍 至是拜爲左驍衛大將軍·渤海郡王
以所統爲忽汗州 領忽汗州都督 自是始去靺鞨之號 專稱渤海[通考參補]
(『東史綱目』 권4하)

7-① 聖德王十八年(719) … 渤海郡王太祚榮卒 渤海本粟末靺鞨 卽高句麗別種
　　祚榮父乞乞仲象 與其徒渡遼水 保太白山東 仲象死 祚榮嗣 驍勇善騎射
　　高句麗餘燼 稍稍歸之 乃建國 自號震旦 先天中拜爲左驍衛大將軍・渤海
　　郡王 以所統爲忽汗州都督 自是始去靺鞨之號 稱渤海 至是死 其國私諡
　　爲高王 子武藝嗣 斥大土宇 東北諸夷 畏服之 私改年 號曰仁安 遂爲海
　　東盛國 地有五京十五府・六十二州(『三國史節要』권11)

　② 聖德王十八年 春 渤海郡王太祚榮卒 私諡爲高王 子武藝立 斥大土宇 東
　　北諸夷 畏服之 (『東國通鑑』권10)

　③ 聖德王十八年 春 渤海王太祚榮卒〈諡高王 子武藝立 改年仁安 斥大土宇
　　東北諸夷 畏服〉(『東史綱目』권4하)

8-② 聖德王二十五年(726) 唐以渤海大門藝爲大驍衛將軍 初 黑水靺鞨使者朝
　　唐 帝以其地建黑水州 置長史 武藝召其下謀曰 黑水始假塗於我與唐通
　　今請唐官不吾告 是必唐謀攻我也 乃遣弟門藝發兵擊黑水 門藝曰 黑
　　水請吏 而我擊之 是背唐也 唐大國 兵萬倍我 與之産怨 我且亡 昔高句
　　麗盛時 士三十萬 抗唐爲敵 可謂雄彊 唐兵一臨 掃地盡矣 今我衆 比高
　　句麗三之一 王將違之 無乃不可乎 武藝不聽 强遣之 門藝懼奔唐 詔拜左
　　驍衛將軍 武藝使使暴門藝罪惡 請誅之 有詔處之安西 好報曰 門藝窮來
　　歸我 誼不可殺 已投之惡地 并留使者不遣 詔李道邃諭旨 武藝知之 上表
　　曰 大國當示人以信 豈得爲此欺誑 帝以道邃等漏洩左遷之 暫遣門藝詣
　　嶺南以報之(『東國通鑑』권10)

　③ 聖德王二十五年 是歲 唐以渤海大門藝爲左驍衛將軍〈初 黑水靺鞨朝唐
　　唐建黑水州 置長史 渤海王武藝曰 黑水與唐通 而不吾告 是必謀我 乃遣
　　弟門藝 擊黑水 門藝曰 黑水請吏 而我擊之 是倍唐也 與唐産怨 我且亡
　　昔高句麗盛時 士三十萬 可謂雄彊 唐兵一臨 掃地盡矣 今我衆 比麗三之
　　一 王將違之 無奈不可乎 武藝不聽 强遣之 門藝至境上 復以書力諫 武
　　藝遣其從兄大壹夏代之 召欲殺之 門藝懼 棄衆奔唐 詔拜左驍衛將軍 武

藝使使 請誅之 詔處安西 報日 門藝窮來歸我 誼不可殺 已投惡地 使鴻
臚少卿李道邃諭旨 武藝知之 上表日 大國當示人以信 豈得爲此欺誑 帝
以道邃漏洩左遷 暫遣門藝詣嶺南 以報之 (『東史綱目』 권4하)

9-① 聖德王三十二年(733) 秋七月 帝以渤海靺鞨越海入寇登州 遣太僕員外郎
　　金思蘭歸 仍授王開府儀同三司・寧海軍使 發兵渤海南鄙 諭日 靺鞨渤海
　　外稱藩翰 內懷狡猾 今欲出兵問罪 卿亦發兵爲掎角 帝又日 聞舊將金庾
　　信孫允中之賢 可爲將 遣之 仍賜允中金帛 於是 王命允中等四將軍率兵
　　會唐兵伐渤海 會 大雪丈餘 山路阻隘 士卒死者過半 無功而還 …(『三國
　　史節要』 권11)

　② 聖德王三十二年 秋七月 帝以渤海靺鞨越海入寇登州 遣太僕員外郎金思
　　蘭歸 仍授王開府儀同三司・寧海軍使 發兵擊渤海南鄙 諭日 靺鞨渤海
　　外稱藩翰 內懷狡猾 今欲出兵問罪 卿亦發兵爲掎角 帝又日 聞舊將金庾
　　信孫允中之賢 可爲將 遣之 仍賜允中金帛 於是 王命允中等四將軍率兵
　　會唐兵伐渤海 會 大雪丈餘 山路阻隘 士卒死者過半 無功而還 …(『東國
　　通鑑』 권10)

　③ 聖德王三十二年 秋七月 遣將軍金允中 助唐伐渤海〈渤海王武藝 遣大將
　　張文休 寇登州 殺刺史韋俊 帝大怒 命內史高品何行成・大僕郎金思蘭
　　發兵過海攻討 遣思蘭 授王正太尉・持節・充寧海軍大使・雞林州大都
　　督 使發兵 擊渤海南鄙 爲唐掎角 帝又日 聞舊將金庾信孫允中之賢 可
　　爲將 遣之 仍賜允中金帛 於是 王命允中等四將 率兵會唐軍伐渤海 會
　　大雪丈餘 山路阻隘 士卒死者過半 無功而還 時 帝遣大門藝 詣幽州發
　　兵以討 武藝密遣刺客 殺之不果 帝命河東 搜賊黨 盡殺之 … (『東史綱
　　目』 권4하)

10-① 聖德王三十三年(734) 春正月 金忠信入唐宿衛爲左領軍衛員外將軍 上
　　表日 臣奉進止 令臣執節 本國發兵 討除靺鞨 有事續奏者 臣自奉聖旨

誓將致命 當此之時 爲替人金孝方身亡 便留臣宿衛 臣本國王以臣久侍
天庭 更遣使從姪志廉代臣 今已到訖 臣卽合還 每思前所奉進止 無忘夙
夜 陛下先有制 加本國王興光寧海軍大使 錫之旌節 以討凶殘 皇威載臨
雖遠猶近 君則有命 臣敢不祇承 蠢爾夷俘 計己悔禍 然除惡務本 布憲惟
新 故出師義貴乎三捷 縱敵患貽於數代 伏望陛下因臣還國 以副使假臣
盡將天旨 再宣殊裔 豈惟斯怒益振 固亦武夫作氣 必傾其巢穴 靜此荒隅
遂夷臣之小誠 爲國家之大利 臣等復乘桴滄海 獻捷丹闈 効毛髮之功 答
雨露之施 臣所望也 伏惟陛下圖之 帝許焉(『三國史節要』권11)

② 聖德王三十三年(734) 春正月 金忠信入唐宿衛爲左領軍衛員外將軍 上表
曰 臣奉進止 令臣執節 本國發兵 討除靺鞨 有事續奏者 臣自奉聖旨 誓
將致命 當此之時 爲替人金孝方身亡 便留臣宿衛 臣本國王以臣久侍天
庭 更遣使從姪志廉代臣 今已到訖 臣卽合還 每思前所奉進止 無忘夙夜
陛下先有制 加本國王興光寧海軍大使 錫之旌節 以討凶殘 皇威載臨 雖
遠猶近 君則有命 臣敢不祇承 蠢爾夷俘 計己悔禍 然除惡務本 布憲惟新
故出師義貴乎三捷 縱敵患貽於數代 伏望陛下因臣還國 以副使假臣 盡
將天旨 再宣殊裔 豈惟斯怒益振 固亦武夫作氣 必傾其巢穴 靜此荒隅 効
毛髮之功 答雨露之施 臣所望也 帝許焉(『東國通鑑』권10)

③ 聖德王三十三年 … 入唐宿衛金忠信還〈忠信在唐 爲左領軍衛員外將軍
及志廉入 代東還 上表曰 臣今合還 令臣執節本國 討除靺鞨 有事續奏
夫除惡務本 布憲惟新 出師義貴乎三捷 縱敵患貽於數代 伏望陛下 因臣
還國 以副使假臣 盡將天旨 再宣殊裔 豈惟斯怒益振 固亦武夫作氣 必傾
其巢穴 靜此荒隅 遂夷臣之小誠 爲國家之大利 復乘滄海 獻捷丹闈 臣所
望也 帝許焉(『東史綱目』권4하)

11-① 聖德王三十四年(735) 二月 … 義忠回 勅賜浿江以南地 三十五年 夏六月
遣使如唐賀正 仍附表陳謝曰 伏奉恩勅 賜浿江以南地境 …(『三國史節要』
권11)

② 聖德王三十四年 二月 … 義忠回 勅賜浿江以南地 三十五年 夏六月 遣使如唐賀正 仍附表陳謝日 伏奉恩勅 賜浿江以南地境 …(『東國通鑑』 권10)

③ 聖德王三十四年 二月 … 唐勅賜浿江以南地〈高句麗之亡 地皆入唐 而新羅只得其南境 渤海漸强 中國不能疆理 至是 賀正使金義忠還 勅賜浿江以南地〉 三十五年 夏六月 遣使入謝于唐〈賜浿南地也〉(『東史綱目』 권4하)

12-② 景德王二十一年(762) 唐册欽茂爲檢校大尉渤海國王 先是 武藝死 諡武王 子欽茂立 徙上京直舊國三百里忽汗河之東 及欽茂死 諡文王(『東國通鑑』 권10)

③ 景德王二十一年 … 是歲 唐册渤海王大欽茂〈先是 武藝卒 諡武王 子欽茂立 改元大興 天寶末 徙上京 直舊國三百里忽汗河之東 訖帝世 朝獻者三十九 至是 册爲檢校太尉·渤海國王 (『東史綱目』 권4하)

13-① 元聖王六年(790) 三月 以一吉湌伯魚使北國(『三國史節要』 권12)

③ 元聖王六年 三月 遣使聘北國〈北國 卽渤海也 大氏興於遼地 進倂高句麗北地 與新羅境界相接 而交聘之節 史無所傳 至是遣一吉湌伯魚聘之〉(『東史綱目』 권5상)

14-③ 元聖王十一年(795) … 是歲 唐册渤海王嵩璘〈初 渤海王欽茂 大歷中 二十五來 以日本舞女十一獻唐 貞元時 東南徙東京 及卒 諡文王 子宏臨早死 族弟元義立一歲 猜虐 國人殺之 立宏臨之子華嶼 復還上京 改年中興 及卒 諡成王 復立欽茂子嵩璘 改元正歷 唐詔授右驍衛大將軍 册爲忽汗州都督·渤海王〉[通考補] (『東史綱目』 권5상)

15-③ 哀莊王十年(809) … 是歲 渤海王嵩璘卒〈諡康王 子元瑜立 改元永德〉(『東

史綱目』권5상)

16-① 憲德王四年(812) 秋九月 遣級飡崇正使北國(『三國史節要』 권13)
③ 憲德王四年 秋九月 遣使聘北國 (『東史綱目』 권5상)

17-③ 憲德王五年(813) … 是歲 渤海王元瑜元瑜卒〈諡定王 弟言義立 改元朱
雀〉(『東史綱目』 권5상)

18-③ 憲德王十年(818) … 是歲 唐册渤海王仁秀〈初 渤海王義義卒 諡僖王 弟
明忠立 改年太始 一歲卒 諡簡王 從兄仁秀立 改元建興 唐詔授檢校司空
册爲渤海王 一云 仁秀祚榮弟野渤四世孫云〉 (『東史綱目』 권5상)

19-② 興德王五年(830) 渤海王仁秀卒 仁秀祚榮弟野勃四世孫也 頗能討伐海北
諸部 開大境宇 唐詔加檢校司空 自祚榮以來 數遣諸生詣京師大學 習識
古今制度 至是 遂爲海東盛國 地有五京·十五府·六十二州 以肅愼故地
爲上京 日龍泉府 領龍·湖·渤三州 其南中京 日顯德府 領盧·顯·鐵·
湯·榮·興六州 滅貊故地爲東京 日龍原府 亦曰柵城府 領慶·鹽·穆·
賀四州 沃沮故地爲南京 日南海府 領沃·睛·椒三州 高麗故地爲西京
日鴨淥府 領神·桓·豐·正四州 日長嶺府 領瑕·河二州 扶餘故地爲扶
餘府 常屯勁兵扞契丹 領扶·仙二州 鄚頡府領鄚·高二州 挹婁故地爲定
理府 領定·潘二州 安邊府領安·瓊二州 卒賓故地爲卒賓府 領華·益·
建三州 拂涅故地爲東平府 領伊·蒙·沱·黑·比五州 鐵利故地爲鐵利
府 領廣·汾·蒲·海·義·歸六州 越喜故地爲懷遠府 領達·越·懷·
紀·富·美·福·邪·芝九州 安遠府領寧·郿·慕·常四州 又郢·銅·涑
三州爲獨奏州 涑州以其近涑沫江 蓋所謂粟末水也 其禮樂官府制度 大
抵仿象中國云(『東國通鑑』 권11)
③ 興德王五年… 是歲 渤海王仁秀卒〈諡宣王 子新德早卒 孫彛震立 改元咸

和 明年詔襲爵 仁秀頗能討伐海北諸部 開大境宇 自祚榮以來 數遣諸生
入唐習制度 至是 遂爲海東盛國 並肅愼·濊貊·沃沮·高句麗·扶餘·
挹婁·率賓·鐵利·越喜等故地 有五京·十五府·六十二州 其禮樂制度
大抵仿象中國云按 新唐書渤海傳曰 有五京·十五府·六十二州 以肅愼
故地爲上京 曰龍泉府 領龍·湖·渤三州 其南中京 曰顯德府 領盧·顯·
鐵·湯·榮·興六州 濊貊故地爲東京 曰龍原府 亦曰柵城府 領慶·鹽·
穆·賀四州 沃沮故地爲南京 曰南海府 領沃·睛·椒三州 高句麗故地爲
西京 曰鴨淥府 領神·桓·豐·正四州 曰長嶺府 領瑕·河二州 扶餘故地
爲扶餘府 常屯勁兵扞契丹 領扶·仙二州 鄚頡府領鄚·高二州 挹婁故地
爲定理府 領定·潘二州 安邊府領安·瓊二州 率賓故地爲率賓府 領華·
益·建三州 拂涅故地爲東平府 領伊·蒙·沱·黑·比五州 鐵利故地爲
鐵利府 領廣·汾·蒲·海·義·歸六州 越喜故地爲懷遠府 領達·越·
懷·紀·富·美·福·邪·芝九州 安遠府領寧·郿·慕·常四州 又郢·
銅·涑三州爲獨奏州 涑州以其近涑沫江 龍泉東南瀕海 日本道也 南海
新羅道也 鴨淥 朝貢道也 長嶺 營州道也 扶餘 契丹道也 俗謂王曰可毒
夫 曰聖王 曰基下 其命爲敎 王之父曰老王 母太妃 妻貴妃 長子曰副王
諸子曰王子 官有宣詔省 左相·左平章事·侍中·左常侍·諫議居之 中
臺省 右相·右平章事·內史·詔誥舍人居之 政堂省 大內相一人 居左右
相上 左右司政各一 居左右平章之下 以比僕射 左右允比二丞 左六司
忠·仁·義部 各一卿 居司政下 支司爵·倉·膳部 部有郎中·員外 右六
司 智·禮·信部 支司戎·計·水部 卿準左 以比六官 中正臺 大中正一
比御史大夫 居司政下 少正一 又有殿中寺·宗屬寺 有大令 文籍院有監
令監皆有少 太常·司賓·大農寺有卿 司藏·司膳寺 寺有令丞 胄子監有
監長 巷伯局有常侍等官 其武員 有左右猛賁·熊衛·羆衛·南左右衛·
北左右衛 各大將軍一 將軍一 大抵憲象中國制度如此 以品爲秩 三秩以
上 服紫·牙笏·金魚 五秩以上 服緋·牙笏·銀魚 六秩七秩淺緋衣 八秩
綠衣 皆木笏 俗所貴者 太白山之菟 南海之昆布 柵城之豉 扶餘之鹿 鄚

頡之豕 奉賓之馬 顯州之布 沃州之緜 龍州之紬 位城之鐵 盧城之稻 湄
沱之鯽 果有九都之李 樂游之梨 餘俗與高麗 · 契丹略等 幽州節度府 相
與聘問 自營平距京師 蓋八千里而遠](『東史綱目』 권5상)

20-③ 憲安王二年(858) 春三月 渤海王彝震卒 弟處晃立[是後史傳不詳](『東史
綱目』 권5상)

21-① 憲康王十一年(885) 三月 崔致遠捧帝詔還自唐 … 又上太師侍中狀云 …
至儀鳳三年(678) 徙其人於河南 · 隴右 高句麗殘孽類聚 北依太白山下 國
號爲渤海 開元二十年(732) 怨恨天朝 將兵掩襲登州 殺刺史韋俊 於是 明
皇帝大怒 命內史高品何行成 · 大僕郎金思蘭 發兵過海攻討 仍就加我王
金某爲正太尉 · 持節 · 充寧海軍事 · 雞林州大都督 以冬深雪厚 蕃漢苦寒
勅命廻軍 …(『三國史節要』 권13)

② 憲康王十一年 春三月 崔致遠捧帝詔還自唐 … 又上大師侍中狀云 … 至
儀鳳三年 徙其人於河南 · 隴右 高句麗殘孽類聚 北依太白山下 國號爲
渤海 開元二十年 怨恨天朝 將兵掩襲登州 殺刺史韋俊 於是 明皇帝大怒
命內史高品何行成 · 大僕郎金思蘭 發兵過海攻討 仍就加我王金某爲正
太尉 · 持節 · 充寧海軍事 · 雞林州大都督 以冬深雪厚 蕃漢苦寒 勅命廻
軍 …(『東國通鑑』 권11)

③ 憲康王十一年 … 遣崔愼之等 入學于唐〈愼之 慶州人 … 隨賀正使守倉
部侍郎級湌金穎 入唐習業 … 後愼之 禮部侍郎薛廷珪下及第 時 渤海宰
相烏昭度之子光贊 同年及第 昭度朝唐 請曰 臣昔年登第 名在李同之上
今臣子光贊 宜昇愼之之上 唐以愼之才學優贍 不許 愼之改名彥撝〉[崔致
遠集參補](『東史綱目』 권5상)

22-③ 眞聖女主七年(893) 朝唐使金處誨 沒于海〈… 時崔致遠爲富城郡太守 召
爲賀正使 以比歲飢荒 盜賊交午 道梗不行 後致遠亦嘗奉使如唐 以州縣

供給不繼 上唐宰相大師侍中狀日 … 至儀鳳三年 徙其人於河南・隴右
高句麗殘孽類聚 北依太白山下 國號爲渤海 開元二十年 怨恨天朝 將兵
掩襲登州 殺刺史韋俊 於是 明皇帝大怒 命內史高品何行成・大僕卿金思
蘭 發兵過海攻討 就加我王金某爲雞林州大都督 以冬深雪厚 蕃漢苦寒
勅命廻軍 … (『東史綱目』 권5상)

23-③ 孝恭王元年(897) 六月 女主傳位于嶢 嶢卽位 遣使入告于唐〈… 使崔致遠
製表日 … 始則黑水侵疆 曾噴毒液按 黑水疑指渤海也 新羅與渤海連疆
宜有交侵戰伐 而史文不傳耳…〉秋七月 唐册贈景文王・憲康王 王遣使
入謝〈… 時渤海國 自謂國大兵强 而入唐朝獻 使臣坐於新羅使之下 至是
其賀正使王子大封裔進狀 請許渤海居新羅之上 帝詔以爲國名先後 比不
因强弱而稱 朝制等威 今豈以盛衰而改 宜仍舊貫 準此宣示 當番宿衛院
奏其狀于王 王因遣使 又附表以謝日 臣謹按渤海之源流 句麗未滅之時
本爲疣贅部落 靺鞨之屬 寔繁有徒 是名栗末小蕃 嘗逐句麗內徙 其首領
乞四羽及大祚榮等 至武后之際 自營州作孽 始稱振國 時有句麗遺燼 勿
吉雜流 梟音則嘯聚白山 鴟義則喧張黑水 始與契丹濟惡 旋於突厥通謀
萬里耕苗 累拒渡遼之轍 十年食葚 晚陳降漢之旗 初建邑居 來憑鄰援 其
酋長大祚榮 始受臣藩第五品大阿湌之秩 後至先天二年(714) 方受大朝寵
命 封爲渤海郡王 爾來漸見辜恩 遽聞抗禮臣藩 絳灌同列 所不忍言 廉藺
用和 以爲前戒 而渤海莫愼守中 唯圖犯上 恥爲牛後 覬作龍頭 妄有陳論
初無畏忌 向非皇帝陛下 英襟獨斷 神筆橫飛 則槿花鄉廉讓自沈 楛矢國
毒痛愈盛[崔致遠集補]〉(『東史綱目』 권5하)

24-③ 景明王八年(924) … 是歲 契丹擊渤海之遼東〈時東北諸夷 皆役屬契丹 惟
渤海未服 契丹謀入寇中國 恐渤海掎其後 乃先擊之[資治通鑑補…]〉(『東
史綱目』 권5하)

25-② 景哀王二年(925) 春三月 高麗宮城東 蚯蚓出 長七十尺 時謂渤海國 來投
　　　之應(『東國通鑑』 권12)

26-① 景哀王二年(925) 秋九月丙申 渤海將軍申德等五百人投高麗 庚子渤海禮
　　　部卿大和鈞·均老司政大元鈞·工部卿大福謨·左右衛將軍大審理等率
　　　民一百戶附高麗(『三國史節要』 권14)

27-② 景哀王三年(926) 春 契丹滅渤海 契丹主 自去年冬 侵渤海 功西鄙諸部
　　　遂進圍扶餘城 至是拔之 遂進兵圍忽汗城 渤海王大諲譔 戰敗乞降 契丹
　　　主 命以兵衛諲譔及族屬出城 改渤海爲東丹國 忽汗爲天福城 册太子倍
　　　爲人皇王 以主之 置諲譔於臨潢之西 賜命曰烏魯古 於是渤海世子大光
　　　顯及將軍申德·禮部卿大和鈞·均老司政大元鈞·工部卿大福謨·左右衛
　　　將軍大審理·小將冒豆干·檢校開國男朴漁·工部卿吳興等 率其餘衆 前
　　　後來奔高麗者 數萬戶 麗王待之甚厚 賜光顯姓名王繼 附之宗籍 使奉其
　　　祀 僚佐皆賜爵(『東國通鑑』 권12)

　　③ 景哀王三年 秋七月 契丹滅渤海〈渤海與契丹世讐 連年侵伐 至是 契丹主
　　　謀寇唐 恐渤海掎其後 謂左右曰 世讐未雪 豈safe安處 乃大擧攻其西鄙諸
　　　部 遂進圍扶餘城 拔之 進兵圍忽汗城 渤海王大諲譔 戰敗乞降 契丹主
　　　命以兵衛諲譔及族屬出城 置於臨潢之西 賜命烏魯古[盛京志 遼於混同
　　　江北 置臨潢府] 改渤海爲東丹國 忽汗爲天福城 渤海立國 凡二百十四年
　　　而亡 契丹主 命長子突欲 鎭東丹 號人皇王 於是 渤海將軍申德等五百
　　　人·禮部卿大和鈞·均老司政大元鈞·工部卿大福謨·左右衛將軍大審
　　　理·小將冒豆干·檢校開國男朴漁等 率衆 前後來附高麗者 數萬戶 高麗
　　　王待之甚厚 先是 高麗宮城東 蚯蚓出 長七十尺 時謂渤海國 來投之應
　　　至是果然〉(『東史綱目』 권5하)

〈부록 2〉『동사강목』, 『발해고』, 『해동역사』 발해 영역도

① 『동사강목』 발해 영역도

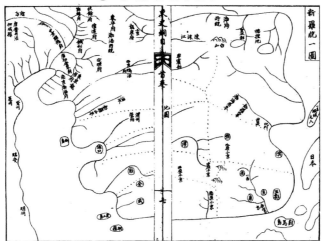

② 『발해고』(수정본) 발해 영역도

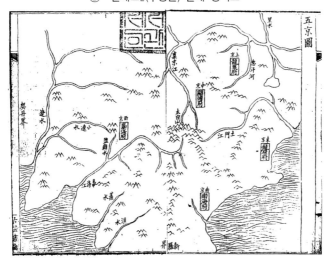

③ 『해동역사』 발해 영역도

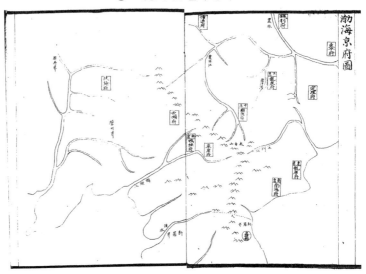

④ 『해동역사』(조선광문회본) 발해 영역도

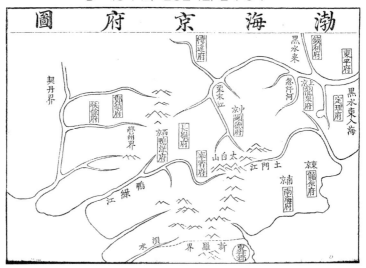

참고문헌

1. 자료

『國興地志』,『東國地理志』,『東國通鑑』,『東史綱目』,『磻溪雜藁』,

『渤海考』,『三國史節要』,『星湖僿說』,『我邦疆域考』,『旅菴全書』,

『與猶堂全書』『燃藜室記述』,『阮堂全集』,『崔文昌侯全集』,

『海東繹史』,『海東繹史續集』

2. 연구논저목록

강세구(1989),「동사강목의 저술배경-남인의 참여와 관련하여」『동아연구』17집.

_____(1990),「안정복의 역사고증방법-동사강목 고이를 중심으로」『실학사상
　　연구』1.

_____(1994),『東史綱目研究』, 민족문화사.

_____(1995),「柳馨遠·李瀷과 安鼎福의 학문적 전승관계」『實學思想研究』5·6.

고동환(2003),「旅菴 申景濬의 학문과 사상」『지방사와 지방문화』제6권 2호.

고영진(1994),「한백겸」『한국의 역사가와 역사학』, 창작과비평사.

今西龍(1921~22),「新羅眞興王巡狩管境碑考」『考古學雜誌』12-1, 12-2, 12-11.

_____(1933),『新羅史研究』, 近澤書店; 이부오·하시모토 시게루(橋本繁) 옮
　　김(2008),『신라사 연구』, 서경문화사.

旗田巍(1987),「일본에 있어서의 한국사연구의 전통」『한국사 시민강좌』창간
　　호, 일조각.

김남두(1990),「禮堂金石過眼錄의 분석적 연구」『사학지』23.

_____(1990),「예당금석과안록의 분석적 연구」『사학지』23.

김문식(1996),『朝鮮後期 經學思想硏究』, 일조각.

_____(2003),「星湖 李瀷의 箕子 인식」『退溪學과 韓國文化』33, 경북대학교 퇴계학연구소.

김병곤(2008),「崔致遠의 三韓觀 再考」『韓國史硏究』141.

김세윤(1984),「李肯翊의 연려실기술」『부산여대 논문집』제7집.

김영심·정재훈(2000),「조선 후기 정통론의 수용과 그 변화-수산 이종휘의 동사를 중심으로」『한국문화』26, 서울대.

김영하(2008),「일제시기 진흥왕순수비론-'滿鮮'의 경역인식과 관련하여」『한국고대사연구』52.

_____(2010),「一統三韓의 실상과 의식」『한국고대사연구』59.

김일권(1995),「"단군론"의 역사적 변천 연구」, 서울대학교대학원 석사학위논문.

김정배(1968),「三韓 위치에 대한 從來說과 文化 성격의 검토」『사학연구』20.

김종복(2010),「수정본 발해고의 내용과 집필 시기」『태동고전연구』26.

김철준(1974),「수산 이종휘의 사학」『동방학지』15, 연세대학교 국학연구원.

內藤虎南(1911),「新羅眞興王巡境碑考」『藝文』2~4; (1970)『內藤虎南全集』7, 筑摩書房.

노명호(2009),『고려국가와 집단의식』, 서울대학교출판문화원.

노태돈(1982),「三韓에 대한 인식의 변천」『한국사연구』38.

_____(1990),「고조선 중심지의 변천에 대한 연구」『한국사론』, 서울대.

단재신채호전집편찬위원회(2007),『단재 신채호전집 제1권 역사 朝鮮上古史』, 독립기념관 한국독립운동사연구소.

末松保和(1954),「自序에 대신하여」(日)『신라사의 제문제』, 東洋文庫.

문창로(2000),『三韓時代의 邑落과 사회』, 신서원.

_____(2009),「千寬宇(1925~1991)의 사학과 고대사연구」『한국고대사연구』53

박광용(1995),「역사서와 역사인식」『한국역사입문』2, 풀빛.

박대재(2005),「三韓의 기원에 대한 사료적 검토」,『한국학보』119.

_____(2006), 「고조선의 왕과 연과의 전쟁」『고대한국 초기국가의 왕과 전쟁』, 경인문화사.

_____(2006), 「삼한의 기원과 국가 형성」『한국고대사입문』 1, 신서원.

박시형(1989), 「다산 정약용의 력사관」『정다산 연구』, 과학원 철학연구소 편.

박인호(1993), 「남구만과 이세구의 역사지리 연구」, 『역사학보』 138.

_____(1994), 「신경준」『한국의 역사가와 역사학』(상), 창작과비평사.

_____(1995), 「조선후기 역사지리학 연구」, 한국정신문화연구원 박사학위논문.

_____(1996), 『조선후기 역사지리학 연구』, 이회문화사.

_____(1996), 『한국사학사대요』, 이회문화사.

_____(2003), 『조선시기 역사가와 역사지리인식』, 이회문화사.

_____(2008), 「전통시대의 신라인식」『역사교육논집』 40.

박현규(2005), 「박지원 초록본『금석록』분석」『대동한문학』 23.

박철상(2007), 「조선 金石學史에서 柳得恭의 위상」『대동한문학』 27.

박홍갑(2001), 「조선시대의 諡號 제도」『한국중세사회의 제문제—금윤곤교수정년기념론총』, 한국중세사학회.

배우성(1994), 「안정복」『한국의 역사가와 역사학』(상), 창작과비평사.

백남운(1933), 『조선사회경제사』, 범우사.

변원림(1973), 「安鼎福의 역사인식」『사총·정재각박사 화갑기념논총』.

송기호(1991), 「조선시대 사서에 나타난 발해관」『한국사연구』 72.

_____ 옮김(2000), 『발해고』, 홍익출판사.

_____(2002), 「柳得恭의『渤海考』와 成海應」『조선의 정치와 사회』, 집문당.

송호정(2004), 『한국 고대사속의 고조선사』, 푸른역사.

신용하(1994), 「한말 일제 시기의 檀君思想과 독립운동」『단군』, 서울대학교 출판부.

신채호, 박기봉 옮김, 「조선사연구초—평양패수고」『조선상고문화사』.

신천식(1983), 「18世紀 實學派의 역사인식」『전통문화연구』 제1집, 명지대 한국전통문화연구소.

양보경(1992), 「반계 유형원의 지리사상」『문화역사지리』 4.

역사학회 편(1973), 『실학연구입문』, 일조각.

오강원(1996), 「古朝鮮 위치비정에 관한 연구사적 검토(1)」『백산학보』.

원유한(1999), 「韓百謙의 『東國地理誌』 성립배경」『실학사상연구』 13.

유원동(1983), 『한국실학개론』, 정음문화사.

윤내현(1994), 『고조선연구』, 일지사.

윤희면(1982), 「한백겸의 『동국지리지』」『역사학보』 93.

_____(1987), 「한백겸의 학문과 『동국지리지』저술동기」『진단학보』 63.

이강래(2004), 「최치원의 고대 인식과 그 함의」『고운학보』 2.

_____(2007), 「고려와 조선전기의 백제 인식」『백제사총론』, 충청남도역사문화연구원.

이기동(1991), 「서평: 『古朝鮮史·三韓史研究』(천관우(1989), 일조각)」『한국고대사논총』 1.

이기백(1962), 「大等考」『역사학보』 17·18합; (1974)『신라정치사회사연구』, 일조각.

_____(1962), 「上大等考」『역사학보』 19; (1974)『신라정치사회사연구』, 일조각.

_____(1973), 「신라시대의 葛文王」『역사학보』 58; 앞의 책.

_____(1999), 「순암 안정복의 합리주의적 사실 고증」『한국실학연구』 1.

이만열(1974), 「17·8세기의 사서와 고대사인식」『한국사연구』 10집(『한국인의 역사인식』(하) 재수록).

_____(1980), 『단재 신채호의 역사학 연구』, 문학과 지성사.

_____(1981), 「三韓」『한국사론』1(고대), 국사편찬위원회.

_____(1981), 「조선후기의 渤海史 인식」『한우근박사정년기념사학논총』.

_____(1981), 『한국근대 역사학의 이해』, 문학과 지성사.

_____(1984), 「조선후기의 고구려사 연구」『동방학지』 43.

이명아(1996), 「정약용의『아방강역고』」, 충남대학교 석사학위논문.

이병도(1928), 「고조선사군강역고」(1)『한빛』 제45호, (1928, 8)「고조선사군강역고」(2)『한빛』 제6호.

_____(1934~1937), 「三韓問題의 신고찰」(1)~(7), 『진단학보』 1~7.

_____(1976), 『韓國古代史研究』, 박영사.

이상태(1984), 「신경준의 역사지리 인식」 『사학연구』 38.

이우성(1966), 이조후기 근기학파에 있어서의 정통론의 전개」 『역사학보』 (한국인의 역사인식(하) 재인용).

_____(1982), 『한국의 역사상』, 창작과비평사.

이존희(1981), 「연려실기술」의 분석적 고찰-李肯翊의 역사의식을 중심으로 『한국학보』 24.

이태진(1982), 「해동역사의 학술사적 검토」 『진단학보』 53·54.

이현혜(1983), 「崔致遠의 역사인식」 『명지사론』 창간호.

임세권(2002), 「조선시대 금석학 연구의 실태」 『국학연구』 1.

임창순(1969), 「金石過眼錄」 『한국의 고전백선』 (『신동아』 1월 별책부록).

장유승(2007), 「이종휘의 자국사 인식과 소중화주의」 『민족문화사연구』 35.

전해종(1963), 「청대학술과 阮堂-阮堂의 經學에 대한 시론적 검토」 『대동문화연구』 1.

정구복(1976), 「조선전기의 역사서술」 『한국의 역사인식』 上, 창작과비평사.

_____(1977), 「16~17세기의 사찬사서에 대하여」 『전남사학』 1.

_____(1978), 「한백겸의 동국지리지에 대한 일고」 『전북사학』 2.

_____(1987), 「한백겸의 사학과 그 영향」 『진단학보』 63.

_____(1992), 「조선후기의 역사의식」 『한국사상사대계』 5, 한국정신문화연구원.

_____(2007), 「조선시대 지식인들의 신라사인식」 『신라사학보』 10.

_____(2008), 『韓國近世史學史-조선중·후기편』, 경인문화사.

정선용 역(2003), 『국역 해동역사』 (전8권), 민족문화추진회.

정영훈(2000), 「단군의 민족주주의적 의미-근대기 민족교육과 관련하여」 『단군과 고조선사』, 사계절.

정재훈(2011), 「실학자들의 '한국사' 탐구」 『한국사시민강좌』 48, 일조각.

정진헌(2004), 「조선 시대의 고구려 인식」 『고구려연구』 18, 고구려연구회.

_____(2007), 「영재 유득공의 역사의식」 『大東漢文學』 27.

정찬영(1960), 「고조선의 위치와 그 성격에 관한 몇 가지 문제」 『문화유산』

60-3.

정해렴 역주(2001), 『아방강역고』, 현대실학사.

조 광(1982), 「조선왕조시대의 신라인식-동사강목을 중심으로」『민족문화연구』 16.

_____(1985), 「조선후기의 역사인식」『한국사학사의 연구』(한국사연구회 편), 을유문화사.

조동걸 외 엮음(1994), 『한국의 역사가와 역사학』(상), 창작과비평사.

조법종(1994), 「삼한사회의 형성과 발전」『한국사』 2, 한길사.

_____(1999), 「후백제 甄萱의 역사계승의식-高句麗 및 百濟의 馬韓계승 인식을 중심으로」『사학연구』 58·59.

_____(2005), 「丹齋 申采浩의 민족사학연구」『한국종교사연구』 13집.

조성산(2009), 「조선후기 소론계의 古代史 연구와 中華主義의 변용」『역사학보』 202.

_____(2010), 「18세기 후반~19세기 전반 조선의 碑學 유행과 그 의미」『정신문화연구』 119.

조성을(1992), 「我邦疆域考에 나타난 丁若鏞의 역사인식」『규장각』 15.

_____(1994), 「정약용」『한국의 역사가와 역사학』, 창작과비평사.

_____(2004), 「실학자의 역대 수도·천도론」『한국사연구』 127.

_____(2004), 『조선후기 사학사연구』, 한울아카데미.

_____(2007), 「조선 중·후기 백제사 인식」『백제사총론』, 충청남도역사문화연구원.

_____(2009), 「정약용의 백제사 연구」『한국사시민강좌』 44, 일조각.

조은희(1986), 「이긍익의 역사인식에 대한 일고찰」『대구사학』 29.

조인성(2005), 「『三國史記』 凡例의 모색-本紀 記事의 선정 기준을 중심으로-」『한국고대사연구』 40.

_____(2009), 「이병도의 한국고대사연구-漢四郡·三韓의 歷史地理 연구를 중심으로」『한국고대사연구』 55.

池內宏(1951), 「樂浪郡考」『滿鮮史硏究』 上世 第一册, 吉川弘文館.

차장섭(1992), 「안정복의 역사관과 동사강목」 『조선사연구』 1.

천관우(1974), 「箕子攷」 『동방학지』 15; (1989) 『古朝鮮史·三韓史硏究』.

_____(1989), 『고조선사·삼한사연구』, 일조각.

최남선(1930), 「신라 진흥왕의 在來三碑와 신출현의 磨雲嶺碑」(日) 『靑丘學叢』 2; (동 번역, 1973), 『六堂崔南善全集』, 현암사.

최영성(1999), 「星湖 李瀷의 역사인식」 『한국철학논집』 제7·8합집, 한국사상문화학회.

_____(2007), 「秋史 金石學의 재조명-史的 '考證'을 주안목으로」 『東洋古典硏究』 29.

최완수(1972), 「金秋史의 金石學」 『간송문화』 3.

_____(2000), 「국보 미륵반가상이 선덕왕을 닮은 사연」 『신동아』 2000년 4월.

최익한(1989), 『실학파와 정다산』, 청년사.

한규철(2007), 「고구려·발해에 대한 인식의 변천」, 『대동한문학』 26.

한명기(2006), 「조선시대 韓中 지식인의 고구려 인식-고구려의 '强盛'과 조선의 고구려 계승 인식을 중심으로」 『한국문화』 38.

한영우(1983), 「다산 정약용의 사론과 대외관」 『김철준박사화갑기념 사학논총』, 지식산업사.

_____(1985), 「海東繹史의 연구」, 『한국학보』 38.

_____(1987), 「18세기 중엽 소론학인 이종휘의 역사의식」 『동양학』 1, 단국대학교 동양학연구소.

_____(1987), 「李瀷의 사론과 한국사이해」 『한국학보』 46.

_____(1987), 「조선시대 사서를 통해 본 상고사이해」 『계간경향』 1987년 여름호.

_____(1988), 「安鼎福의 사상과 《東史綱目》」 『한국학보』 53.

_____(1989), 『조선후기 사학사 연구』, 일지사.

_____(2002), 『역사학의 역사학』, 지식산업사.

황원구(1962), 「韓致奫의 사학사상-海東繹史를 中心으로」 『인문과학』 7집, 연세대 인문과학연구소.

_____(1970), 「실학파의 사학이론」 『연세논총』(한국인의 역사인식(下) 재수록).

_____(1982), 「海東繹史의 文化史的 檢討」『震檀學報』 53·54.

藤塚鄰·藤塚明直 엮음(1935), 윤철규·이충구·김규선 옮김(2009), 『秋史 金正
喜 硏究(「淸朝文化 東傳의 硏究」 한글완역본), 과천문화원.

찾아보기

필자소개(집필순)

조인성 | 경희대학교 교수
송호정 | 한국교원대학교 교수
문창로 | 국민대학교 국사학과 교수
김현숙 | 동북아역사재단 책임연구위원
채미하 | 경희대학교 인문학연구원 학술연구교수
김종복 | 성균관대학교 박물관

실학자들의 한국 고대사 인식
값 18,000원

초판 인쇄	2012년 11월 20일
초판 발행	2012년 11월 28일
엮 은 이	경기문화재단 실학박물관
	472-871 경기도 남양주시 조안면 다산로 747길 16
펴 낸 이	한정희
펴 낸 곳	경인문화사
편 집	신학태 김지선 맹수지 문영주 송인선 안상준 조연경
주 소	서울특별시 마포구 마포동 324-3
전 화	02)718 - 4831~2
팩 스	02)703 - 9711
홈페이지	http://www.kyunginp.co.kr ㅣ 한국학서적.kr
E-mail	kyunginp@chol.com
등록번호	제10-18호(1973. 11. 8)

ISBN : 978-89-499-0905-9 (93910)
ⓒ 2012, Kyung-in Publishing Co, Printed in Korea
※ 파본 및 훼손된 책은 교환해 드립니다.